**Barbara Bettinelli**

con **Paolo Della Putta**
e **Manuela Visigalli**

# buona idea!

## Corso di lingua
## e cultura italiana
### Livello intermedio

Libro dello studente
+ Quaderno degli esercizi
+ Multi-ROM

**PEARSON**

MW00717476

## È davvero una buona idea apprendere l'italiano con questo libro divertente, progressivo, ricco di testi interessanti e di attività varie, efficaci e graduate!

**Le 10 unità che lo compongono** sono organizzate in rubriche ricorrenti per dare ritmo e metodo all'apprendimento.

**Cominciamo...** introduce il tema dell'unità focalizzandosi sulla presentazione del lessico utile alle fasi successive dell'apprendimento, tramite chiari elementi grafici e fotografici che ne contestualizzano il significato e l'uso.

Questa sezione contiene anche l'esercizio di comprensione orale relativo al primo dialogo della successiva sezione **Al lavoro!** La scelta di anticipare qui questo esercizio garantisce una vera attività di comprensione orale fin dalle prime fasi dell'apprendimento linguistico.

**Al lavoro!** Questa sezione di quattro pagine contiene i dialoghi di presentazione delle funzioni e strutture linguistiche e attività che ne richiedono l'immediato impiego. I dialoghi presentano situazioni di reale comunicazione in cui gli studenti potrebbero trovarsi a interagire con parlanti italiani. Il box **Grammatica Flash** presenta in forma schematica la struttura grammaticale con un chiaro rimando alle pagine del **Quaderno degli esercizi** in cui si trovano la spiegazione grammaticale ed esercizi di attivazione e consolidamento della struttura in oggetto.

**Buona lettura!** presenta un testo di lettura seguito da attività per lo sviluppo delle quattro abilità, e fornisce informazioni interessanti e aggiornate sulla società e la vita italiana.

**Qualche parola in più** offre attività per l'ampliamento del lessico.

**Pianeta Italia** presenta testi autentici, tematicamente correlati alle due unità che lo precedono. Lo scopo è quello di mettere in rilievo aspetti della cultura italiana particolarmente motivanti e di favorire il confronto interculturale.

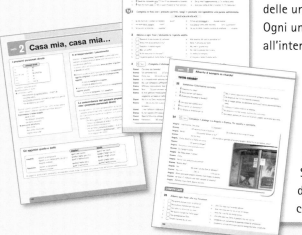

Il **Quaderno degli esercizi** è composto da 10 unità che seguono lo stesso percorso delle unità del **Libro dello studente**.

Ogni unità si apre con le spiegazioni grammaticali di tutte le strutture presentate all'interno dell'unità, seguite da una ricca gamma di esercizi utili a fissare quanto appreso. Gli esercizi contraddistinti dall'icona **Primi passi** sono pensati per gli studenti che hanno bisogno di un approccio più lento e graduato nell'apprendimento della lingua italiana, perché provenienti da aree linguistiche con forti differenze con l'italiano.

La rubrica **Tutto chiaro?** propone due o più esercizi sommativi che richiedono l'utilizzo di tutte le strutture grammaticali presentate nell'unità. Si tratta quindi di esercizi più complessi che mirano a verificare la capacità degli studenti di utilizzare le strutture in maniera globale. Le pagine conclusive contengono utili **Tavole dei verbi**.

LE D'AOSTA
Aosta

PIEMONTE

Torino

LIGURIA
Genova

LOMBARDIA
Milano

TRENTINO
ALTO-ADIGE
Trento

VENETO
Venezia

FRIULI
VENEZIA
GIULIA
Trieste

EMILIA-ROMAGNA
Bologna

REP. DI
S. MARINO

TOSCANA
Firenze

MARCHE
Ancona

UMBRIA
Perugia

LAZIO
ROMA

ABRUZZO
L'Aquila

MOLISE
Campobasso

PUGLIA
Bari

CAMPANIA
Napoli

BASILICATA
Potenza

CALABRIA
Catanzaro

SARDEGNA
Cagliari

SICILIA
Palermo

# Indice

| Grammatica | Vocabolario | Cultura e società |
|---|---|---|
| • presente e passato prossimo: ripasso<br>• *potere*, *volere* e *dovere*<br>• *piacere*: presente e passato | • informazioni personali<br>• azioni quotidiane | |
| • *stare* + gerundio<br>• *Da quanto tempo? Per quanto tempo?*<br>• i verbi con *essere* e *avere*<br>• il passato prossimo con *già, appena, non... ancora* | • i generi di film<br>• il lessico del cinema | Il cinema italiano |
| • i pronomi personali diretti<br>• la concordanza del passato prossimo con i pronomi personali diretti<br>• il *si* impersonale / passivante<br>• gli aggettivi *quello* e *bello*<br>• la frase esclamativa *Che bello!* | • i tipi di abitazione<br>• le stanze della casa<br>• l'arredamento | La casa degli italiani |
| • l'imperfetto (1), usi e forme: raccontare azioni abituali nel passato, descrivere situazioni del passato, raccontare come era una persona nel passato<br>• il pronome relativo *che*<br>• il *ci* locativo | • le attività del tempo libero<br>• gli oggetti legati al passato e al presente<br>• le parole straniere italianizzate | Uno scrittore italiano: Erri De Luca |
| • l'imperfetto (2)<br>• gli aggettivi e i pronomi indefiniti: *qualcuno, qualcosa, nessuno, niente*<br>• *mentre* e *durante*<br>• l'imperfetto e il passato prossimo | • il tempo atmosferico<br>• i punti cardinali<br>• gli stati d'animo e psicologici | Il tempo influenza l'umore |
| • i pronomi personali indiretti<br>• l'imperativo: forma affermativa e negativa di *tu* e *voi*<br>• l'imperativo con i pronomi diretti e indiretti<br>• l'infinito con i pronomi indiretti e i pronomi riflessivi | • il linguaggio dei telefonini<br>• le attività del tempo libero | L'influenza del linguaggio degli sms sull'italiano |

# Indice

| Grammatica | Vocabolario | Cultura e società |
|---|---|---|
| • il superlativo relativo e assoluto degli aggettivi<br>• *penso di* + infinito, *penso di sì / no*<br>• *cerca di* + infinito, *prova a* + infinito<br>• l'imperativo formale: forma affermativa e negativa<br>• l'imperativo formale con i pronomi diretti e indiretti | • i problemi di salute<br>• medicine e rimedi | L'aspettativa di vita in Italia |
| • il plurale irregolare e il genere di alcuni sostantivi<br>• *Basta…, Bisogna…*<br>• il condizionale presente dei verbi regolari<br>• il condizionale presente dei verbi irregolari<br>• il condizionale presente dei verbi modali | • le parti del corpo<br>• gli sport<br>• i luoghi dove si praticano gli sport | Ultime tendenze in palestra |
| • il futuro semplice<br>• il periodo ipotetico della realtà<br>• il comparativo di maggioranza e minoranza e il secondo termine di paragone con *che / di*<br>• il comparativo di maggioranza irregolare di aggettivi e avverbi | • il lessico legato al mondo del lavoro | I lavori del futuro |
| • il futuro per fare supposizioni<br>• il pronome *ne* partitivo<br>• il comparativo di uguaglianza<br>• *buono, bravo, bene* | • i programmi televisivi<br>• il lessico della televisione | Volti famosi della televisione italiana |
| • il congiuntivo presente<br>• l'imperfetto per fare richieste<br>• il congiuntivo presente e l'indicativo presente<br>• il *ne* argomentativo | • i tipi di vacanza<br>• gli oggetti che si portano in vacanza<br>• i tipi di sistemazione<br>• i luoghi di vacanza<br>• i mezzi di trasporto utilizzati in vacanza | L'ecoturismo |

# Pronti? Via!

## Per conoscersi meglio

### 1 | Conosci i tuoi compagni di classe?

A coppie. Scrivete le domande e a turno intervistate il vostro compagno. Poi completate lo schema e presentate il compagno alla classe.

1. ............................................ ?
2. ............................................ ?
3. ............................................ ?
4. ............................................ ?
5. ............................................ ?
6. ............................................ ?

IL MIO COMPAGNO

1. nome
2. nazionalità
3. lingue
4. tempo libero
5. lavoro / studio
6. famiglia

### 2 | Blog Italia

Leggi le presentazioni di Charles e Raquel e completa i testi con la forma corretta dei verbi tra parentesi.

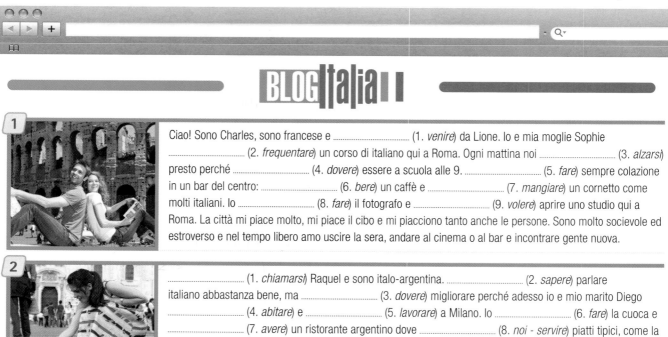

## BLOGItalia

**1**

Ciao! Sono Charles, sono francese e ........................... (1. *venire*) da Lione. Io e mia moglie Sophie ........................... (2. *frequentare*) un corso di italiano qui a Roma. Ogni mattina noi ........................... (3. *alzarsi*) presto perché ........................... (4. *dovere*) essere a scuola alle 9. ........................... (5. *fare*) sempre colazione in un bar del centro: ........................... (6. *bere*) un caffè e ........................... (7. *mangiare*) un cornetto come molti italiani. Io ........................... (8. *fare*) il fotografo e ........................... (9. *volere*) aprire uno studio qui a Roma. La città mi piace molto, mi piace il cibo e mi piacciono tanto anche le persone. Sono molto socievole ed estroverso e nel tempo libero amo uscire la sera, andare al cinema o al bar e incontrare gente nuova.

**2**

........................... (1. *chiamarsi*) Raquel e sono italo-argentina. ........................... (2. *sapere*) parlare italiano abbastanza bene, ma ........................... (3. *dovere*) migliorare perché adesso io e mio marito Diego ........................... (4. *abitare*) e ........................... (5. *lavorare*) a Milano. Io ........................... (6. *fare*) la cuoca e ........................... (7. *avere*) un ristorante argentino dove ........................... (8. *noi - servire*) piatti tipici, come la carne alla griglia. È molto buona, se ........................... (9. *voi - volere*), ........................... (10. *potere*) venire a provare! Mi piace anche la cucina italiana, in particolare mi piacciono i dolci! Sono una ragazza molto sportiva e attiva. Quando io non ........................... (11. *lavorare*) mi piace giocare a tennis e correre. ☺

**3** | Un po' di parole | Rileggi i testi dell'esercizio 2 e completa la tabella.

| nazionalità | tempo libero | professione | personalità |
|---|---|---|---|
| ............................. | ............................. | ............................. | ............................. |
| ............................. | ............................. | ............................. | ............................. |

**4** | A Charles piace...

Rileggi i testi dell'esercizio 2. Che cosa piace a Charles e Raquel?

A Charles piace... / piacciono...

A Raquel piace... / piacciono...

**Ti ricordi la regola?**

Usiamo *piace* con ............................................

............................................

Usiamo *piacciono* con ............................................

**5** | Che cosa ti piace dell'Italia?

A coppie. Guarda con il tuo compagno le foto sull'Italia e scopri i suoi gusti. Poi riferisci alla classe.

**6** | Stranieri in Italia

A coppie. Guardate insieme le foto di queste persone. Date la loro descrizione fisica e immaginate come si chiamano, dove sono, perché sono in Italia, che lavoro fanno e che cosa fanno nel tempo libero. Poi preparate una loro presentazione.

## 7 | Perché studiano italiano?

Completa le frasi di questi studenti di italiano con le forme corrette dei verbi dovere, volere e potere.

**1**

Studio italiano per il mio lavoro: faccio la guida turistica in Egitto e i miei clienti italiani non parlano arabo: con loro ..................... parlare in italiano.

**Ahmed**

**2**

Amiamo molto l'Italia e quest'anno ..................... fare le vacanze in Sicilia e parlare in italiano con la gente.

**Richard e Mary**

**3**

Io e mia moglie ci trasferiamo a Torino per lavoro e i nostri nuovi colleghi sono tutti italiani: con loro non ..................... parlare in inglese.

**Paul e Louise**

**4**

Io studio italiano all'università, invece il mio fidanzato è italiano: lui non lo ..................... studiare!

**Marisol**

## 8 | E tu perché studi italiano?

 Racconta alla classe perché studi italiano.

## 9 | L'esperienza di Ahmed

Leggi la storia di Ahmed, lo studente egiziano dell'esercizio 7. Attenzione: Ahmed fa degli errori quando usa il passato prossimo. Scrivi tutti gli errori nella tabella sotto e correggi.

Ho iniziato a studiare italiano in una piccola scuola al Cairo e il corso mi è piaciuto molto! Qui in Egitto ci sono molti turisti italiani e così sono deciso di studiare bene la lingua per lavorare come guida turistica. Ho arrivato in Italia cinque mesi fa; sono andato a Perugia e ho frequentato un corso di lingua. La città mi è piaciuta molto e il corso ha stato bellissimo! A Perugia sono studiato molto e ho conosciuto persone di tutto il mondo. I miei compagni di classe mi sono piaciuti tanto: ci abbiamo divertito moltissimo insieme! Lo scorso fine settimana abbiamo organizzato una festa: tutti hanno cucinato un piatto del loro paese e poi ci abbiamo  incontrati per mangiare insieme. È venuta anche la nostra insegnante e ha portato un piatto italiano: le lasagne... mi sono piaciute molto!

| | sbagliato | giusto |
|---|---|---|
| 1. | sono deciso | ho deciso |
| 2. | ho iniziato | sono iniziato |
| 3. | sono piaciuto ⟷ | mi é piaciuto |
| 4. | sono arrivato ⟷ | ho arrivato |
| 5. | sono stato ⟷ | ho stato |
| 6. | abbiamo divertito ⟷ | ci siamo divertito |

**Ti ricordi la regola?**

| Scrivi cinque verbi al passato prossimo con l'ausiliare essere... | ... e cinque verbi al passato prossimo con l'ausiliare avere. |
|---|---|
| ..................... | ..................... |
| ..................... | ..................... |
| ..................... | ..................... |

**Attenzione:** con i verbi riflessivi usiamo .....................

**10** | **Quando sei andato in Italia per la prima volta?** **a**

Crea delle domande con queste parole. Usa i verbi al passato prossimo, come nell'esempio.

Quando / andare / Italia / prima volta?

*Quando sei andato in Italia per la prima volta?*

1. Che cosa / fare / prima della lezione?
2. A che ora / svegliarsi / oggi?
3. Che cosa / fare / sabato scorso?
4. Quale film italiano / vedere?
5. A che ora / addormentarsi / ieri sera?
6. Quando / cominciare / il corso di italiano?
7. Dove / passare / ultima vacanza?
8. Quando / prendere / aereo / ultima volta?

*Che cosa hai fatto prima della lezione?*
*A che ora ti sei svegliato oggi?*
*Che cosa hai fatto sabato scorso*
*Quale film italiano hai visto?*
*A che ora ti sei addormentato ieri sera?*
*Quando sei cominciato il corso di italiano?*
*Dove hai passato ultima vacanza?*
*Quando hai preso un aereo per l'ultima volta?*

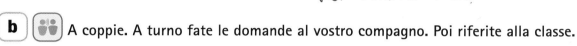

**b** A coppie. A turno fate le domande al vostro compagno. Poi riferite alla classe.

**11** | **Mi è piaciuto molto**

Rileggi il racconto di Ahmed e sottolinea le frasi con il verbo piacere al passato. Poi completa la regola.

**Ti ricordi la regola?**

| | singolare | plurale |
|---|---|---|
| **masch.** | Il corso mi è piaciuto. | I compagni ............................. . |
| **femm.** | La città ............................. . | Le lasagne ............................. . |

**12** | **Un fine settimana a Roma**

Che cosa ha fatto Giorgio questo fine settimana? Che cosa è piaciuto a Giorgio?

Magnifico!
1

Buone queste tagliatelle!
2

Molto belli!
3

Mi sono divertito molto!
4

**13** | **La tua ultima vacanza** **a**

A coppie. Pensa alla tua ultima vacanza. Che cosa ti è piaciuto? Che cosa non ti è piaciuto?
Poi riferisci al tuo compagno.

**b** Scrivi un breve testo. Descrivi che cosa hai fatto nella tua ultima vacanza e che cosa ti è piaciuto.

# Alberto è sempre in ritardo!

## Cominciamo...

**A** | **Qual è il film?**  **A coppie. Abbinate ogni film alla sua trama.**

**LUX Spazio Cinema** ha selezionato per il suo pubblico sei film di qualità e li propone sui suoi schermi all'incredibile prezzo di **€ 2.50!**

**1**

**REGISTA:** Gabriele Muccino
**SCENEGGIATURA:** Gabriele Muccino
**ATTORI:** Stefano Accorsi, Giovanna Mezzogiorno, Stefania Sandrelli
**GENERE:** commedia romantica

l'ultimo bacio

**2**

**REGISTA:** Marco Tullio Giordana
**SCENEGGIATURA:** Marco Tullio Giordana, Claudio Fava, Monica Zapelli
**ATTORI:** Luigi Lo Cascio, Luigi Burruano, Lucia Sardo, Paolo Briguglia
**GENERE:** biografico, drammatico

i cento passi

**3**

**REGIA:** Sabina Guzzanti
**SCENEGGIATURA:** Sabina Guzzanti
**GENERE:** documentario

DRAQUILA
L'ITALIA CHE TREMA

**4**

**REGISTA:** Marco Bellocchio
**SCENEGGIATURA:** Daniela Ceselli, Marco Bellocchio
**ATTORI:** Giovanna Mezzogiorno, Filippo Timi, Fausto Russo Alesi, Pier Giorgio Bellocchio
**GENERE:** storico

VINCERE

**5**

**REGISTA:** Gennaro Nunziante
**SCENEGGIATURA:** Gennaro Nunziante
**ATTORI:** Checco Zalone, Nabiha Akkari, Ivano Marescotti, Rocco Papaleo
**GENERE:** comico

che bella
GiORNATA

**6**

**REGISTA:** Michele Placido
**SCENEGGIATURA:** Sandro Petraglia, Michele Placido
**ATTORI:** Stefano Accorsi, Kim Rossi Stuart, Anna Mouglalis, Riccardo Scamarcio
**GENERE:** poliziesco, drammatico

ROMANZO
CRIMINALE

## B | Chi è il regista?

Abbina l'inizio di ogni frase alla sua fine
e ricostruisci le definizioni.

1. ☐ Il regista...
2. ☐ La trama...
3. ☐ La sceneggiatura...
4. ☐ Il genere...
5. ☐ L'attore...
6. ☐ Il critico...

a. è il tipo di film.
b. è la storia del film.
c. scrive se un film è bello o brutto.
d. dirige il film.
e. contiene le indicazioni del film.
f. recita nel film.

## C | Che film vediamo stasera?

A gruppi. Dovete decidere quale di questi film
andare a vedere. Create brevi dialoghi, come
nell'esempio.

👤 Andiamo a vedere *Vincere*?

👤 No, non mi piacciono i film storici. Andiamo a vedere
*L'ultimo bacio*.

👤 Buona idea! Mi piacciono le commedie romantiche.

## LE TRAME

a ☐ I tre amici Libano, Freddo e Dandi formano una banda criminale a Roma. Il caso è nelle mani del giovane capo di polizia Nicola Scialoja.

b ☐ Pochi conoscono questa pagina di storia italiana. Il film racconta la vita della prima moglie e del primo figlio di Benito Mussolini.

c ☐ La divertente storia di Checco e Farah. Checco, un addetto alla sicurezza del Duomo di Milano, si innamora di Farah, una studentessa di architettura di origine araba.

d ☐ Com'è la situazione a L'Aquila tredici mesi dopo il terremoto? Gli abitanti della città raccontano le loro storie.

e ☐ La vera storia di Peppino Impastato, un giovane siciliano. Ci sono cento passi tra la casa di Peppino e la casa di un famoso boss mafioso. Peppino dice di no alla mafia e la mafia lo uccide a soli trent'anni.

f ☐ Gli amori e le passioni di Carlo e dei suoi amici. Hanno tutti circa trent'anni e pensano alla loro vita e alle loro scelte.

## 1 | Che cosa state facendo?

🔊 1•2 Ascolta il dialogo e indica se le affermazioni sono vere (V) o false (F).

| | | V | F |
|---|---|---|---|
| 1. | Marta è a casa con Valeria. | ☐ | ☐ |
| 2. | Stefano non ha visto *I cento passi*. | ☐ | ☐ |
| 3. | Alberto è uscito un'ora fa. | ☐ | ☐ |
| 4. | Stefano e Alberto devono incontrare delle amiche. | ☐ | ☐ |
| 5. | Marta va a mangiare la pizza con Stefano e Alberto questa sera. | ☐ | ☐ |
| 6. | Marta ha cominciato il corso di tai chi tre mesi fa. | ☐ | ☐ |
| 7. | Stefano e Marta vanno al cinema domani sera. | ☐ | ☐ |
| 8. | L'appuntamento è alle otto, di fronte al cinema Massimo. | ☐ | ☐ |

## Che cosa state facendo?

| | |
|---|---|
| Stefano | Ciao Marta. Sono Stefano. Disturbo? |
| Marta | No, sono qui con Valeria. |
| Stefano | Che cosa state facendo? |
| Marta | Io sto guardando un DVD e Valeria sta dormendo. |
| Stefano | Che film stai guardando? |
| Marta | *I cento passi*. È molto interessante. |
| Stefano | Sì, è piaciuto molto anche a me. Alberto è con voi? |
| Marta | No, è uscito due ore fa. Perché? |
| Stefano | Dobbiamo andare alla stazione a prendere due amiche, ma... |
| Marta | ... è in ritardo. Stefano, lo sai che Alberto è sempre in ritardo! |
| Stefano | Lo so, lo so. Lo aspetto da mezz'ora e ha il cellulare spento. |
| Marta | Tipico. |
| Stefano | Dopo andiamo a mangiare una pizza. Venite anche voi? |
| Marta | Mi dispiace, ma questa sera ho il corso di tai chi. |
| Stefano | Tai chi? Da quanto tempo lo fai? |
| Marta | Da tre mesi. Ho cominciato il corso a gennaio. |
| Stefano | Anch'io ho fatto tai chi. |
| Marta | Davvero? Per quanto tempo? |
| Stefano | Per due anni. Ma poi ho cominciato a fare kick boxing. È più divertente. Ma allora questa sera non puoi proprio venire? |
| Marta | No, purtroppo no. |
| Stefano | Però domani sera vieni al cinema con noi, vero? |
| Marta | Certo. Ci vediamo alle otto e un quarto davanti al cinema Massimo. Invito anche Patrizia, va bene? |
| Stefano | Certo. A domani sera! |

> **... vero?**
>
> *Domani sera vieni al cinema con noi, **vero**?*
>
> Usiamo **vero** per chiedere conferma.

---

**2** | **Marta, Valeria, Alberto e Stefano**

### Leggi il dialogo e completa il testo.

Marta e Valeria sono a casa. Marta ........................... (1) guardando *I cento passi*
e Valeria sta ........................... (2). Stefano sta aspettando Alberto: devono andare
a ........................... (3) due amiche alla stazione. Alberto è in ........................... (4)
e il suo cellulare è ........................... (5). Marta non può andare a ........................... (6)
la pizza con Stefano perché ........................... (7) il corso di tai chi, ma si vedono
domani ........................... (8): vanno al cinema con Alberto e Patrizia.

 **pag. 130 es. 1 - 2**

## **3** | Una giornata al parco

A coppie. Osservate il disegno e descrivete a turno che cosa stanno facendo queste persone, come nell'esempio.

*I bambini stanno giocando a pallone.*

## **4** | Stai mangiando?

A coppie. Ognuno di voi pensa a quattro azioni e a turno le mima all'altro. Per indovinare fate al compagno domande come nell'esempio.

*Stai parlando al cellulare?*

## **5** | La vita di Alberto

Usa le informazioni per descrivere da quanto tempo Alberto fa o per quanto tempo ha fatto queste cose.

| | | |
|---|---|---|
| abitare a Milano | 2004-2006 | *Alberto ha abitato a Milano per tre anni.* |
| vivere a Torino | 2007 | *Vive a Torino da ... anni.* |

1. studiare in Inghilterra     gennaio-giugno 2008
2. lavorare in banca     2009
3. vivere con Patrizia     2010
4. essere fidanzato con Paola     aprile 2008-marzo 2009

> **GRAMMATICA FLASH**
>
> **Da quanto tempo? Per quanto tempo?**
>
> **Da quanto tempo** fai kick boxing? - **Da** un anno.
> **Per quanto tempo** hai fatto tai chi? - **Per** due anni.
>
> PRIMI PASSI     **pag. 131 es. 6 - 7**

## **6** | E tu?

A coppie. A turno fate domande e rispondete, come negli esempi. Usate le espressioni qui sotto.

abitare in questa città

 Da quanto tempo abiti in questa città?

 Da tre anni.

avere il tuo primo computer

Per quanto tempo hai avuto il tuo primo computer?

Per due anni.

* studiare italiano
* stare in vacanza

* vivere con i tuoi genitori
* usare Facebook

* conoscere il tuo migliore amico
* avere il tuo cellulare

## 7 | Ma dov'è Alberto? (◁)) 1•3

**Ascolta il dialogo e trova le otto differenze tra la registrazione e la sua trascrizione.**

| | |
|---|---|
| Marta | Ciao Stefano. |
| Stefano | Ciao Marta. Tutto bene? |
| Marta | Sì, grazie. Ha appena chiamato Patrizia. Non viene questa sera perché ha un problema al lavoro. Hai già comprato i biglietti? |
| Stefano | No, perché Alberto non è ancora arrivato. |
| Marta | Lo sai che è sempre in ritardo! |
| Stefano | Lo so, lo so! Tu come stai? |
| Marta | Sono un po' triste, perché ho lavorato molto in questi giorni. Ho finito un progetto importante per un'azienda cinese: il progetto è finito la settimana scorsa e martedì devo presentare il lavoro al mio capo. E tu? Hai cominciato il tuo nuovo lavoro? |
| Stefano | Sì, e sono abbastanza contento. Il tipo di lavoro non è cambiato molto, ma ho cambiato ufficio e i miei colleghi sono molto giovani. Ma dov'è Alberto? |
| Marta | Ecco, è arrivato! Sta attraversando la piazza. |
| Alberto | Salve ragazzi. Non sono molto in ritardo. Entriamo? |
| Stefano | Alberto, sono le nove e venti. Il film è cominciato dieci minuti fa! |
| Alberto | Beh, sono solo dieci minuti. Dai, andiamo! |
| Marta | No, non mi piace entrare quando il film è già iniziato. |
| Alberto | Ok, allora compriamo i biglietti per il prossimo spettacolo e andiamo a prendere un caffè. |
| Stefano | Va bene, Alberto. Ma la prossima volta entriamo senza di te! |

## 8 | È o ha? Rileggi il dialogo e completa le frasi con è o ha.

1. Marta ............... finito il progetto per un'azienda cinese.

2. Il progetto di Marta ............... finito la settimana scorsa.

3. Stefano ............... cominciato un nuovo lavoro.

4. Il lavoro di Stefano non ............... cambiato molto.

5. Stefano ............... cambiato ufficio.

6. Il film ............... cominciato dieci minuti fa.

### GRAMMATICA FLASH

**VERBI CON *ESSERE* E *AVERE* AL PASSATO PROSSIMO**

**Ho** finito il progetto.
Il film **è** finito alle dieci e mezza.

*PRIMI PASSI* **pag. 133 es. 12 - 13**

## 9 | Sono molto contenta! Completa l'e-mail di Giulia con le forme corrette di essere o avere.

Invia  Chat  Allega  Rubrica  Font  Colori  Registra bozza

Cara Rita

come stai? Non ci sentiamo da molto tempo. Io sono molto contenta in questo periodo. ............... (1) cambiato appartamento: questo è più grande e più bello. ............... (2) anche cominciato un corso di yoga e sai chi ho incontrato lì? Carla, la nostra compagna di università. Non ............... (3) cambiata molto: è sempre simpatica. Il corso ............... (4) iniziato solo due mesi fa, ma ho già molti amici. Uno in particolare, Giorgio. È un ragazzo veramente interessante. ............... (5) appena finito un lavoro importante in Brasile: ha vissuto lì per due anni. Ieri sera siamo andati a un concerto jazz: ............... (6) finito all'una e sono arrivata a casa alle due, così stamattina sono proprio stanca... ma felice!

A presto
Giulia

## 10 | Che cosa è successo?

Osserva i disegni e completa le frasi con le espressioni appena, già, non... ancora e il passato prossimo di questi verbi.

**GRAMMATICA FLASH**

**già, appena, non... ancora**

Il film è **già** iniziato.
Ha **appena** chiamato Patrizia.
Alberto **non** è **ancora** arrivato.

PRIMI PASSI
pag. 135 es. 18 - 19

essere • fare (x2) • lavare • svegliarsi • vedere

Renato ............................ la doccia.

Silvia ............................ i piatti.

Marco ............................ a Londra.

Paola ............................ il letto.

Alba ............................ l'ultimo film di Salvatores.

Gianni ............................ .

## 11 | Hai già... ?  **a** Usa queste espressioni per creare delle domande con già, come nell'esempio.

bere un caffè

*Hai già bevuto un caffè oggi?*

- controllare la posta elettronica
- fare la spesa
- parlare con i tuoi genitori
- leggere il giornale
- mandare un sms
- guardare la televisione
- fare la doccia

**b** A coppie. A turno fate al compagno le domande dell'esercizio 11a e rispondete.

Hai già bevuto un caffè oggi?

Sì, ho già bevuto tre caffè! / No, non ho ancora bevuto un caffè.

# Gli italiani e il cinema

Guardare film è una delle attività preferite dagli italiani. Ma dove guardano i film? Vanno ancora al cinema o rimangono a casa? Due recenti inchieste forniscono dati interessanti sulle abitudini degli spettatori nel nostro paese.

La ricerca «Open Cinema», realizzata dal Centro Massimo Baldini dell'Università Luiss di Roma in collaborazione con la Fondazione Ente dello Spettacolo, indica che il 45,8% degli italiani va al cinema da una a tre volte alla settimana e il 47,4% meno di una volta al mese. Tra gli altri dati interessanti, il 60% degli intervistati preferisce andare a vedere un film in una multisala perché c'è una scelta più ampia.

Il film comico resta il genere preferito dagli italiani: lo sceglie il 50%, mentre il 41% preferisce i film d'avventura. Non c'è invece una preferenza spiccata per gli altri generi di film. Il pubblico preferisce i campioni d'incassi americani, anche se negli ultimi tempi molti film italiani hanno avuto un grande successo.

L'inchiesta di Audiomovie, una società specializzata in ricerca nel settore cinematografico, fornisce dati interessanti sulla tipologia degli spettatori. Il pubblico femminile è leggermente più numeroso di quello maschile (51,2%) e c'è una percentuale importante di pubblico giovane: la fascia 25-44 anni rappresenta il 34% degli spettatori e quella 18-24 anni

raggiunge il 45%. Il livello di istruzione degli spettatori è abbastanza elevato: il 9,9% ha una laurea e il 26,4% un diploma di scuola media superiore. Il 71,6% degli spettatori ha un reddito compreso tra il medio e l'alto.

È però innegabile che la popolarità di Internet e delle tecnologie informatiche a basso costo sta cambiando le abitudini degli italiani. Infatti alta definizione, HD-DVD, Blu-Ray, pay-tv e canali satellitari stanno progressivamente allontanando parte del pubblico dalle sale cinematografiche. Il 33% degli intervistati scarica in media un film al mese dal web e il 21% arriva a scaricare anche da quattro a sei titoli al mese.

---

**12** | Gli italiani e il cinema ) **Leggi l'articolo e indica se le affermazioni sono vere (V) o false (F).**

|  | | V | F |
|---|---|---|---|
| 1. | Il 47,4% degli italiani va al cinema una volta al mese. | ☐ | ☐ |
| 2. | Gli italiani preferiscono i cinema multisala perché costano meno. | ☐ | ☐ |
| 3. | La metà degli italiani preferisce i film comici. | ☐ | ☐ |
| 4. | I film americani sono molto popolari. | ☐ | ☐ |
| 5. | Il pubblico maschile è più numeroso di quello femminile. | ☐ | ☐ |
| 6. | Molti italiani scaricano film dal web. | ☐ | ☐ |

**13** | Il cinema in cifre  Trova nell'articolo le informazioni per completare le frasi.

1. Il 45,8% degli italiani .....................................................................................................................................
2. Il 60% degli intervistati .....................................................................................................................................
3. Il 41% degli italiani .....................................................................................................................................
4. Il 34% degli spettatori .....................................................................................................................................
5. Il 9,9% degli spettatori .....................................................................................................................................
6. Il 33% degli intervistati .....................................................................................................................................

**14** | Che cosa vuol dire?

Abbina alle parole / espressioni la loro definizione.

1. ☐ forniscono
2. ☐ multisala
3. ☐ ampia
4. ☐ spiccata
5. ☐ campioni d'incassi
6. ☐ elevato
7. ☐ reddito
8. ☐ innegabile

a. alto
b. film di grande successo di pubblico
c. certo, evidente
d. cinema con più sale
e. grande
f. danno
g. chiara
h. stipendio, salario

**15** | Che spettatore sei?   1•4-7

Ascolta queste interviste della ricerca «Open Cinema» e completa la tabella.

|  | Quanto spesso va al cinema? | Che genere di film ama? | Che genere di film non ama? |
|---|---|---|---|
| Sara |  |  |  |
| Raffaele |  |  |  |
| sig. Marini |  |  |  |
| sig.ra Nastri |  |  |  |

**16** | Ami il cinema?  A gruppi. A turno fate ai compagni queste domande.

- Quanto spesso vai al cinema?
- Vai da solo, in coppia o con gli amici?
- Preferisci le multisale? Perché?

- Che film vai a vedere?
- Che genere di film preferisci?
- Che film non ti piacciono?

**17** | Ora prova tu  A te piace il cinema? Scrivi un breve testo seguendo i punti dell'esercizio 16.

**18 | Generi cinematografici** Scrivi i generi di film sotto le immagini corrispondenti.

western • romantico • musical • d'azione • horror • d'animazione • giallo • di fantascienza

.............................. .............................. .............................. ..............................

.............................. .............................. .............................. ..............................

**19 | Parlare di film** Completa le frasi con queste parole.

ambientato • candidature • girare • numerati • protagonista
recensioni • effetti speciali • recita • sottotitoli • botteghino

1. ☺ Vieni a vedere il film in inglese questa sera?

   ☺ Solo se ci sono i ..................................... : sai che non capisco bene l'inglese.

2. Woody Allen vuole ..................................... il suo prossimo film in Italia.

3. Andiamo a vedere l'ultimo film di Muccino? Ho letto le ..................................... : dicono che è molto bello.

4. Il ..................................... del film è un giovane scrittore.

5. Il film *La vita è bella* ha ricevuto sette ..................................... all'Oscar.

6. In *Habemus Papam* Nanni Moretti ..................................... la parte di uno psicologo.

7. Il film è ..................................... in un piccolo paese della Sicilia.

8. *Che bella giornata* ha avuto un grande successo di pubblico: ha sbancato il ..................................... .

9. In molti cinema i posti sono ..................................... .

10. Mi è piaciuto molto *Avatar*, soprattutto per gli ..................................... : sono fantastici.

## 20 │ Prenotiamo i biglietti on-line?

Leggi le pagine web di questo cinema e completa le informazioni mancanti con queste parole.

carte di credito • clicca • conferma • festivi • posti • riduzione • scegli • spettacolo • telefoniche • titolo

**ARISTON MULTISALA**

| TARIFFE | PROGRAMMAZIONE | SALE | DOVE SIAMO | CONTATTI |

**INFO E TARIFFE**

Per informazioni e prenotazioni .................................... (1):
tel. 800 4358 567 - tutti i giorni dalle 15.30 alle 17.30

Per prenotazioni on-line: ................................... (2) qui

Per la prenotazione è previsto un addebito di 1 euro.

### LUNEDÌ - MARTEDÌ - GIOVEDÌ - VENERDÌ

| | |
|---|---|
| 1° .................................... (3) | € 4,50 |
| 2° spettacolo | € 7,50 |

**RIDUZIONI**

| | |
|---|---|
| riduzione bambini | € 5,50 |
| .................................... (4) studenti con tessera "io studio" | lunedì, martedì, giovedì € 4,00 |

### SABATO - DOMENICA – .................................... (5) e PREFESTIVI

| | |
|---|---|
| spettacolo | € 7,50 |

**RIDUZIONI**

| | |
|---|---|
| riduzione bambini | € 5,50 |

**Tutte le promozioni non sono valide nei giorni festivi e prefestivi.**

**ARISTON MULTISALA**

**ACQUISTI**
Acquista il tuo biglietto con le principali .................................... (6)

| scegli il film ▼ |
| .................................... (7) il giorno ▼ |
| scegli la sala ▼ |
| scegli i .................................... (8) ▼ |

**Dati operazione**
.................................... (9) film:
**Benvenuti al Nord**
mercoledì 15/02/2012

numero posti

descrizione posti

totale

| annulla | .................................... (10) |

**SALA 2**

(planimetria posti file A–S)

## A | Un appartamento

Scrivi le parole sotto le foto corrispondenti.

camera da letto • cucina • bagno • corridoio
balcone • soggiorno • ripostiglio • studio

## B | Dove mettiamo i mobili?

A coppie. Mettete i mobili nella stanza giusta.

a 2 divano

b comodino

c fornello

d vasca da bagno

e libreria

f scaffale

g poltrona

h [ ] armadio

i [ ] specchio

l [ ] lavandino

m [ ] mobiletto da cucina

n [ ] letto matrimoniale

## C | Ti ricordi?

**A coppie. Conoscete il nome di altri mobili o oggetti da mettere in queste stanze?**

camera da letto .................................................

cucina .................................................

bagno .................................................

corridoio .................................................

soggiorno .................................................

ripostiglio .................................................

studio .................................................

## D | Nella mia casa

**A coppie. A turno descrivete al compagno una stanza della vostra casa.**

*Nella mia camera da letto c'è un piccolo armadio, un letto matrimoniale...*

---

## 1 | Sto cercando casa

 **Ascolta il dialogo e indica con (✓) l'alternativa corretta.**
1•8

1. Bianca vuole...
   a. ☐ comprare una casa.
   b. ☐ affittare una casa.

2. Secondo Gianni...
   a. ☐ gli affitti sono molto cari.
   b. ☐ ci sono affitti a prezzi convenienti.

3. Il primo appartamento...
   a. ☐ è vicino all'ufficio di Bianca.
   b. ☐ è lontano dall'ufficio di Bianca.

4. Nel secondo appartamento...
   a. ☐ il soggiorno e la cucina sono piccoli.
   b. ☐ il soggiorno e la camera da letto sono piccoli.

5. L'affitto del terzo appartamento è...
   a. ☐ 1000 euro al mese.
   b. ☐ 600 euro al mese.

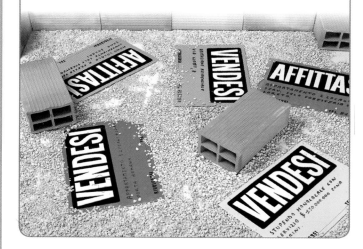

# Sto cercando casa

| | |
|---|---|
| **Gianni** | Che cosa stai facendo? |
| **Bianca** | Sto cercando casa. Mi aiuti? |
| **Gianni** | Certo, ma la cerchi su Internet? |
| **Bianca** | Sì, si trovano molti annunci interessanti e a prezzi convenienti. |
| **Gianni** | Ma vuoi comprare o affittare? |
| **Bianca** | Affittare, naturalmente. Non ho abbastanza soldi per comprare casa. |
| **Gianni** | Però li puoi chiedere ai tuoi genitori. |
| **Bianca** | Ai miei genitori? Assolutamente no! |
| **Gianni** | Ma gli affitti a Roma sono molto cari. Secondo me si risparmia se si compra casa. |
| **Bianca** | Forse, ma non è vero che gli affitti sono sempre cari. Guarda qui. Questo appartamento ha una camera da letto, una cucina, un soggiorno, un bagno e l'affitto è 600 euro al mese. |
| **Gianni** | Ma è in via Cervi, molto lontano dal tuo ufficio. |
| **Bianca** | Lo so, ma non si può avere tutto... E questo? Il soggiorno è un po' piccolo, ma... |
| **Gianni** | ... hai visto la camera da letto? Dove metti il tuo enorme armadio? |
| **Bianca** | Hai ragione, non va bene: la camera è troppo piccola. Questo però... guarda, è perfetto! È vicino al lavoro e c'è anche un piccolo terrazzo... |
| **Gianni** | ... ma l'affitto è 1000 euro al mese! Non è troppo caro? |
| **Bianca** | Sì, hai ragione. Che cosa posso fare? |
| **Gianni** | Aspetta! Una mia collega si trasferisce a Torino per lavoro e lascia il suo appartamento. La chiamo subito! |
| **Bianca** | Fantastico. Ti ringrazio tanto, Gianni. Se trovi l'appartamento facciamo una festa! |

Hai ragione!      Hai torto!

---

**2** | **Mi aiuti a cercare casa?** | Leggi il dialogo e abbina l'inizio di ogni frase alla sua fine.

1. ☐ Sto cercando casa.

2. ☐ Bianca non ha soldi, ma

3. ☐ L'affitto è 1000 euro al mese e

4. ☐ Bianca sta cercando una casa:

5. ☐ La collega di Gianni lascia l'appartamento, così

6. ☐ Gianni, se trovi l'appartamento

a. facciamo una festa!

b. Gianni la chiama subito.

c. la sta cercando su Internet.

d. non li vuole chiedere ai suoi genitori.

e. Mi aiuti?

f. Bianca non li ha.

## 3 | Ho trovato casa!

**Bianca forse ha trovato un appartamento. Completa il dialogo con la sua amica Silvia con i pronomi personali diretti corretti.**

**Bianca**   Silvia, forse ho trovato l'appartamento giusto!

**Silvia**   Veramente? Sono proprio contenta!

**Bianca**   Io e Gianni ........................ (1) andiamo a vedere stasera alle sei e mezza. ........................ (2) accompagni tu in macchina?

**Silvia**   Mi dispiace, ma la macchina è dal meccanico. ........................ (3) vado a prendere dopo il lavoro. Andate in autobus e io ........................ (4) raggiungo dopo.

**Bianca**   Va bene. Ma se l'appartamento va bene, poi ........................ (5) aiuti con il trasloco, vero?

**Silvia**   Certo che ........................ (6) aiuto, ma poi tu ........................ (7) inviti a cena!

**Bianca**   A proposito di cena. Sei libera stasera? Stefano e Carlo ........................ (8) hanno invitato a mangiare una pizza. Vieni anche tu?

**Silvia**   Certo, non ........................ (9) vedo dalla tua festa di compleanno. Perché non invitiamo anche le tue amiche spagnole?

**Bianca**   Certo, ........................ (10) chiamo più tardi.

**GRAMMATICA FLASH**

**PRONOMI PERSONALI DIRETTI**

| singolare | plurale |
|---|---|
| mi | ci |
| ti | vi |
| lo / la / La | li / le |

PRIMI PASSI   **pag. 139 es. 1 - 2**

## 4 | Ci sono io!
Leggi le frasi e offri il tuo aiuto come nell'esempio. Usa i verbi tra parentesi.

Ho problemi con i compiti di italiano. (*aiutare*)      *Ti aiuto io.*

1. Non ho tempo di fare la spesa. (*fare*)
2. Io e il mio amico dobbiamo andare all'aeroporto. (*portare*)
3. Non ho soldi per pagare il conto. (*pagare*)
4. Non so fare le lasagne. (*cucinare*)
5. Voglio fare un'insalata, ma non ci sono i pomodori. (*comprare*)
6. Non voglio andare dal dottore da sola. (*accompagnare*)

**GRAMMATICA FLASH**

**SI IMPERSONALE**

**Si** trovano molti annunci interessanti.
**Si** risparmia se **si** compra casa.
Non **si** può avere tutto.

PRIMI PASSI   **pag. 141 es. 7 - 8**

## 5 | In Italia e nel mio paese

**A coppie. Completa le informazioni sull'Italia e di' che cosa si fa nel tuo paese. Poi chiedi a un compagno che cosa si fa nel suo.**

In Italia...

1. *Si cena* ................ (*cenare*) alle otto.
2. ........................ (*mangiare*) molti spaghetti.
3. ........................ (*pranzare*) all'una..
4. ........................ (*cominciare*) le lezioni alle otto.
5. ........................ (*andare*) in discoteca a mezzanotte.
6. ........................ (*lavorare*) in ufficio dalle nove alle sei.

## 6 | Si può e non si può
Osserva i cartelli e scrivi che cosa si può o non si può fare.

**1** QUI POSSO ENTRARE

**2**

**3** VISA

**4**

**5**

*Si possono*
*portare i cani.*

........................    ........................    ........................

## 7 | L'appartamento di Bianca

Bianca ha finalmente trovato l'appartamento giusto. La sua amica Silvia
la sta aiutando a sistemare la casa. Ascolta e completa il dialogo.

| | |
|---|---|
| Silvia | Che bell'appartamento, Bianca! |
| Bianca | È carino, vero? Ma ora devo mettere tutto a posto! Mi aiuti? |
| Silvia | Ma certo. Dove vanno questi libri? |
| Bianca | Su quegli scaffali in soggiorno. Ti piace la .................... (1)? |
| Silvia | Sì, dove l'hai comprata? |
| Bianca | In un negozio vicino a Trastevere. Ci sono .................... (2) molto carini in quel posto: ho comprato lì anche quel tavolo e quelle sedie. |
| Silvia | Li hai pagati molto? |
| Bianca | No, .................... (3) euro. |
| Silvia | Hai comprato lì anche quell'armadio? |
| Bianca | Quello in .................... (4)? No, quello è un vecchio armadio dei miei .................... (5). |
| Silvia | Beh, è un bell'armadio. C'è posto per tutti i tuoi vestiti. |

| | |
|---|---|
| Bianca | Sì, è molto grande. L'ho messo in corridoio perché la camera da letto è molto .................... (6). |
| Silvia | Che cosa c'è in quelle scatole? |
| Bianca | Non lo so. Le ha portate mio papà ieri e non le ho ancora aperte. |
| Silvia | Adesso guardo. Ci sono dei .................... (7). Che belli! |
| Bianca | Sono quelli di mia nonna: sono veramente speciali. |
| Silvia | Dove li metto? |
| Bianca | In quei mobiletti sopra la .................... (8). |
| Silvia | Fatto. E adesso? |
| Bianca | Beh, io sono stanca. Perché non facciamo un bel caffè e ci riposiamo un po'? |
| Silvia | Che bell'idea! |

### GRAMMATICA FLASH

**CONCORDANZA DEL PASSATO PROSSIMO CON I PRONOMI PERSONALI DIRETTI**

L'ho mess**o** in corridoio.
Dove l'hai comprat**a**?
Li hai pagat**i** molto?
Le ha portat**e** ieri.

PRIMI PASSI 🡒 **pag. 142 es. 12 - 13**

## 8 | Quante cose! Rileggi il dialogo e completa il testo.

Ci sono molte cose nel nuovo appartamento di Bianca. C'è una bella libreria: Bianca .............. ha comprat....... in un negozio vicino a Trastevere. Ha anche comprato un tavolo e delle sedie e non .............. ha pagat....... molto. C'è un grande armadio: .............. ha mess....... in corridoio perché è molto grande e la camera da letto è piccola. Ci sono molte scatole: .............. ha portat....... il papà di Bianca ieri, ma lei non .............. ha ancora apert....... .

## 9 | Inauguriamo la casa!

A coppie. Bianca vuole organizzare una festa per mostrare il nuovo
appartamento ai suoi amici. Silvia la sta aiutando. Studente A:
tu sei Bianca. Usa le informazioni per fare domande a Silvia e
rispondere se ha fatto (✓) o non ha fatto (✗) una cosa,
come negli esempi. Studente B: vai a pag. 127.

- mandare gli ultimi inviti
- comprare il vino
- fare le lasagne
- avvisare i vicini
- lavare i bicchieri
- comprare le bibite
- ordinare la torta
- chiamare Gianni
- prendere la macchina fotografica
- cucinare l'arrosto

A Hai già mandato gli ultimi inviti?

B Sì, li ho già mandati.

B Hai comprato il vino?

A Il vino? No, non l'ho ancora comprato.

## 10 | Che cosa hai fatto oggi?

**A coppie. Formulate delle domande con le espressioni indicate, come nell'esempio. Poi a turno intervistate il compagno.**

👤 Hai fatto i compiti d'italiano?       👤 No, non li ho ancora fatti.

1.  ~~fare i compiti d'italiano~~
2.  guardare la televisione
3.  mandare un sms
4.  chiamare le tue amiche

5.  bere un caffè
6.  controllare le tue e-mail
7.  lavare i piatti
8.  comprare il giornale

## 11 | Quello e bello | Completa le frasi con la forma corretta di quello e bello.

1.  ..................... divano è molto comodo.
2.  Ho comprato dei ..................... jeans in centro.
3.  Mi piacciono molto ..................... specchi.
4.  Abbiamo visto un ..................... film ieri sera.
5.  ..................... pantaloni sono un po' grandi.
6.  ..................... appartamento è molto caro.
7.  Siamo stati in un ..................... albergo a Palermo.
8.  Dove posso trovare dei ..................... occhiali da sole?

> **GRAMMATICA FLASH**
>
> **Gli aggettivi *quello* e *bello***
>
> |  | singolare | plurale |
> |---|---|---|
> | **maschile** | quel / bel tavolo | quei / bei tavoli |
> |  | quello / bello specchio | quegli / begli specchi |
> |  | quell' / bell'armadio | quegli / begli armadi |
> | **femminile** | quella / bella sedia | quelle / belle sedie |
> |  | quell' / bell'amica | quelle / belle amiche |
>
> 🔰 PRIMI PASSI    **pag. 143-144 es. 17 - 18**

## 12 | Ecco la nostra casa!

**Riccardo e Marta stanno mostrando la nuova casa alla loro amica Monica. Scrivi che cosa dice Monica.**

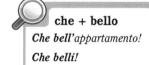

🔍 **che + bello**
*Che bell'appartamento!*
*Che belli!*

*Che bei quadri!*

## 13 | Che bei pantaloni!

**A coppie. Di' al compagno che cosa ti piace di quello che ha o che indossa. Usa che + bello.**

John, che bei pantaloni!                    Carmen, che begli orecchini!

# La casa degli ITALIANI

LA CASA È LO SPECCHIO DELL'ANIMA. UNA RICERCA BASATA SU UN CAMPIONE DI TREMILA FAMIGLIE ITALIANE HA INDIVIDUATO CINQUE STILI ABITATIVI DIVERSI.

## La casa focolare

Al centro della vita domestica c'è la famiglia. La casa è un luogo dove si ritrovano parenti e amici e l'**ambiente** preferito è il soggiorno. La casa è abbastanza grande, situata in genere nelle piccole città dell'Italia centrale. Questo è il tipo di casa preferito dalle persone tra i 35 e i 54 anni, in genere impiegati o casalinghe.

## La casa teatro

La casa rispecchia il proprio stile di vita, è un modo per rappresentare se stessi. Gli ambienti **prediletti** sono la cucina e il soggiorno. In questa casa vivono persone di status medio-alto, laureati, adulti e con residenza per lo più nei piccoli centri.

## La casa forum

La casa è il luogo dove si possono fare tante cose, ma anche incontrare gli amici. Non c'è preferenza per una stanza specifica. È tipica di una famiglia giovane residente nelle **metropoli** dell'Italia del nord-ovest.

## La casa bunker

La casa è un **rifugio**, un luogo privato e personale aperto a pochi, dove trovare un'atmosfera rilassante, sicurezza e tranquillità. Gli ambienti preferiti sono la camera da letto e il bagno. Questo è il tipo di **abitazione** preferito da single, giovani e anziani, con case in città di piccole dimensioni.

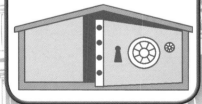

## La casa officina

La casa rispecchia le **abitudini** di vita. È una casa unica per i suoi proprietari, tipica delle famiglie numerose del Sud Italia. Al centro della casa la donna, di solito casalinga. L'ambiente preferito è la cucina.

(adattato da *www.makno.it*)

**14** | La casa degli italiani ) Leggi l'articolo e completa la tabella.

|  | casa focolare | casa teatro | casa forum | casa officina | casa bunker |
|---|---|---|---|---|---|
| ambienti preferiti |  |  |  |  |  |
| profilo sociale |  |  |  |  |  |
| dove? |  |  |  |  |  |

**15** | Trova il significato )

Scrivi le parole evidenziate nell'articolo accanto alla definizione o al sinonimo corrispondente.

1. stanza   ...........................................................

2. casa   ...........................................................

3. luogo sicuro   ...........................................................

4. preferiti   ...........................................................

5. cose fatte tutti i giorni, routine   ...........................................................

6. grandi città   ...........................................................

**16** | Che casa hanno? )  1•10-13

Ascolta queste persone e decidi in quale dei cinque tipi di casa illustrati nell'articolo vivono.

Emma

Giovanni

Costanza

Paolo

..................................... ..................................... ..................................... .....................................

**17** | E la casa nel tuo paese? )  A gruppi. A turno rispondete a queste domande.

- La tua casa corrisponde a uno dei cinque tipi descritti nell'articolo?
- Che tipo di casa è più comune nel tuo paese?
- La casa è un luogo importante per te?
- Come è la casa dei tuoi sogni?

**18** | Ora prova tu ) Scrivi un breve testo sui tipi di casa nel tuo paese.

**19 | Arrediamo la casa** Scrivi le parole al posto giusto.

lavastoviglie • bidè • calorifero • cassettiera • cuscino • frigorifero • lampada • lavandino • lavatrice
porta • tappeto • tavolino • tenda • water • forno a microonde • videocitofono

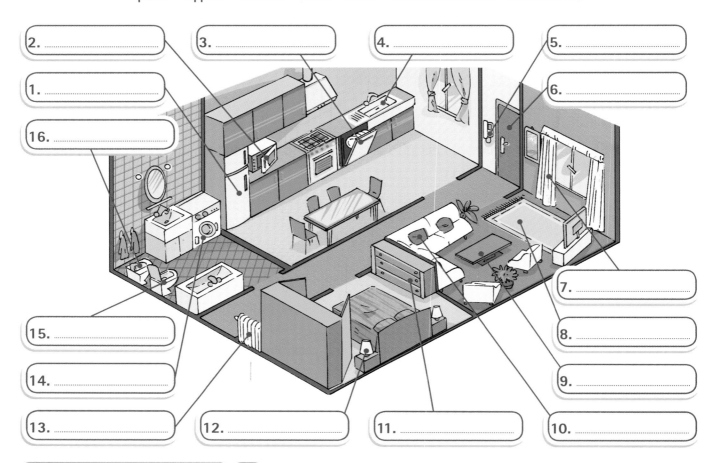

2. ......................................
3. ......................................
4. ......................................
5. ......................................
1. ......................................
6. ......................................
16. ......................................
15. ......................................
14. ......................................
13. ......................................
12. ......................................
11. ......................................
10. ......................................
9. ......................................
8. ......................................
7. ......................................

**20 | Descriviamo la casa**

A coppie. A turno descrivete le stanze dell'appartamento dell'esercizio 19.
*In cucina c'è un frigorifero. Ci sono anche...*

**21 | Che cosa vuol dire?** Abbina alle parole la loro definizione.

1. ☐ box
2. ☐ cucina abitabile
3. ☐ ingresso
4. ☐ bilocale
5. ☐ riscaldamento
6. ☐ trilocale
7. ☐ unifamiliare
8. ☐ aria condizionata

a. un appartamento con due stanze più il bagno e la cucina
b. l'entrata di un appartamento
c. un appartamento con tre stanze più il bagno e la cucina
d. sistema per avere una temperatura fresca in casa
e. per una sola famiglia
f. una cucina grande
g. sistema per avere una temperatura calda in casa
h. garage

## 22 | La casa giusta

Leggi gli annunci delle case in vendita e il profilo delle persone. Qual è la casa giusta per loro?

# IMMOBILIARE.IT
## La tua agenzia immobiliare

Chi siamo | I nostri annunci | Dove siamo | I nostri servizi | Contatti

**a**

Attico al 5° e ultimo piano. Soggiorno, cucina, una camera da letto. Ampio terrazzo con bella vista su un parco. Doppi vetri e aria condizionata. Cantina. Ascensore e portineria.

**b**

Trilocale composto da: ingresso, soggiorno con angolo cottura, 2 camere, 2 bagni, 2 balconi e cantina. Riscaldamento centralizzato. Possibilità box.

**c**

A pochi passi dalla metropolitana proponiamo ampio bilocale con ingresso, soggiorno, cucina abitabile, camera da letto e solaio. Riscaldamento autonomo e videocitofono. Silenzioso.

**d**

Villetta unifamiliare a dieci chilometri da Ancona. 2 piani. 1° piano: ingresso, soggiorno, cucina e bagno; 2° piano: 3 camere (una con balcone) e bagno con vasca idromassaggio. Grande giardino.

**1**

**Giorgia e Riccardo** amano il verde e le piante. Cercano una casa in città dove possono mangiare all'aria aperta.

**2**

**Pietro e Nadia** hanno tre bambini. Cercano una casa abbastanza grande. Pietro usa la macchina per andare a lavorare.

**3**

**Simona e Benedetto** amano cucinare: per loro è importante avere una bella cucina. Usano i mezzi per spostarsi in città.

**4**

**Manuela e Ivano** hanno deciso di trasferirsi fuori città. Cercano una casa con un bel giardino dove i loro due bambini possono giocare.

## 23 | Che casa scegli?

A coppie. Decidete quale casa preferite tra quelle dell'esercizio 22 e spiegate al compagno il perché.

## 24 | Un annuncio

Vuoi vendere la tua casa. Scrivi un annuncio da mettere sul sito di un'agenzia immobiliare.

# Il cinema italiano

## Quali sono i generi di film più popolari nel Bel Paese?

### LA COMMEDIA ALL'ITALIANA

La commedia è un genere di film molto popolare in Italia. Il periodo d'oro della commedia italiana, o meglio "all'italiana", è stato durante gli anni Sessanta e Settanta. Molti film hanno reso popolare questo genere, per esempio quelli di Mario Monicelli, Dino Risi e Vittorio de Sica. Nel 1965 *Ieri, oggi e domani* di De Sica ha vinto un Oscar come miglior film straniero. Le commedie italiane di questo periodo sono state in testa alle classifiche degli incassi in diversi paesi europei e gli attori più famosi, come Sofia Loren, Marcello Mastroianni, Vittorio Gassman, Alberto Sordi, Ugo Tognazzi, Monica Vitti e Gina Lollobrigida, erano molto conosciuti anche all'estero. Alcuni hanno anche lavorato a Hollywood.

La tradizione continua ai giorni nostri con registi come Roberto Benigni, Carlo Verdone, Nanni Moretti, Gabriele Muccino, Paolo Virzì e molti altri.

Sophia Loren e Vittorio De Sica

### Il film sociale e politico

I primi film di questo genere appaiono dopo la seconda guerra mondiale e fanno parte del Neorealismo. Tra i registi più famosi di questo periodo ci sono Roberto Rossellini (*Roma città aperta*, 1945) e Vittorio de Sica (*Ladri di biciclette*, 1948). Verso la fine degli anni Sessanta e l'inizio degli anni Settanta appaiono molti film su argomenti di grande importanza sociale e politica, per esempio *La classe operaia va in Paradiso* (1971) di Elio Petri e *Il caso Mattei* (1972) di Francesco Rosi. I problemi sociali e la politica rimangono temi importanti anche ai giorni nostri: tra i film recenti ci sono *I cento passi* (2000) e *La meglio gioventù* (2003) di Marco Tullio Giordana, *Il Caimano* (2006) di Nanni Moretti, *Il Divo* (2008) di Paolo Sorrentino e *Gomorra* (2008) di Matteo Garrone, basato sul romanzo di Roberto Saviano.

Il cast de *Il Caimano*

## Il film d'Autore

Il film d'autore è un film di grande qualità artistica diretto da un importante regista. Molti registi italiani del passato hanno diretto film di questo genere. Possiamo ricordare Luchino Visconti con *Il Gattopardo* (1962), Federico Fellini con *La Dolce Vita* (1960) e Michelangelo Antonioni con *L'avventura* (1960).

Un caso a parte è il cinema di Pier Paolo Pasolini, passato dalla letteratura al cinema: tra i suoi film *Accattone* (1961) e *Uccellacci e uccellini* (1966).

Oggi non si può parlare di vero film d'autore italiano, ma alcuni registi italiani hanno vinto premi Oscar negli ultimi decenni, per esempio Bernardo Bertolucci con *L'ultimo imperatore* (1988), Giuseppe Tornatore con *Nuovo Cinema Paradiso* (1990), Gabriele Salvatores con *Mediterraneo* (1992) e Roberto Benigni con *La vita è bella* (1997).

**1** A coppie. Prima di leggere il testo, osservate le immagini e rispondete alle domande.

- Conoscete questi film e attori italiani?
- Quali film italiani avete visto?
- Conoscete altri attori italiani?

**2** Leggi il testo e indica se le affermazioni sono vere (V) o false (F).

|  |  | V | F |
|---|---|---|---|
| 1. | Le commedie italiane degli anni Sessanta e Settanta sono state famose solo in Italia. | ☐ | ☐ |
| 2. | Alcuni attori della commedia italiana hanno lavorato anche fuori dall'Italia. | ☐ | ☐ |
| 3. | Il Neorealismo è cominciato dopo la seconda guerra mondiale. | ☐ | ☐ |
| 4. | Non ci sono molti film sociali e politici ai giorni nostri. | ☐ | ☐ |
| 5. | Il film d'autore è un genere molto commerciale. | ☐ | ☐ |
| 6. | Pier Paolo Pasolini è stato anche uno scrittore. | ☐ | ☐ |

**3** 1•14-16 Ascolta queste persone che parlano dei film che amano e rispondi alle domande.

1. Perché Francesca ama i film d'autore?
2. Perché questo genere di film non è molto popolare?
3. Perché la gente preferisce le commedie e i film comici?
4. Perché Giuliano va al cinema?
5. Quale tipo di film preferisce?
6. Perché gli piacciono i film di Muccino?
7. Perché Clara ama i film sociali e politici?
8. Che cosa fa dopo che ha visto un film?
9. Perché dice che *I cento passi* è un film coraggioso?

**4** A coppie. Parlate dei generi di film che ci sono nel vostro paese e di quelli che preferite.

- Quali sono i generi di film popolari nel tuo paese?
- Sono conosciuti anche in altri paesi?
- Quali sono i registi e gli attori più famosi?
- Quali sono i tuoi registi e attori preferiti? Perché?

**5** Scrivi un breve testo sul cinema del tuo paese.

# Ieri e oggi

## Cominciamo...

**A** | **Tradizionale o moderno?**

A gruppi. Parla con i compagni e confronta le idee. Avete gli stessi gusti o preferite fare cose differenti?

## Preferisci...

**1** ... scrivere a macchina o scrivere al computer?

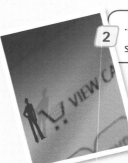

**2** ... comprare CD in un negozio o scaricare musica da Internet?

**3** ... scrivere una lettera o un'e-mail a un amico lontano?

**4** ... prenotare voli e alberghi su Internet o organizzare un viaggio in agenzia?

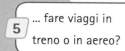

**5** ... fare viaggi in treno o in aereo?

**6** ... giocare ai videogiochi o organizzare una partita di calcio

**7** ... comprare il giornale in edicola o leggere le notizie sul web?

**8** ... tenere le foto in un album o caricare le foto su un blog?

## B | Due generazioni a confronto

Paolo e Martina parlano dei loro gusti e delle loro preferenze. Completa il testo con le espressioni dell'esercizio A. Attenzione: alcune sono al presente e altre al passato.

**le notizie • una lettera • da Internet • in edicola**

### PAOLO, il padre tradizionalista

**1**

Non mi piace molto la fretta di questo mondo moderno e la sua tecnologia. Ad esempio: ogni mattina vado a comprare il giornale ............................ (1). Non posso immaginare di leggere ............................ (2) da solo, in ufficio, sul web! Non amo scrivere e-mail o chattare (come mia figlia!), preferisco una comunicazione più "tradizionale", come scrivere ............................ (3). E poi la musica: mia figlia la scarica ............................ (4). Io vado solo nei negozi!

**un album • in agenzia • i voli • le foto**

### MARTINA, la figlia moderna

**2**

Io adoro la tecnologia e non posso vivere senza il mio computer. Mi piace viaggiare e con Internet è facilissimo: controllo i prezzi, prenoto ............................ (1) on-line e scelgo anche l'albergo. Per mio padre questo è impossibile: troppo stress! Quando viaggia, va sempre ............................ (2) e prenota tutto lì. E poi, alla fine di un viaggio, io normalmente carico ............................ (3) sul mio blog, così i miei amici le possono vedere quando vogliono. Mio padre le mette in ............................ (4). Per lui sono ricordi privati e non li vuole mettere sul web.

## C | E tu?

E tu, come ti senti? Sei più simile a Paolo o a Martina? Parla con i compagni.

## 1 | Ancora al computer?

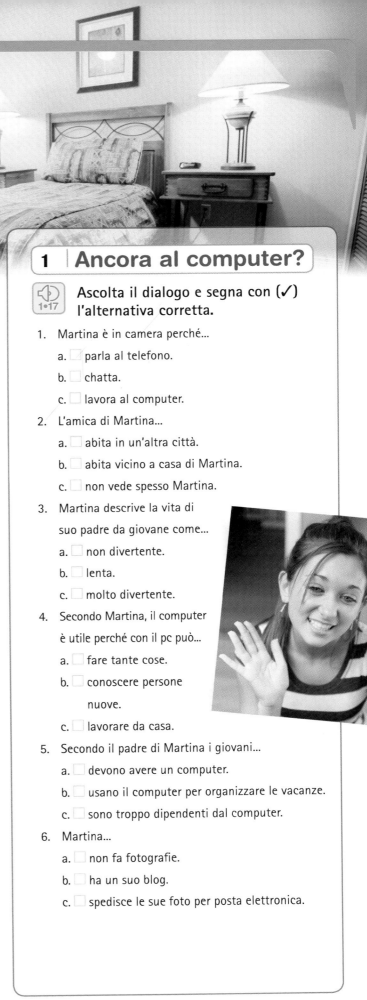

**1•17** Ascolta il dialogo e segna con (✓) l'alternativa corretta.

1. Martina è in camera perché...
   a. ☐ parla al telefono.
   b. ☐ chatta.
   c. ☐ lavora al computer.

2. L'amica di Martina...
   a. ☐ abita in un'altra città.
   b. ☐ abita vicino a casa di Martina.
   c. ☐ non vede spesso Martina.

3. Martina descrive la vita di suo padre da giovane come...
   a. ☐ non divertente.
   b. ☐ lenta.
   c. ☐ molto divertente.

4. Secondo Martina, il computer è utile perché con il pc può...
   a. ☐ fare tante cose.
   b. ☐ conoscere persone nuove.
   c. ☐ lavorare da casa.

5. Secondo il padre di Martina i giovani...
   a. ☐ devono avere un computer.
   b. ☐ usano il computer per organizzare le vacanze.
   c. ☐ sono troppo dipendenti dal computer.

6. Martina...
   a. ☐ non fa fotografie.
   b. ☐ ha un suo blog.
   c. ☐ spedisce le sue foto per posta elettronica.

# Al lavoro!

## Ancora al computer?

**Paolo**    Martina, è mezzanotte... sei ancora sveglia? Posso entrare?

**Martina**    Sì... vieni papà... sono al computer.

**Paolo**    Ancora? Ma voi ragazzi state tutto il giorno davanti al computer!

**Martina**    Papà, sto chattando! Parlo con Stefania...

**Paolo**    La ragazza che studia con te? Ma abita a 10 minuti da qui! Perché non vi incontrate domani al parco sotto casa? Io, da giovane, non avevo il computer, ma ogni pomeriggio uscivo di casa, andavo in piazza e lì incontravo tutti i miei amici... Tutta un'altra vita!

**Martina**    Sì... più noiosa!

**Paolo**    Più divertente, invece!

**Martina**    Ma con il computer posso fare tutto... e subito! Chatto, guardo tutti i film che voglio, scarico la musica che mi piace. Invece voi non potevate.

**Paolo**    Io e i miei amici andavamo sempre nei negozi di musica per comprare i dischi! E tutti i sabati andavamo al cinema perché costava solo 3000 lire.

**Martina**    Oddio, le lire!! Senti, adesso su Internet posso anche comprare un volo aereo e andare a Londra per pochi euro...

**Paolo**    Ma anche io viaggiavo, in Italia e in tutta Europa! Ogni estate prendevo lo zaino, la tenda e partivo in treno. Adesso senza il computer non sapete più fare niente.

**Martina**    Non è vero! Adesso è più facile fare le cose. Ad esempio: faccio una fotografia, la carico sul blog e subito tutte le persone che sono collegate la vedono.

**Paolo**    Io invece spedivo le fotografie e scrivevo lettere! Lettere vere... non blog!!

**Martina**    Ma chi scrive lettere oggi? Papà, sei veramente senza speranza!

### Invece

Invece significa «al contrario» ed esprime una differenza.

*Prima scrivevo sempre lettere, **invece** adesso scrivo e-mail.*

---

**2** | **L'imperfetto** | **a**

In questo testo compare un tempo verbale nuovo: l'imperfetto. Sottolinea tutti gli esempi nel testo, poi confrontati con i compagni e con l'insegnante. Quando lo usiamo?

1. ☐ quando parliamo di un'azione nel passato che continua ancora oggi

2. ☐ quando descriviamo un'abitudine nel passato

3. ☐ quando parliamo di un'azione nel passato che è successa solo una volta

**b** | Leggi il testo e cerca quali espressioni di tempo introducono l'imperfetto.

*da giovane, ogni pomeriggio,*

## **3** | Una chat

Martina sta chattando con la sua amica Stefania. Completa il testo con i verbi all'imperfetto.

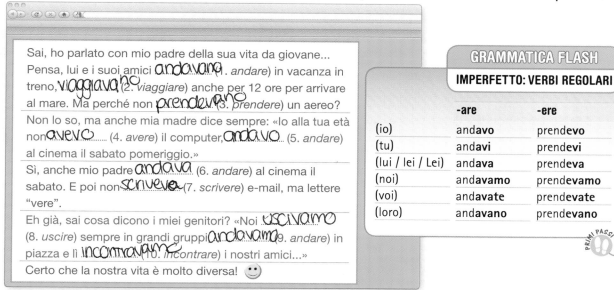

Sai, ho parlato con mio padre della sua vita da giovane...
Pensa, lui e i suoi amici andavano (1. *andare*) in vacanza in treno, viaggiavano (2. *viaggiare*) anche per 12 ore per arrivare al mare. Ma perché non prendevano (3. *prendere*) un aereo?

Non lo so, ma anche mia madre dice sempre: «Io alla tua età non avevo (4. *avere*) il computer, andavo (5. *andare*) al cinema il sabato pomeriggio.»

Sì, anche mio padre andava (6. *andare*) al cinema il sabato. E poi non scriveva (7. *scrivere*) e-mail, ma lettere "vere".

Eh già, sai cosa dicono i miei genitori? «Noi uscivamo (8. *uscire*) sempre in grandi gruppi andavamo (9. *andare*) in piazza e lì incontravamo (10. *incontrare*) i nostri amici...»

Certo che la nostra vita è molto diversa!

### GRAMMATICA FLASH

**IMPERFETTO: VERBI REGOLARI**

|  | -are | -ere | -ire |
|---|---|---|---|
| (io) | and**avo** | prend**evo** | part**ivo** |
| (tu) | and**avi** | prend**evi** | part**ivi** |
| (lui / lei / Lei) | and**ava** | prend**eva** | part**iva** |
| (noi) | and**avamo** | prend**evamo** | part**ivamo** |
| (voi) | and**avate** | prend**evate** | part**ivate** |
| (loro) | and**avano** | prend**evano** | part**ivano** |

PRIMI PASSI **pag. 148 es. 1 - 2**

## **4** | Da giovane...

A coppie. Intervista il tuo compagno sulla sua giovinezza o sulla sua infanzia. Usa i verbi per fare domande all'imperfetto. Confronta le sue abitudini con le tue e racconta alla classe.

| Da giovane... / Da bambino... | io | il mio compagno | Da giovane... / Da bambino... | io | il mio compagno |
|---|---|---|---|---|---|
| scrivere e-mail | | | giocare ai videogiochi | | |
| comprare dischi | | | viaggiare in aereo | | |
| usare il cellulare | | | usare la bicicletta | | |
| scrivere lettere | | | andare a letto presto | | |

## **5** | Il cellulare è un oggetto...

Abbina all'inizio delle frasi la loro fine e ricostruisci le definizioni.

1. ☐ Un blog è uno spazio sul web...
2. ☐ Il cellulare è un oggetto...
3. ☐ Un e-ticket è un biglietto...
4. ☐ Un lettore MP3 è uno strumento...

a. che uso tutti i giorni per telefonare.
b. che porto con me per ascoltare musica.
c. che compro direttamente su Internet.
d. che le persone usano per caricare testi, canzoni e foto.

### GRAMMATICA FLASH

#### *CHE* RELATIVO

La ragazza **che** studia con te abita a 10 minuti da qui!
Le persone **che** sono collegate possono vedere la fotografia.

PRIMI PASSI **pag. 152 es. 12**

## **6** | Un'intervista

A coppie. Crea delle domande come nell'esempio. Poi intervista un tuo compagno e racconta alla classe.

1. Qual è la città
2. Qual è il libro
3. Qual è lo sport
4. Qual è il cibo
5. Qual è la musica
6. Qual è l'oggetto

a. che fai nel tempo libero?
b. che stai leggendo in questi giorni?
c. che porti sempre con te?
d. che vuoi visitare nelle tue prossime vacanze?
e. che preferisci ascoltare?
f. che non mangi mai perché non ti piace?

## UNITÀ 3

### 7 | «Generazioni allo specchio»

**Ascolta e completa l'intervista con le parole mancanti.**

| intervistatore | Buongiorno a tutti e benvenuti a una nuova puntata di «Generazioni allo specchio». Oggi parliamo di tempo libero e vacanze... Cosa facevano i nostri ........................ (1) e cosa facciamo noi oggi? Con noi in studio c'è la professoressa Dusi, una sociologa dell'università di Roma... Buongiorno, professoressa, com'è cambiato il modo di vivere e di ........................ (2) in questi anni? |
|---|---|
| prof.ssa Dusi | Beh, le differenze sono tante. Prima di tutto anni fa la vita di gruppo era molto più importante, oggi invece i ........................ (3) sono più individualisti. Ad esempio, le vacanze: prima si ........................ (4) con gli amici, oggi invece i ragazzi partono spesso da soli o in coppia, con il partner, e per poco tempo, di solito una settimana, massimo due. E poi, un tempo si restava molto di più in Italia, i giovani ........................ (5) un treno, andavano al mare e ci stavano anche per un mese intero. Non era facile andare all'estero perché era molto caro prendere l'aereo. Oggi no. Ad esempio quest'estate i miei figli vanno a New York, ma ci restano solo una ........................ (6)! |
| intervistatore | Mmmh, interessante! E Lei, professoressa? Posso fare una domanda più personale? Si ricorda le vacanze che faceva da ragazza? |
| prof.ssa Dusi | Eh, sì, certo, molto bene! ........................ (7) sempre le vacanze a Viareggio, in Toscana. Eravamo un gruppo di dieci amici. Viareggio era molto diversa da adesso: non c'erano tanti turisti, c'erano solo 4 o 5 bar e pochi ........................ (8) vicino al mare... Faceva molto caldo e la spiaggia era bellissima, ci passavamo giornate intere, e a volte anche le notti! ........................ (9) la chitarra, bevevamo qualcosa con gli amici, ci divertivamo così! |
| intervistatore | E i suoi genitori cosa dicevano? Erano contenti? |
| prof.ssa Dusi | Beh, forse non erano contenti, ma sicuramente erano tranquilli. Conoscevano bene il posto dove andavamo e ........................ (10) che non c'erano pericoli. |

### 8 | Ancora l'imperfetto

**Rileggi attentamente l'intervista. Quale funzione ha qui l'imperfetto? Quando lo usiamo?**

1. ☐ quando parliamo di un'azione nel passato che continua ancora oggi
2. ☐ quando parliamo di un'azione passata che non facevamo spesso
3. ☐ quando descriviamo una situazione o una persona nel passato

### 9 | Com'erano i giovani nel passato?

**A coppie. Cercate queste informazioni nell'intervista alla professoressa Dusi e parlate con un compagno.**

1. Com'era la vita dei giovani nel passato?
2. Come facevano le vacanze i ragazzi nel passato?
3. Cosa faceva la professoressa Dusi in vacanza?
4. Com'era Viareggio nel passato?

## 10 | Mi ricordo...

Ecco che cosa faceva Marcella in vacanza da giovane. Completa il testo con i verbi tra parentesi all'imperfetto.

Quando _ero_ (1. *essere*) giovane _facevo_ (2. *fare*) le vacanze con mia sorella Carlotta. La mia famiglia _avevamo/avevano_ (3. *avere*) una casa in Umbria. La casa _era_ (4. *essere*) piccola, ma _c'era_ (5. *esserci*) un giardino meraviglioso. Insieme _facevamo_ (6. *fare*) delle lunghe passeggiate. La sera _faceva_ (7. *fare*) molto caldo, così tutti _uscivamo_ (8. *uscire*), _andavamo_ (9. *andare*) in piazza e _bevevamo_ (10. *bere*) qualcosa insieme. Molti _dicevano_ (11. *dire*) che le vacanze in Umbria erano noiose perché non c'era il mare, ma per noi non _era_ (12. *essere*) così.

### GRAMMATICA FLASH

#### IMPERFETTO: VERBI IRREGOLARI

|  | essere | fare | dire | bere |
|---|---|---|---|---|
| (io) | ero | facevo | dicevo | bevevo |
| (tu) | eri | facevi | dicevi | bevevi |
| (lui / lei / Lei) | era | faceva | diceva | beveva |
| (noi) | eravamo | facevamo | dicevamo | bevevamo |
| (voi) | eravate | facevate | dicevate | bevevate |
| (loro) | erano | facevano | dicevano | bevevano |

PRIMI PASSI **pag. 150 es. 7**

## 11 | Ieri e oggi...

A coppie. Confrontate i disegni e descrivete com'erano un tempo Maria e Franco e come sono ora. Confrontate i loro vestiti, il loro aspetto fisico e il loro lavoro.

1. MARIA — ieri / oggi

2. FRANCO — ieri / oggi

## 12 | Ci vado tutti i week-end

Trasforma queste frasi usando il locativo ci, come nell'esempio.

Mi piace tanto la montagna. Vado <u>in montagna</u> tutti i week-end.

*Mi piace tanto la montagna. <u>Ci</u> vado tutti i week-end.*

1. Da giovane mi piaceva stare in spiaggia. Rimanevo in spiaggia anche tutto il giorno.
2. I ragazzi viaggiavano poco all'estero. Oggi invece vanno spesso all'estero.
3. Domani partiamo per l'Olanda e rimaniamo in Olanda per tre settimane.
4. Mi piace la palestra. Vado in palestra tre volte alla settimana.

### GRAMMATICA FLASH

#### CI LOCATIVO

Andavamo al mare e ci stavamo anche un mese intero.
Mi piace andare al cinema, ma non ci vado spesso.

PRIMI PASSI **pag. 153 es. 15 - 16**

## 13 | Qualche domanda

A coppie. A turno intervistate il vostro compagno sulle sue abitudini. Usate queste espressioni e nelle risposte usate il ci, come nell'esempio.

abitare in una grande città • trascorrere le vacanze in montagna • stare delle ore nei musei
~~andare in piscina~~ • andare ai concerti • vivere in campagna • passare i fine settimana al mare

 In passato / Quando eri più giovane andavi in piscina?    Sì, ci andavo sempre.

# Erri De Luca, dalle fabbriche alla letteratura

**I suoi libri hanno un grande successo e non solo in Italia, infatti li possiamo leggere in francese, tedesco, spagnolo, inglese e giapponese. Magro, alto, e con due occhi azzurri che fanno capire molto di lui. Stiamo parlando di Erri De Luca, uno dei grandi scrittori della letteratura italiana contemporanea.**

I libri di Erri sono unici: nelle pagine dei suoi romanzi leggiamo le storie di tanti uomini comuni, dei loro amori e delle loro vite, ma allo stesso tempo ripercorriamo parte della storia d'Italia, di quel periodo difficile e affascinante che va dagli anni '60 fino ai giorni nostri. Ricordiamo fra i tanti titoli *Non ora non qui* (1989), il primo libro dove Erri parla di Napoli, la sua città d'origine, e *Il contrario di uno* (2003), che parla dei rapporti di coppia e delle lotte politiche dei giovani dell'Italia negli anni '60. *Il giorno prima della felicità* (2009) è un suo successo recente, dove l'autore torna ai suoi temi più cari: la città di Napoli, il lavoro e l'amore.

Ma Erri non nasce scrittore, non è il classico intellettuale che dopo l'università inizia a scrivere e a pubblicare: la sua storia personale è più complicata e ricca di cambiamenti.

A vent'anni Erri De Luca faceva lavori manuali e non pensava alla letteratura come suo possibile futuro: guidava il camion, lavorava come muratore e come operaio nelle fabbriche. Era un ragazzo impegnato che partecipava attivamente alle lotte politiche degli anni '60 e '70: organizzava manifestazioni ed era il leader di gruppi di giovani che condividevano le sue stesse idee. Anche in quegli anni però conosceva bene il valore della cultura; non frequentava l'università, ma studiava da solo, soprattutto le lingue, come l'ebraico e il latino. Già allora, infatti, leggeva molto e iniziava a tradurre alcuni testi in italiano.

Alla fine degli anni '80 arriva il primo libro, poi il successo e il cambiamento. Oggi la vita di Erri è molto diversa: vive da solo in campagna e ama la tranquillità e la solitudine. Scrive articoli per alcuni quotidiani italiani e pubblica con regolarità romanzi, poesie e testi per il teatro. È un uomo riservato che non ama molto parlare in pubblico. La scelta di vivere in questo modo dipende sicuramente dalle esperienze passate: ieri era un uomo che viveva in strada, fra la gente; oggi è un uomo che preferisce parlare alle persone attraverso i suoi racconti.

adattato da: errideluca.free.fr

---

**14** | Erri De Luca

Leggi il testo su Erri De Luca e indica con (✓) se le affermazioni sono vere (V) o false (F).

|  |  | V | F |
|---|---|---|---|
| 1. | Erri De Luca è famoso solo in Italia. | ☐ | ☐ |
| 2. | I suoi libri parlano anche della società e della politica italiana. | ☐ | ☐ |
| 3. | La sua città di origine è Napoli. | ☐ | ☐ |
| 4. | Quando era giovane, faceva lavori manuali. | ☐ | ☐ |
| 5. | Da ragazzo amava molto la letteratura e voleva fare lo scrittore. | ☐ | ☐ |
| 6. | Erri De Luca si è laureato in latino. | ☐ | ☐ |
| 7. | Oggi è una persona riservata. | ☐ | ☐ |
| 8. | Erri De Luca pubblica solo romanzi. | ☐ | ☐ |

## 15 | Erri De Luca racconta...

Abbina l'inizio delle frasi alla loro fine e ricostruisci il discorso di Erri de Luca.

1. ☐ Da ragazzo andavo malissimo a scuola,

2. ☐ Leggevo tutto:

3. ☐ Poi, quando avevo 18 anni, lavoravo in fabbrica

4. ☐ E così oggi sono scrittore;

5. ☐ Per me la vita adesso è un po' differente e

a. significa soprattutto pace e solitudine.

b. e ogni giorno ascoltavo gli altri operai che raccontavano la loro vita... per me era una grande ispirazione.

c. ma amavo i libri e quando avevo un momento libero, lo passavo in camera a leggere.

d. lo faccio per parlare alle persone, ma lo faccio da lontano, dalla mia casa in campagna.

e. romanzi, biografie, poesie e non mi annoiavo mai.

## 16 | Ora prova tu

Sei un giornalista e devi scrivere un articolo su un famoso scrittore italiano: Giorgio Faletti. Che cosa faceva da ragazzo? Cosa studiava, dove lavorava? E come è la sua carriera? Usa queste informazioni per scrivere il tuo testo e segui il modello dell'articolo di pag. 40.

### IERI...

**da ragazzo:**
- sogna di fare l'avvocato
- frequenta la Facoltà di Giurisprudenza a Milano

**da giovane:**
- fa teatro: attore comico
- recita in spettacoli televisivi: attore comico
- musicista e cantante: suona e canta in spettacoli e festival musicali italiani

### OGGI..

scrittore, molto popolare in Italia
- 2002 - pubblica il primo romanzo, *Io uccido*, libro giallo, grande successo
- scrive altri romanzi polizieschi di successo

**altre attività:**
- fa l'attore per il cinema
- non vuole ritornare in TV

## 17 | Un'altra vita!

Conosci altre persone, famose o no, che come Erri de Luca hanno cambiato vita? Racconta la loro storia alla classe.

## 18 | Gli oggetti di ieri e di oggi

Come si chiamano questi oggetti? Abbina le parole alle immagini.

a. telefono fisso       f. giradischi
b. videogioco           g. navigatore satellitare
c. lettore CD           h. cartina
d. rullino              i. macchina fotografica digitale
e. gioco di società     l. cellulare

## 19 | Tanti anni fa si usava...

Quali oggetti usavamo in passato? Quali oggetti usiamo oggi? Completa la tabella.

| una volta usavamo... | oggi invece usiamo... |
|---|---|
| il giradischi, | il lettore CD, |
| | |

## 20 | C'era anche... 👥

A coppie. Conoscete altri oggetti usati in passato e altri invece usati solo nel presente?

## 21 | I pro e i contro 👥

A coppie. Scegliete quattro coppie di oggetti della tabella dell'esercizio 19 e per ognuna discutete dei vantaggi (i pro) e degli svantaggi (i contro).

## 22 | Trova il contrario   Unisci le coppie di opposti.

1. [b] nuovo              a. tradizionale
2. [e] industriale        b. vecchio
3. [f] automatico         c. giovane
4. [a] innovativo         d. alla moda *in style/fashionable*
5. [c] anziano *older*    e. artigianale
6. [d] fuori moda         f. manuale
   *out of style*

## 23 | L'aggettivo giusto!
Qual è l'aggettivo giusto per queste frasi? Indica con (✓) l'opzione corretta.

1. Gianni, l'amico di mio papà, è un signore
   a. ✗ anziano.
   b. ☐ nuovo.
   c. ☐ artigianale.

2. Ai fast food preferisco la cucina
   a. ☐ manuale.
   b. ✗ tradizionale.
   c. ☐ artigianale.

3. Mi piacciono le macchine fotografiche vecchie, quelle
   a. ☐ giovani.
   b. ☐ fuori moda.
   c. ✗ manuali.

4. In questo negozio potete trovare prodotti fatti a mano, cioè
   a. ☐ industriali.
   b. ☐ tecnologici.
   c. ✗ artigianali.

5. I blue jeans sono dei pantaloni sempre
   a. ☐ innovativi.
   b. ✗ alla moda.
   c. ☐ automatici.

6. Negli anni '50 in Italia c'è stata una vera e propria rivoluzione
   a. ✗ industriale.
   b. ☐ moderna.
   c. ☐ innovativa.

## 24 | Inglese e italiano

In italiano usiamo molti verbi di origine inglese che riguardano la tecnologia. Trasforma il verbo inglese in un verbo italiano come nell'esempio. Poi verifica con l'insegnante come hai scritto le parole.

| verbi inglesi | verbi italiani |
|---|---|
| click | *cliccare* |
| scan | |
| tag | |
| fax | |
| chat | |
| link | |
| crack | |
| post | |

## 25 | Altre parole...

Conosci altre parole straniere che sono entrate nella lingua italiana? Anche nella tua lingua si usano regolarmente parole straniere? Parla con la classe e con l'insegnante.

# Un colpo di fulmine

## Cominciamo...

**A | Che tempo fa?** Scrivi le descrizioni del tempo accanto alle immagini corrispondenti.

C'è il sole • È nuvoloso • C'è nebbia • Fa caldo • Nevica • È sereno • C'è un temporale • Fa freddo • C'è vento • Piove

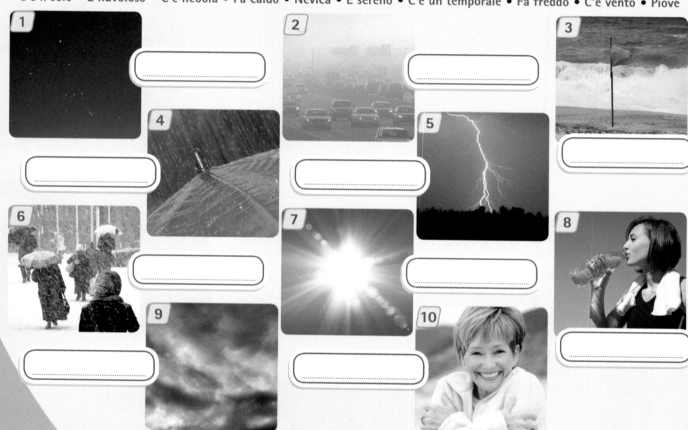

**B | Il tempo oggi**

A coppie. A turno chiedete e dite che tempo fa nelle città italiane indicate.

🔴 Che tempo fa a Catania oggi?

🔴 Fa molto caldo.

## C | Di che umore sei?

A coppie. Decidete se questi aggettivi ed espressioni descrivono sensazioni positive o negative.

triste • allegro • depresso • nervoso • felice
annoiato • pieno di energia • di cattivo umore
irritabile • calmo • arrabbiato • di buon umore

| 🙂 | 🙁 |
|---|---|
|   |   |
|   |   |

## D | Quando piove mi sento...

A coppie. A turno dite al compagno come vi sentite quando c'è un certo tempo.

🗣 Come ti senti quando piove?

🗣 Triste, e tu?

🗣 Io annoiato.

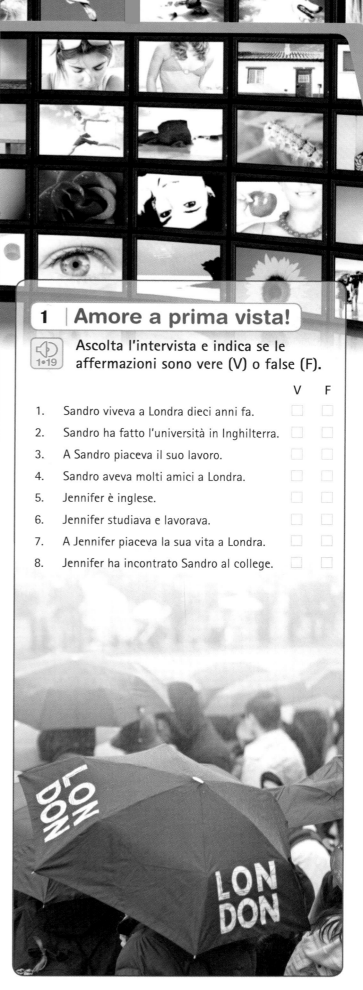

## 1 | Amore a prima vista!

🔊 1•19 Ascolta l'intervista e indica se le affermazioni sono vere (V) o false (F).

|   |   | V | F |
|---|---|---|---|
| 1. | Sandro viveva a Londra dieci anni fa. | ☐ | ☐ |
| 2. | Sandro ha fatto l'università in Inghilterra. | ☐ | ☐ |
| 3. | A Sandro piaceva il suo lavoro. | ☐ | ☐ |
| 4. | Sandro aveva molti amici a Londra. | ☐ | ☐ |
| 5. | Jennifer è inglese. | ☐ | ☐ |
| 6. | Jennifer studiava e lavorava. | ☐ | ☐ |
| 7. | A Jennifer piaceva la sua vita a Londra. | ☐ | ☐ |
| 8. | Jennifer ha incontrato Sandro al college. | ☐ | ☐ |

## Amore a prima vista!

**conduttore** Oggi parliamo di storie d'amore. Qualcuno trova l'amore vicino a casa e qualcuno lo trova molto lontano, come Sandro e Jennifer... Voi dove vi siete incontrati?

**Sandro** Ci siamo conosciuti dieci anni fa, quando vivevamo a Londra. Quando ho finito l'università ho deciso di passare un po' di tempo in Inghilterra per migliorare il mio inglese. Ma non ero molto felice.

**conduttore** Lavoravi o studiavi?

**Sandro** Lavoravo in un bar: facevo il cameriere, ma non mi piaceva molto.

**conduttore** E conoscevi qualcuno lì?

**Sandro** No, non conoscevo nessuno. Quando ero a Londra lavoravo tutto il giorno e abitavo in un appartamento da solo. La sera non facevo niente: stavo a casa e guardavo la televisione. E il tempo era orribile: pioveva sempre e io mi sentivo sempre triste.

**conduttore** E tu, Jennifer? Sei di Londra?

**Jennifer** No, vengo da Killin, un piccolo paese in Scozia, ma in quel periodo vivevo a Londra perché facevo un corso di storia dell'arte. Mentre cercavo un appartamento tutto per me, abitavo con un'amica. Durante la settimana andavo al college e il sabato e la domenica lavoravo in un negozio: facevo la commessa.

**conduttore** E ti piaceva?

**Jennifer** Sì, avevo molti amici ed ero felice.

**conduttore** E come hai conosciuto Sandro?

**Jennifer** Beh, è stato un po' strano. Un giorno, mentre ritornavo a casa dal college, ho visto un bar carino, così quando Brian, un mio compagno del college, mi ha invitato a bere qualcosa insieme ho pensato di andare lì. Mi piaceva molto quel ragazzo e volevo un posto speciale per il nostro primo appuntamento.

**conduttore** Ed era il bar dove lavorava Sandro...

**Jennifer** Esatto. Quel giorno...

---

**mentre / durante**

*Mentre ritornavo a casa dal college, ho visto un bar carino.*

*Durante la settimana andavo al college.*

---

**2** | **La vita a Londra** | Leggi il dialogo e completa le frasi.

1. Quando Sandro e Jennifer si sono conosciuti **vivevano** a Londra.
2. Sandro **abitava** in un appartamento da solo.
3. Jennifer viveva a Londra perché **faceva** un corso di storia dell'arte.
4. La domenica Jennifer **lavorava** in un negozio: **faceva** la commessa.

**GRAMMATICA FLASH**

**IMPERFETTO (2)**

**Lavoravo** in un bar: **facevo** il cameriere.
**Mentre** cercavo un appartamento, **abitavo** con un'amica.

 **pag. 157 es. 1 - 2**

**3** | **L'imperfetto** | Rileggi le frasi dell'esercizio 2. Che tipo di azione descrive l'imperfetto?

1. ☐ un'azione in un momento preciso nel passato
2. ☐ un'azione nel passato che è durata per un certo periodo di tempo

## 4 | Che cosa facevi? Abbina l'inizio di ogni frase alla sua fine.

1. **d** Quale film guardavi
2. **e** Mentre navigavo in Internet
3. **f** Abbiamo conosciuto Akiko
4. **a** Che cosa facevano i tuoi amici
5. **b** Mentre facevo la spesa al supermercato
6. **c** Simona e Gianna sono rimaste a casa

a. quando li hai incontrati in centro?
b. ho incontrato un mio vecchio amico.
c. perché pioveva.
d. quando ti ho chiamato ieri sera?
e. ho avuto un problema con il computer.
f. quando vivevamo a Tokyo.

## 5 | Mentre tornavo a casa... A coppie. A turno descrivete le situazioni, come nell'esempio.

> Si sono sposati mentre vivevano a Parigi.

sposarsi / vivere

trovare / fare una passeggiata

addormentarsi / guardare la TV

incontrare / fare spese

suonare / fare la doccia

arrivare / giocare a carte

giocare a tennis / cominciare a piovere

## 6 | Hai buona memoria?

A coppie. Osservate con attenzione il disegno per due minuti, poi coprite il disegno e a turno fate domande per vedere che cosa riuscite a ricordare. Usate le espressioni indicate.

C'era *qualcuno* che ascoltava musica?
No, non c'era *nessuno* che ascoltava musica.

C'era *qualcosa* sul tavolo a destra?
Sì, c'era *qualcosa* sul tavolo a destra. C'era un cellulare.

- ~~ascoltare musica~~
- ~~tavolo a destra~~
- portare la gonna
- usare il computer
- bere il caffè
- tavolo a sinistra
- leggere un libro
- indossare maglione blu
- avere occhiali
- pavimento

### GRAMMATICA FLASH

#### PRONOMI INDEFINITI

Conoscevi **qualcuno** a Londra?
No, non conoscevo **nessuno**.

Un mio compagno mi ha invitato a bere **qualcosa**.

La sera non facevo **niente**.

 **pag. 159 es. 6 - 7**

## 7 | Una storia a lieto fine

Ascolta la seconda parte dell'intervista a Sandro e Jennifer e completa il testo.

| | |
|---|---|
| Jennifer | ... Esatto. Quel giorno non mi sentivo molto bene. Mi svegliavo sempre presto la mattina, ma quella mattina mi sono svegliata alle ..................... (1) e l'appuntamento con Brian era alle undici. Mi sono vestita in cinque minuti e sono corsa al bar. ..................... (2) molto e faceva freddo. Così sono entrata e mi sono seduta a un tavolo. |
| Sandro | Io ero dietro al banco: a quell'ora ..................... (3) i panini per il pranzo. A un certo punto ho alzato gli occhi e ho visto questa straordinaria ragazza. Aveva lunghi capelli castani e dei begli occhi ..................... (4), ma c'era qualcosa di speciale, di strano. Ho guardato bene e portava due ..................... (5) diverse, molto diverse! Proprio divertente. Sono subito andato al tavolo a prendere l'ordinazione. |
| Jennifer | Sì. Io di solito non avevo molta ..................... (6) la mattina, ma quella volta ho ordinato un cappuccino e un panino enorme. |
| Sandro | E poi un altro cappuccino e un altro panino. |
| conduttore | E Brian? |
| Jennifer | Brian non è venuto. Sono rimasta in quel bar per due ore, ma ..................... (7). |
| conduttore | Ma perché sei rimasta lì così tanto tempo? |
| Jennifer | Non so, c'era qualcosa... |
| conduttore | ... o qualcuno, forse. |
| Jennifer | Beh, all' ..................... (8) ho deciso di andare via. Ho cercato i ..................... (9) per pagare, ma niente... non avevo soldi! |
| conduttore | E tu cosa hai fatto, Sandro? |
| Sandro | Ho capito subito il problema, sono andato al tavolo e ho detto «Oggi ..................... (10) la casa», cioè l'ho detto in inglese: «It's on the house, today». Lei mi ha guardato con un grande sorriso e io l'ho invitata subito a ..................... (11). |
| Jennifer | E io ho accettato subito. Adesso abitiamo in Italia, abbiamo due ..................... (12) e io faccio la guida turistica. |

## 8 | L'imperfetto e il passato prossimo

Rileggi il dialogo e sottolinea i verbi all'imperfetto e al passato prossimo. Poi decidi quale tempo verbale è usato per descrivere...

1. un'azione abituale nel passato
2. una situazione o una persona
3. un'azione nel passato che è durata per un certo periodo
4. un'azione avvenuta in un momento particolare del passato
5. una serie di azioni successive nel passato

## 9 | La ragazza della mia vita!

Leggi di nuovo il dialogo di pag. 48 e completa l'e-mail di Sandro al suo amico Filippo con i verbi al passato prossimo o all'imperfetto.

Caro Filippo,
ho incontrato la ragazza della mia vita. Oggi ............... (1) al bar come al solito e come al solito ............... (2) e ............... (3) freddo. Verso le dieci e mezza ............... (4) i panini per il pranzo quando è entrata una ragazza e ............... (5) a un tavolo. Era molto carina, ma la cosa divertente è che ............... (6) due scarpe diverse! Era sola, ma forse aspettava qualcuno. ............... (7) un cappuccino e un panino enorme, e poi ancora un altro cappuccino e un altro panino: decisamente ............... (8) molta fame. ............... (9) al bar per due ore, ma non è arrivato nessuno. A un certo punto ha aperto la borsetta, ............... (10) qualcosa e poi ha chiuso di nuovo la borsetta. Aveva un'aria preoccupata. Io ............... (11) tutto: ............... (12) al tavolo e ho detto «Oggi offre la casa!» e poi l' ............... (13) a cena. Usciamo domani sera. Sono proprio felice! A presto. Sandro.

## 10 | Che cosa è giusto? Sottolinea l'alternativa corretta.

1. Veronica e Laura sono andate in Messico *tutte gli inverni* / *lo scorso inverno.*

2. Quando non avevo bambini *andavo* / *sono andata* a teatro tutte le settimane.

3. Da giovane Pietro *era* / *è stato* molto sportivo.

4. Quando *siamo usciti* / *uscivamo* dal ristorante, pioveva.

5. Quando ero giovane andavo al mare *ogni estate* / *un'estate.*

## 11 | E tu?

A coppie. A turno formulate le domande con il tempo verbale corretto e rispondete.

A che ora / andare a dormire / quando / in vacanza?
🧑 A che ora *andavi* a dormire quando eri in vacanza?
🧑 *Andavo* sempre a dormire alle due.

A che ora / andare a dormire / ieri sera?
🧑 A che ora *sei andato* a dormire ieri sera?
🧑 *Sono andato* a dormire alle undici.

1. Come / andare / scuola / quando / piccolo?
2. Come / andare / scuola o lavoro / oggi?
3. A che ora / svegliarsi / ieri mattina?
4. A che ora / svegliarsi / quando / in vacanza?
5. Che cosa / fare / la sera / quando / piccolo?
6. Che cosa / fare / ieri sera?

## 12 | È successo anche a loro!

A coppie. Osservate i disegni e raccontate le storie. Usate le parole indicate e i verbi all'imperfetto.

caldo • parco • leggere un libro • giocare a pallone
colpire • scusarsi • bere qualcosa

fermata dell'autobus • ascoltare • parlare al cellulare
cominciare a piovere • aprire l'ombrello • chiacchierare
scambiarsi il numero di telefono

a    Maria          Giorgio

b    Chiara          Fabrizio

# Un incontro con Enrico il bagnino

*Enrico, il meteo-bagnino di Radio Deejay, ha presentato al pubblico il suo nuovo libro "Il garbino e gli altri fenomeni meteo".*

**Allora Enrico, il tuo secondo libro è sulla meteorologia, ma tu la spieghi in modo diretto, simpatico e divertente.**

Sì, nel mio nuovo libro parlo della meteorologia, ma sempre in modo semplice e ironico, come faccio ogni mattina su Radio Deejay. Quando ho scritto questo libro mi sono basato sulle meteo-esperienze della mia vecchia famiglia di bagnini. Notizie e curiosità da tutte le regioni italiane.

**Secondo te, perché negli ultimi tempi è aumentato l'interesse per la meteorologia?**

È vero, adesso accanto alle previsioni del tempo tradizionali ci sono altri programmi sul tempo, per esempio la trasmissione di Fazio su Rai 3 *Che tempo che fa*. La spiegazione è semplice: con Internet tutti possono guardare le carte meteorologiche e questo ha aumentato l'interesse per i fenomeni meteo.

**E cosa dici delle previsioni sbagliate? Spesso succede che alcuni meteorologi prevedono brutto tempo, ma poi c'è il sole.**

Tutti possono sbagliare, ma è vero che i simboli usati per le previsioni sono molto generici e a volte descrivono un'area molto grande, quindi non sono molto precisi.

**È per questo che hai creato il mito che a Riccione c'è sempre il sole?**

No, veramente io dico anche quando il tempo è brutto...

**È vero che il tempo influenza anche l'umore delle persone?**

È verissimo. Dalle nostre parti quando c'è il garbino, un vento secco, la temperatura aumenta molto velocemente e questo crea qualche problema: litigi, pazzia e irritabilità. Per non parlare del brutto tempo, che per chi è in vacanza è un vero disastro.

(adattato da www.mareinitaly.it)

## 13 | Che cosa vuol dire? Abbina alle parole la loro definizione.

1. ☐ bagnino
2. ☐ meteorologia
3. ☐ curiosità
4. ☐ previsioni
5. ☐ mito
6. ☐ crea
7. ☐ litigio
8. ☐ disastro

a. una storia fantastica

b. persona che controlla la gente che sta sulla spiaggia e che nuota

c. un problema tra due persone

d. provoca, determina

e. una cosa molto brutta

f. notizie insolite, particolari

g. la scienza che studia come cambia il tempo

h. informazioni sul tempo futuro

## 14 | Un'intervista divertente

Leggi di nuovo l'intervista e indica se le affermazioni sono vere (V) o false (F).

|  |  | V | F |
|---|---|---|---|
| 1. | Questo è il primo libro di Enrico. | ☐ | ☐ |
| 2. | Enrico presenta le previsioni del tempo ogni mattina su Radio Deejay. | ☐ | ☐ |
| 3. | Molti nella famiglia di Enrico hanno fatto il bagnino. | ☐ | ☐ |
| 4. | Internet ha determinato un grande interesse per la meteorologia. | ☐ | ☐ |
| 5. | Molte previsioni sono sbagliate perché i meteorologi non sono molto bravi. | ☐ | ☐ |
| 6. | Secondo Enrico il tempo non influenza l'umore delle persone. | ☐ | ☐ |

## 15 | Le previsioni per il fine settimana  1•21

Ascolta le previsioni del tempo per il fine settimana e completa i riquadri.

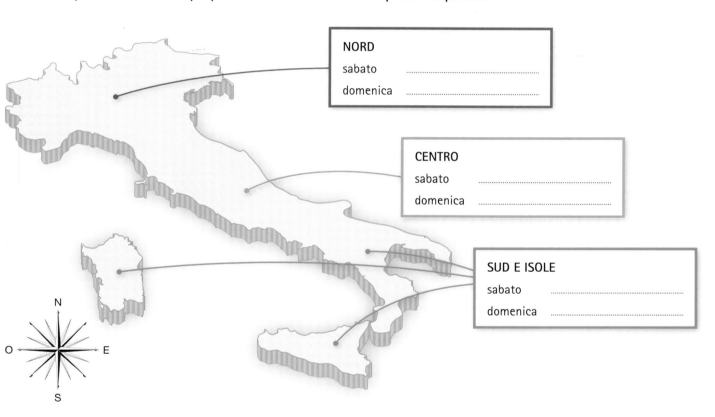

**NORD**
sabato ..........................................
domenica ..........................................

**CENTRO**
sabato ..........................................
domenica ..........................................

**SUD E ISOLE**
sabato ..........................................
domenica ..........................................

## 16 | E nel vostro paese? 👥 A gruppi. Discutete questi punti.

- La gente parla spesso del tempo?
- Le previsioni meteorologiche sono importanti?
- Come cambia il tempo nel corso dell'anno?
- Il tempo è molto diverso nelle varie parti del vostro paese?
- Il carattere delle persone è diverso a seconda delle zone dove abitano?

## 17 | Ora prova tu  Scrivi un breve testo sul tempo nel tuo paese. Segui i punti dell'esercizio 16.

# Qualche parola in più

**18** | **Che tempo fa in vacanza?** A coppie. Leggete le cartoline e decidete da dove arrivano.

**1**

Qui a ................................
fa caldo, ma il mare
è mosso e non posso
fare il bagno.

**2**

PIOGGIA, TUONI E LAMPI DA
GIORNI. QUESTA È L'ULTIMA
VOLTA CHE PASSO LE VACANZE A
.................... !

**3**

Il tempo è perfetto.
C'è sempre il sole e
il mare è calmo.
Perché non vieni
anche tu a
.................... ?

**4**

Qui a ................................
fa molto freddo.
Nevica e c'è molto
ghiaccio.

**5**

CHE TEMPORALE
QUI A .................... !
LA GRANDINE HA
ROVINATO TUTTE LE
MACCHINE.

**6**

Ha piovuto
negli ultimi giorni qui
a ...................,
ma oggi per fortuna
è nuvoloso con qualche
schiarita.

*Rimini*

*Bolzano*

*Bari*

*Roma*

*Taormina*

*Cagliari*

**19** | **Altre parole** Completa le tabelle.

| nome | aggettivo |
|---|---|
| .................................... | piovoso |
| .................................... | nebbioso |
| .................................... | soleggiato |
| nuvola | .................................... |
| .................................... | ventoso |

| nome | verbo |
|---|---|
| .................................... | tuonare |
| .................................... | grandinare |
| pioggia | .................................... |
| neve | .................................... |
| gelo | .................................... |

**20 | Che tempo da lupi!** Abbina a ogni espressione idiomatica la sua spiegazione.

1. ☐ C'è un tempo da lupi.
2. ☐ È stato un colpo di fulmine.
3. ☐ Ha sempre la testa fra le nuvole.
4. ☐ Sta piovendo a catinelle.
5. ☐ L'ho fatto in un lampo.
6. ☐ Mi sembra di parlare al vento.
7. ☐ Fa il bello e il cattivo tempo.
8. ☐ Ha un cuore di ghiaccio.

a.  Piove molto.
b.  È una persona molto fredda e insensibile.
c.  Parlo, ma tu non mi ascolti veramente.
d.  È molto lontano dalla realtà.
e.  Il tempo è veramente brutto.
f.  Impone la sua volontà agli altri.
g.  L'ho fatto molto velocemente.
h.  Mi sono innamorato immediatamente.

**21 | È stato un vero...** Completa le frasi con una delle espressioni idiomatiche dell'esercizio 20.

1.  Appena l'ho visto mi sono innamorata. È stato un vero ........................... !
2.  Pioggia, neve, freddo. Un vero tempo ........................... .
3.  Hai già finito l'esercizio? Ma hai fatto ........................... !
4.  Prendi l'ombrello. Sta piovendo ........................... !
5.  Ho cercato di dare dei buoni consigli a Ines, ma lei non ascolta. Mi sembra di ........................... .
6.  Da quando Lia è innamorata vive in un altro mondo: ha sempre la testa ........................... !

**22 | Il tempo e l'umore** Completa il testo con questi aggettivi.

allegra • annoiata • irritabili • nervose • stanco • tranquillo • triste

Il tempo influenza certamente il mio umore. Io amo il sole: quando fa bel tempo mi
sento sempre ........................... (1), ma quando piove sono spesso ........................... (2).
Però dipende dalle persone. A mio fratello per esempio non piace il sole: quando fa
molto caldo si sente sempre molto ........................... (3) perché non dorme bene la
notte. Invece quando piove si sente molto ........................... (4) e sereno. Strano, vero?
Io invece mi sento ........................... (5) se piove, soprattutto la domenica quando non
ho niente da fare. Molte persone si sentono ........................... (6) quando c'è un forte
temporale. Dicono anche che si sentono ........................... (7) e si arrabbiano facilmente.

**23 | Il tempo influenza anche te?**

Scrivi un breve testo e racconta come il tempo influenza il tuo umore e quello delle persone che conosci.

# Pianeta Italia

## Italiani ieri e oggi

### 1941–50

**Si ricomincia da zero**
Dopo la seconda guerra mondiale il paese è in grave crisi. È ancora fortemente agricolo e politicamente diviso tra cattolici e comunisti. Molti lasciano il Sud e si trasferiscono al Nord per lavorare nelle fabbriche, soprattutto nell'industria dell'auto a Torino.

### 1951-60

**Arriva il benessere**
L'agricoltura entra in crisi. I lavoratori agricoli passano dal 40% al 25%: molti lasciano la campagna e diventano operai. L'industria automobilistica ha un grande sviluppo.
Radio e televisione aiutano a creare un'identità nazionale e una lingua comune. È un periodo di grande benessere: il reddito nazionale aumenta del 47%.

### 1961-70

**Diventiamo più ricchi**
L'economia italiana ha una fase di grande sviluppo nell'industria, ma anche nel nuovo settore dei servizi. Poche però le donne che lavorano: ci sono dodici milioni di casalinghe e solo sei milioni di donne lavoratrici. Con il benessere arriva anche il boom delle nascite.

### 1971-80

**Aria di crisi**
È un periodo di grandi cambiamenti sociali: sono gli anni del femminismo e del terrorismo. Passa il referendum sul divorzio. La crisi economica mondiale ha grandi conseguenze anche per l'Italia: molti perdono il lavoro. Comincia lo sviluppo di elettronica e informatica che cambiano il mondo del lavoro.

### 1981-90

**Ottimisti e numero uno nella moda**
È il momento del risveglio economico: l'Italia diventa uno dei sette paesi più industrializzati. La moda e il design italiano diventano famosi in tutto il mondo. La TV commerciale e i computer entrano nelle case degli italiani. La carriera e i guadagni sono i miti dei giovani di quegli anni.

### 1991-2000

**Tutti nella rete**
Gli italiani entrano nell'Unione Europea. Per la prima volta l'Italia conosce una grande immigrazione dai paesi poveri: questo porta a grandi problemi di integrazione.
La nascita di Internet rivoluziona società, cultura, mondo del lavoro e relazioni sociali.

### 2001-10

**Disoccupati o precari: per fortuna c'è la mamma!**
Crescita zero, disoccupazione, conti pubblici in rosso: il lavoro preoccupa il 60% degli italiani. La famiglia diventa molto importante: in casa vivono i figli che non lavorano o che hanno lavori pagati poco, i nonni si occupano dei nipoti e i figli curano gli anziani. Quando il lavoro c'è è precario: il 70% dei lavori è a tempo determinato.

### 2011

**L'Italia festeggia i 150 della sua unità,**
ma i problemi rimangono…

4

**1** A coppie. Osservate le fotografie. Secondo voi che periodo rappresentano?

**2** Leggi il testo. A che periodo si riferiscono questi fatti?

1. .......................... Ci sono poche donne che lavorano.
2. .......................... Guadagnare diventa molto importante.
3. .......................... Gli italiani imparano l'italiano alla televisione.
4. .......................... La maggior parte dei lavori sono precari.
5. .......................... L'integrazione degli immigrati è un problema.
6. .......................... Le coppie italiane ora possono divorziare.
7. .......................... Molte persone del Sud vanno a vivere e lavorare nel Nord Italia.
8. .......................... Il numero delle persone che lavorano nell'agricoltura diminuisce.
9. .......................... Nascono molti bambini.

**3** ◁) 1•22 Ascolta questa intervista e rispondi alle domande.

1. Quando si è trasferita al Nord la famiglia della signora Salvini?
2. Perché ha deciso di trasferirsi al Nord?
3. Dove lavorava il padre della signora Salvini?
4. Perché la mamma della signora Salvini non lavorava?
5. Quando hanno comprato il primo televisore?
6. Che cosa è successo negli anni Settanta?
7. La signora Salvini lavorava?
8. Perché le donne non erano contente in quegli anni?
9. Quali sono le cose veramente importanti per lei?
10. Perché è preoccupata?

**4** A gruppi. Parlate e descrivete la situazione del vostro paese negli ultimi anni.

• Com'è cambiato il vostro paese negli ultimi anni?
• Ci sono stati periodi molto difficili?
• Ci sono stati periodi molto buoni?
• Com'è la situazione ora?

**5** Scrivi un breve testo per raccontare come sono cambiati il tuo paese e i suoi abitanti negli ultimi anni.

# Mandami un sms ☺

## Cominciamo...

**A** | **Il mondo in un cellulare** Completa la pubblicità del cellulare con queste parole.

applicazione • chatta • connessione • connettiti • contatti
ricevi • rispondi • satellitare • scatta • schermo

Scopri gli eventi, le feste, i concerti vicini a te: li puoi cercare per nome o indirizzo o in base alla tua posizione GPS e riceverli direttamente sullo ............................... (1) del tuo cellulare.

Carica, commenta le foto, condividi i tuoi pensieri con un post e ............................... (2) ai messaggi dei tuoi amici in tempo reale.

Avvicina il tuo cellulare alla fonte musicale: l'............................... (3) riconosce immediatamente titolo della canzone, autore e album.

............................... (4) con i tuoi amici. Abbandona i vecchi sms e manda e ............................... (5) messaggi istantanei senza costi di invio. Basta una ............................... (6) Web o Wi-Fi.

• Aggiungi i tuoi ............................... (7) preferiti sullo schermo.

• ............................... (8) splendide foto con la fotocamera e condividi le tue foto con i tuoi amici sui social network preferiti.

• ............................... (9) facilmente con il WI-Fi.

• Trova la strada con il navigatore ............................... (10) integrato.

• Scarica un mondo di applicazioni.

Esplora il mondo intorno a te. Scopri dove si trovano i tuoi amici, conosci i luoghi che frequentano.

## B | Che cosa fai con il cellulare?

A coppie. Spiegate al compagno che cosa fate
con il cellulare, come nell'esempio.

- Io mando messaggi.
- Anch'io, e faccio anche fotografie.

## C | Attività del tempo libero

Abbina i verbi alle parole / espressioni
corrispondenti.

1. ☐ chattare      a.  un film
2. ☐ ascoltare     b.  a carte
3. ☐ leggere       c.  uno strumento
4. ☐ suonare       d.  con gli amici
5. ☐ andare        e.  un libro
6. ☐ guardare      f.  in palestra
7. ☐ praticare     g.  musica
8. ☐ giocare       h.  uno sport

## D | Ma lo puoi fare con il cellulare?

A coppie. Quali attività dell'esercizio C potete
fare con il cellulare?

## E | Che cosa ti piace fare?

A coppie. Quali altre attività del tempo libero
conoscete? Quali vi piacciono? Perché?

## 1 | Valeria mi ha lasciato!

 Ascolta il dialogo e rispondi alle
1•23  domande.

1. Quanto tempo fa è finita la storia tra Dario e Valeria?
   .................................................................................

2. In che modo Valeria ha detto a Dario che lo lasciava?
   .................................................................................

3. Con chi era Valeria quando Elisa e Luciano l'hanno
   incontrata?
   .................................................................................

4. Perché Elisa suggerisce a Dario di iscriversi a un corso
   di ballo?
   .................................................................................

5. Che cosa chiede Dario a Elisa e Luciano?
   .................................................................................

6. Chi telefona a Giorgia e Mara?
   .................................................................................

# Valeria mi ha lasciato!

| | |
|---|---|
| **Dario** | Basta... smettete di usare il cellulare! |
| **Elisa** | Ciao Dario! Che cosa fai qui? Siediti, ti offriamo un caffè! |
| **Dario** | Grazie, volentieri... Come va? |
| **Elisa** | Noi bene, e tu? |
| **Dario** | Così così... Valeria mi ha lasciato due settimane fa. |
| **Luciano** | Davvero? Ma perché? |
| **Dario** | Non lo so, tutto andava bene e poi un giorno mi ha mandato un sms: «Caro Dario, è finita». Le ho telefonato, ma non ha risposto e mi ha mandato un altro messaggio: «Non chiamare più». Da quel giorno non l'ho più sentita. |
| **Luciano** | Che strano. Noi l'abbiamo incontrata la settimana scorsa. |
| **Dario** | E cosa vi ha detto? |
| **Elisa** | Veramente non ci ha detto niente. Era con un ragazzo... E tu, come stai ora? |
| **Dario** | Beh, non è facile. Passo molto tempo a casa da solo. |
| **Elisa** | Sbagli, Dario. Esci, incontra gente nuova, non restare a casa. Fai un corso di ballo: ci sono sempre tante ragazze in quei corsi. Oppure iscriviti in palestra. Dai! |
| **Dario** | Non vi preoccupate, ragazzi. Sto bene, davvero! Ma forse potete fare qualcosa per me. |
| **Luciano** | Ma certo! Che cosa? |
| **Dario** | Organizzate una bella cena e invitate quelle due ragazze che erano con voi alla festa di compleanno di Valeria. Non dite però che l'ho chiesto io. |
| **Elisa** | Quali ragazze? Giorgia e Mara? |
| **Dario** | Sì, loro. Sono proprio due ragazze simpatiche. |
| **Luciano** | Sai cosa possiamo fare? Ti do i loro numeri di cellulare, così gli telefoni e gli parli tu direttamente. |
| **Dario** | No, dai, per favore, chiamate voi... |
| **Luciano** | Ok, Dario, gli telefono io, ma solo perché sei un amico! |

## GRAMMATICA FLASH

### PRONOMI PERSONALI INDIRETTI

| singolare | plurale |
|---|---|
| mi | ci |
| ti | vi |
| gli / le / Le | gli |

*PRIMI PASSI* pag. 166 es. 1 - 2

---

**2 | Povero Dario!** Leggi il dialogo e completa le frasi con i pronomi indiretti.

1. Perché sei triste Dario? Che cosa _____ è successo?

2. Valeria ha lasciato Dario. _____ ha mandato un sms.

3. Dario voleva parlare con Valeria: _____ ha telefonato, ma lei non _____ ha risposto.

4. Avete incontrato Valeria? Che cosa _____ ha detto?

5. Io e Luciano abbiamo incontrato Valeria, ma lei non _____ ha detto niente.

6. Ecco i numeri di cellulare di Giorgia e Mara: perché non _____ telefoni tu?

**3** | **Pettegolezzi** Completa l'e-mail di Elisa alla sua amica Stefania.

Cara Stefania,
sei tornata dalle vacanze? Pettegolezzo! Ieri io e Luciano abbiamo visto Dario. Sai che cosa ............... (1)
ha raccontato? Valeria l'ha lasciato! Due settimane fa: ............... (2) ha mandato un sms e basta... Tutto finito!
Lui ............... (3) ha telefonato tante volte, ma lei non ............... (4) ha mai risposto. Pensa che l'abbiamo vista
con un ragazzo la settimana scorsa. ............... (5) abbiamo offerto un caffè e abbiamo parlato un po',
ma lei non ............... (6) ha detto niente.
Non è strano? Tu e Carlo come state? Come sono andate le vacanze? ............... (7) è piaciuta la Sicilia?
............... (8) mandi un sms quando sei libera, così ............... (9) racconto tutto?
Ciao, Elisa

**4** | **L'hai fatto? Sì o no?**  A coppie. A turno fate le domande e rispondete, come nell'esempio.

👤 Hai mandato un messaggio al tuo amico?   👤 Sì, gli ho / No, non gli ho mandato un messaggio.

1.  Hai scritto un'e-mail ai tuoi amici?
2.  Hai telefonato a tua mamma?
3.  Hai parlato al tuo insegnante?

4.  Hai risposto ai messaggi di Paolo e Carla?
5.  Hai scritto alla tua amica su Facebook?
6.  Hai offerto un caffè a un tuo compagno?

### GRAMMATICA FLASH
#### IMPERATIVO: *TU* E *VOI*

| | affermativo | | | negativo | | |
|---|---|---|---|---|---|---|
| | **–are** | **–ere** | **–ire** | **–are** | **–ere** | **–ire** |
| **tu** | resta | vedi | apri | **non** restare | **non** vedere | **non** aprire |
| | alzati | mettiti | vestiti | **non ti** alzare | **non ti** mettere | **non ti** vestire |
| **voi** | restate | vedete | aprite | **non** restate | **non** vedete | **non** aprite |
| | alzatevi | mettetevi | vestitevi | **non vi** alzate | **non vi** mettete | **non vi** vestite |

PRIMI PASSI **pag. 167 es. 6 - 7**

**5** | **Il primo appuntamento**

Che consigli puoi dare a un amico al primo appuntamento? Usa l'imperativo affermativo o negativo.
vestirsi bene • arrivare in ritardo • parlare troppo • mettersi troppo profumo • comprare dei fiori
fare domande troppo personali • mostrarsi interessato • pagare il conto del ristorante

**6** | **Ascolta!**

Osserva i disegni e scrivi che cosa dicono i personaggi in queste situazioni. Usa l'imperativo.

## 7 | A cena da Elisa e Luciano  1•24

A casa di Elisa e Luciano, Dario parla con Giorgia
e Mara. Ascolta il dialogo e trova le sei differenze
tra la registrazione e la sua trascrizione.

| | |
|---|---|
| Giorgia | Che buono il pollo al limone di Elisa! Devo chiederle la ricetta. |
| Dario | Sì, era veramente delizioso... Siete libere domani sera? Perché non facciamo qualcosa insieme? |
| Mara | Ci dispiace, ma non possiamo. Dobbiamo uscire con un amico. |
| Dario | Beh, diteglì che non potete. |
| Giorgia | Certo, Mara. Possiamo dirgli che tu non stai bene e che io devo farti compagnia. |
| Mara | No, non voglio raccontargli una bugia. |
| Dario | Beh, allora invitatelo a venire con noi. |
| Mara | No, facciamo così. Domani sera usciamo con lui. Noi possiamo vederci sabato sera. |
| Dario | Per me va bene. Che cosa vi va di fare? Volete andare al cinema o in discoteca? |
| Giorgia | Andiamo in discoteca? |
| Mara | No, sai che non mi piace ballare. Perché invece non andiamo alla mostra di Caravaggio? Una mia amica può mandarci gli inviti gratis. Posso telefonarle e... |
| Giorgia | No, Mara, non ho voglia di passare il venerdì sera in un museo. |
| Mara | Sei sempre la solita, Giorgia. Allora decidete voi! Io vado ad aiutare Elisa e Luciano. |
| Dario | Ho un'altra idea, Giorgia. Ti va di andare in un ristorante argentino dove si può mangiare della carne molto buona e dopo le dieci si può anche ballare il tango? |
| Giorgia | Ma è fantastico! Però io non so ballare il tango... |
| Dario | Non importa, posso insegnarti io. |
| Giorgia | Allora va bene. Ma Mara? Cosa facciamo? Non le piace ballare. |
| Dario | Beh, le possiamo dire che noi andiamo là. Se vuole, può venire con noi, altrimenti andiamo noi due. |
| Giorgia | Sì, facciamo così. Ecco il mio numero di cellulare. Mandami un messaggio o telefonami domani pomeriggio... |
| Dario | Sì, ma tu rispondimi! |

## 8 | Siete libere domani sera? Rileggi il dialogo. Che cosa dicono Dario, Mara e Giorgia per...

1. fare un invito? ........................................................

2. fare una controproposta? ........................................................

3. accettare un invito? ........................................................

4. rifiutare un invito? ........................................................

## 9 | Ti va di...?

A coppie. A turno proponete al compagno di fare le attività elencate sotto e rispondete accettando (✓) o rifiutando (✗) le proposte.
In caso di rifiuto spiegate il perché e fate una controproposta.

- ✓ andare al cinema stasera
- ✗ restare a casa a guardare un DVD
- ✗ giocare a tennis
- ✓ studiare italiano insieme
- ✓ fare una passeggiata
- ✗ andare in montagna questo fine settimana

**GRAMMATICA FLASH**

**IMPERATIVO CON I PRONOMI**

| affermativo | negativo |
|---|---|
| comprala | non la comprare |
| mandaci | non ci mandare |
| prendetelo | non lo prendete |
| ditegli | non gli dite |

PRIMI PASSI
**pag. 169 es. 11**

## 10 | Non le comprare! Completa i fumetti con l'imperativo e i pronomi diretti o indiretti.

1 — Queste scarpe sono belle, ma costano 120 euro.
— € 120.00
— *Non le comprare!* Sono troppo care.

2 — Posso mangiare due biscotti?
— _____! Sono per la festa.

3 — Fabrizio non risponde al cellulare.
— Allora _____ un sms.

4 — Pietro vuole le patatine.
— No, _____ niente da mangiare. È quasi ora di cena.

5 — I nostri vicini ci hanno invitati a cena, ma non abbiamo voglia di andare.
— _____ che avete già un altro impegno.

6 — Domani è il compleanno di Camilla.
— LIBRERIA
— _____ un libro. Le piace molto leggere.

## 11 | Devi alzarti presto! Completa i mini-dialoghi come negli esempi.

- Il mio aereo parte alle otto domani mattina.
- Allora *ti devi alzare / devi alzarti* (dovere / alzarsi) molto presto.
- C'è Gianni al telefono.
- *Puoi dirgli / Gli puoi dire* (potere / dire) di chiamare più tardi?

1. Domani ho una riunione di lavoro molto importante.
   Allora _____ (dovere / mettersi) un vestito elegante.

2. Vogliamo organizzare una serata speciale per l'anniversario dei nostri genitori.
   Io _____ (potere / consigliare) un ristorante molto buono.

3. Vieni qui un momento. _____ (volere / mostrare) queste foto che ho appena ricevuto.
   Certo, vengo subito.

4. Ti va di uscire questa sera?
   No, sono molto stanca. _____ (volere / farsi) una doccia e andare a letto.

**GRAMMATICA FLASH**

**INFINITO CON I PRONOMI INDIRETTI E RIFLESSIVI**

Non possiamo vederci domani sera.
Non ci possiamo vedere domani sera.

Voglio chiederle la ricetta.
Le voglio chiedere la ricetta.

PRIMI PASSI
**pag. 170 es. 14**

# L'italiano al tempo degli sms

L'Accademia della Crusca promuove gli sms. Secondo quest'importante istituzione nazionale per la salvaguardia e lo studio della lingua nazionale, l'italiano dei messaggini telefonici è un gergo molto complesso e può avvicinare i giovani alla lettura e alla scrittura.

Il telefono cellulare è diventato da qualche anno uno strumento fondamentale non solo di nuovi modi di comunicazione interpersonale, ma anche di informazione e di gioco. Per questo motivo l'antica accademia linguistica ritiene importante riflettere su questo recente fenomeno che interessa in modo particolare le nuove generazioni e che è strettamente legato al tema più generale del rapporto fra le nuove tecnologie e gli usi dell'italiano contemporaneo.

**C6, 8bre, cmq, nn, xke, tvb.** L'uso di scrivere le parole in forma abbreviata non è certo una novità. Dai documenti dei tempi antichi alle lettere di ieri e di oggi la necessità di risparmiare spazio e tempo ha portato spesso a usare abbreviazioni.

Come ha dichiarato Nicoletta Maraschio, Presidente dell'Accademia della Crusca, le abbreviazioni non sono un problema: sono sempre esistite, si trovano anche nei manoscritti medioevali, e non dobbiamo sorprenderci se qualcuno di questi termini è presente

nell'italiano corrente, perché, come tutte le lingue vive, la nostra lingua è aperta e in continuo cambiamento. Il linguaggio parlato ha modificato quello scritto, ma non dobbiamo preoccuparci. In fin dei conti Dante stesso ha portato espressioni "volgari" nella *Divina Commedia*.

Se il cambiamento semplifica la comunicazione, è un bene, ma non deve impoverire il linguaggio.

---

**12 | Per capire** Leggi il testo e indica l'alternativa corretta.

1. L'accademia della Crusca...

   a. ☐ è una società che produce telefonini.

   b. ☐ è un'istituzione che studia l'italiano.

   c. ☐ è una scuola di lingue.

2. L'abbreviazione delle parole...

   a. ☐ è un fatto molto recente.

   b. ☐ è comune solo nei messaggini.

   c. ☐ succedeva anche in passato.

3. La lingua parlata...

   a. ☐ ha cambiato la lingua scritta.

   b. ☐ usa molte abbreviazioni.

   c. ☐ è diventata molto volgare.

4. Secondo Nicoletta Maraschio i cambiamenti della lingua...

   a. ☐ sono sempre positivi.

   b. ☐ sono positivi se semplificano la comunicazione.

   c. ☐ sono positivi se si usano meno parole.

## 13 | Che cosa vuol dire? Abbina a ogni parola la sua definizione.

1. ☐ salvaguardia
2. ☐ gergo
3. ☐ complesso
4. ☐ corrente
5. ☐ manoscritto
6. ☐ termine

a. complicato
b. attuale, di questi giorni
c. documento scritto a mano
d. lingua speciale di un gruppo di persone
e. parola
f. protezione, difesa

## 14 | Ma che lingua è?

A coppie. Cercate di scoprire insieme che cosa significano queste abbreviazioni presenti nel testo.

1. **c6** ......................................................
2. **8bre** ...................................................
3. **cmq** ...................................................

4. **nn** ......................................................
5. **xke** .....................................................
6. **tvb** .....................................................

## 15 | Abbreviazioni: :) o :( ? 1•25-30 Ascolta queste persone e completa la tabella.

| | usa le abbreviazioni? | | perché sì? / perché no? |
|---|---|---|---|
| | SÌ ☺ | NO ☹ | |
| Giorgio | ☐ | ☐ | |
| Greta | ☐ | ☐ | |
| Marta | ☐ | ☐ | |
| Dario | ☐ | ☐ | |
| Simone | ☐ | ☐ | |
| Laura | ☐ | ☐ | |

## 16 | E voi?

A gruppi. Discutete questi punti.

- Come comunicate con i vostri amici?
- Mandate molti messaggini?
- Perché li mandate?
- Usate molte abbreviazioni?
- Secondo voi l'uso delle abbreviazioni sta cambiando la vostra lingua? È un bene o un male?

## 17 | Ora prova tu

Scrivi un breve testo. Spiega come comunicano i giovani del tuo paese e come sta cambiando la tua lingua.

**18** | **Che cosa fai nel tempo libero?** Inserisci le espressioni nel riquadro giusto.

una città d'arte • giardinaggio • a calcio • un monumento • in bicicletta
ginnastica • un museo • a teatro • a scacchi • un pic-nic • a una mostra • ai videogiochi

andare

fare

ATTIVITÀ DEL TEMPO LIBERO

visitare

giocare

**19** | **Altre attività del tempo libero**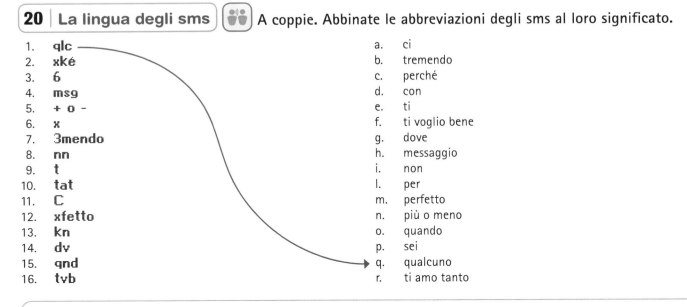

A coppie. Scrivete altre attività del tempo libero. Vince la coppia che scrive più attività.

**20** | **La lingua degli sms** A coppie. Abbinate le abbreviazioni degli sms al loro significato.

1. qlc
2. xké
3. 6
4. msg
5. + o -
6. x
7. 3mendo
8. nn
9. t
10. tat
11. C
12. xfetto
13. kn
14. dv
15. qnd
16. tvb

a. ci
b. tremendo
c. perché
d. con
e. ti
f. ti voglio bene
g. dove
h. messaggio
i. non
l. per
m. perfetto
n. più o meno
o. quando
p. sei
q. qualcuno
r. ti amo tanto

## 21 | Capite gli sms?

A coppie. Traducete insieme questi messaggi. Sostituite le abbreviazioni con le parole per esteso.

**1**
Dv 6? So ke nn 6 a kasa.
+ o - a ke ora torni?

....................................

....................................

**2**
Xké nn mi kiami?
6 :-( ? Tat

....................................

....................................

**3**
Ciao cm stai? 6 lib x and
al cinema cn me?

....................................

....................................

**4**
Qui tt ok. kn ki 6?

....................................

....................................

## 22 | Sapete scrivere un sms?  Scrivete insieme questi messaggi usando le abbreviazioni.

1. Perché non sei a casa? Dove sei? ...........................................................

2. Messaggio per te. Perché sei arrabbiato? ...............................................

3. Sei libero per un aperitivo domani? .........................................................

4. Quando mi chiami? .....................................................................................

## 23 | Ricarichiamo il cellulare! Completa il testo con queste parole.

cifre • codice • gestore • importo • numero • ricaricare • scheda • scontrino

# Come ricaricare un cellulare

Ci sono vari modi per ricaricare il cellulare.

 in tabaccheria

 scheda di ricarica

 con il bancomat

Puoi fare una ricarica automatica, cioè senza la ................... (1). Devi dare il nome del gestore telefonico e il numero di telefono da ................... (2). Puoi scegliere la cifra che preferisci. Aspetta la conferma della ricarica e conserva lo ................... (3) che ti dà il tabaccaio.

Anche in questo caso devi andare in una tabaccheria e chiedere una scheda di ricarica. Gratta con una moneta la scheda e scopri il ................... (4) di ricarica di 16 cifre. Prendi il cellulare e chiama il ................... (5) sulla scheda. Segui le informazioni per la ricarica e quando ti viene richiesto, inserisci il codice di 16 ................... (6).

Vai a uno sportello bancomat e quando escono le diverse opzioni scegli "ricariche telefoniche". Segui le istruzioni, ma ricorda che devi sapere il nome del tuo ................... (7) e il numero di telefono del cellulare da ricaricare. Anche con questa modalità puoi scegliere l'................... (8) che preferisci.

# Salute!

## Cominciamo...

**A** | **Non mi sento bene** Scrivi le frasi sotto le foto corrispondenti.

Ho mal di testa. • Mi fa male la schiena. • Ho il raffreddore. • Ho mal di denti.
Ho la febbre. • Mi fa male la gola. • Ho mal di stomaco. • Ho la tosse.

...........................

...........................

**B** | **Che cos'hai?**

A coppie. A turno vi informate sullo stato di salute del compagno, lui dice che disturbo ha e voi
suggerite il rimedio giusto usando le espressioni indicate sotto, come nell'esempio.

Che cos'hai?

Ho mal di denti.

Prendi una compressa

( bere alcolici )   ( mangiare in bianco )   ( guardare la televisione )

( leggere )   ( uscire )   ( provare la febbre )   ( comprare delle pastiglie per la gola )   ( andare dal dottore )

( prendere una compressa )   ( fare yoga )   ( bere molta acqua )   ( prendere uno sciroppo )   ( stare / andare a letto )

## C | Il rimedio giusto

Completa le pubblicità dei medicinali con queste parole.

compresse • sciroppo • pastiglie
pomata • cerotti • collirio

**1**

PLASI,
i ........................
che proteggono
e non si vedono!

**2**

Mai più occhi
arrossati con
il ........................
**CHIARO**.

**3**

Via la tosse
con lo ........................
*Mielen*!

**4**

Mal di testa?
Mal di denti?
Una o due
........................
di **NOMAL**
e stai subito bene!

**5**

GOLAPIÙ,
le ........................
che fanno bene
alla tua gola!

**6**

ZIC

Contro le punture
di insetti usa
la ........................
ZIC!

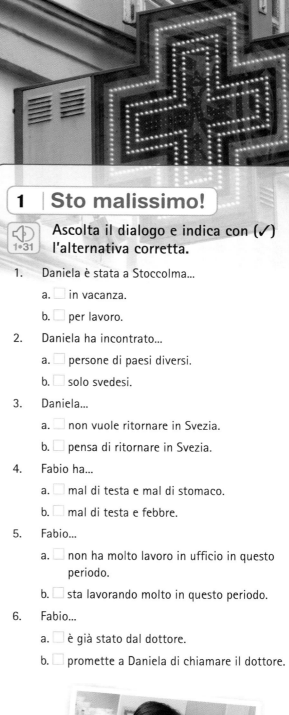

## 1 | Sto malissimo!

Ascolta il dialogo e indica con (✓) l'alternativa corretta.
1•31

1. Daniela è stata a Stoccolma...
   a. ☐ in vacanza.
   b. ☐ per lavoro.

2. Daniela ha incontrato...
   a. ☐ persone di paesi diversi.
   b. ☐ solo svedesi.

3. Daniela...
   a. ☐ non vuole ritornare in Svezia.
   b. ☐ pensa di ritornare in Svezia.

4. Fabio ha...
   a. ☐ mal di testa e mal di stomaco.
   b. ☐ mal di testa e febbre.

5. Fabio...
   a. ☐ non ha molto lavoro in ufficio in questo periodo.
   b. ☐ sta lavorando molto in questo periodo.

6. Fabio...
   a. ☐ è già stato dal dottore.
   b. ☐ promette a Daniela di chiamare il dottore.

# Sto malissimo!

**Fabio** Ciao amore! Allora, com'è andato il tuo viaggio di lavoro a Stoccolma?

**Daniela** Molto bene, Fabio, grazie. È stata l'esperienza più interessante della mia vita professionale. La cosa più bella è stata lavorare con persone che venivano da paesi diversi. E poi Stoccolma è certamente una delle più belle città d'Europa.

**Fabio** Allora pensi di tornare in Svezia?

**Daniela** Penso di sì, ma questa volta voglio andare in vacanza... con te! Ma tu che cos'hai? Hai proprio una brutta faccia.

**Fabio** Lo so. Mi sento veramente male. Ho un fortissimo mal di stomaco e mi fa male la testa.

**Daniela** Hai anche la febbre? Vuoi andare in farmacia a comprare qualcosa?

**Fabio** No, non è necessario: non penso di avere la febbre.

**Daniela** Forse è qualcosa che hai mangiato. Prova a mangiare in bianco per qualche giorno. È la cosa migliore quando si ha mal di stomaco.

**Fabio** Mangio solo riso bollito da tre giorni, ma sto sempre male. E poi la notte non dormo...

**Daniela** Allora forse è solo stress. Cerca di rilassarti.

**Fabio** Non è facile. Sai che questo è il periodo peggiore al lavoro.

**Daniela** Non puoi prenderti qualche giorno di vacanza?

**Fabio** Penso proprio di no. Non posso restare a casa adesso.

**Daniela** Ma sei andato dal dottore?

**Fabio** No, sai che non mi piacciono i dottori...

**Daniela** Ma Fabio! Chiama subito il dottore e cerca di fissare un appuntamento il più presto possibile!

**Fabio** Hai ragione, Daniela. Lo faccio domani. Promesso!

---

**2 | Daniela e Fabio** Leggi il dialogo e completa le frasi.

1. L'esperienza di lavoro a Stoccolma è stata ............................ della vita professionale di Daniela.

2. Stoccolma è una delle città ............................ d'Europa.

3. Per Daniela la cosa ............................ è stata lavorare con persone di paesi diversi.

4. Fabio ha un ............................ mal di stomaco.

5. Quando si ha mal di stomaco la cosa ............................ è mangiare in bianco.

6. Per Fabio questo è il periodo ............................ al lavoro.

## 3 | L'attore più famoso è... | Usa le parole per scrivere frasi come nell'esempio.

attore americano / famoso    *L'attore americano più famoso è Brad Pitt. È famosissimo.*

1. lingua / difficile
2. sport / pericoloso
3. programma televisivo / divertente

4. squadra di calcio / forte
5. scrittore / conosciuto
6. film / bello

## 4 | Johnny Depp o Brad Pitt?

A coppie. Confrontate le risposte all'esercizio 3 con quelle del compagno. Se le risposte sono diverse, cercate di raggiungere un accordo, come nell'esempio.

Secondo me Brad Pitt è l'attore americano più famoso.

No, secondo me Johnny Depp è più famoso.

Sì, hai ragione: è lui l'attore americano più famoso.

## 5 | In città

A coppie. A turno usate le parole indicate per fare domande e rispondere, come nell'esempio.

ristorante / caro    Qual è il ristorante più caro in città?

Il ristorante più caro è...

- museo / interessante
- via / elegante
- monumento / bello
- mercato / famoso

## 6 | Pensi di...?

A coppie. A turno usate queste espressioni per fare domande e rispondere, come nell'esempio.

Pensi di continuare a studiare italiano?    Penso di sì. Mi piace molto.

~~continuare a studiare italiano~~ • cercare / cambiare lavoro
diventare vegetariano • comprare un nuovo cellulare
trasferirsi in un'altra città • fare una festa per il tuo compleanno

> **Verbi e preposizioni**
> *Pensi di tornare in Svezia?*
> *Penso di sì. / Penso di no.*
>
> *Prova a mangiare in bianco.*
> *Cerca di rilassarti.*

## 7 | Dare consigli

A coppie. A turno leggete le frasi e date consigli appropriati, come nell'esempio.

Voglio dimagrire.    *Cerca di / Prova a non mangiare troppi dolci.*

- Ho un terribile mal di stomaco.
- Sono molto stressato!

- Non dormo la notte.
- Sono sempre molto stanca la mattina.

UNITÀ 6

## 8 | Dal dottore  1•32

**Fabio va dal dottore. Ascolta e completa il dialogo.**

| | |
|---|---|
| dottoressa | Buongiorno signor Marini. Si accomodi! Che cosa posso fare per lei? |
| Fabio | Buongiorno dottoressa. Da un po' di giorni non mi sento molto bene. |
| dottoressa | Che cosa si sente? |
| Fabio | Ho un forte mal di ........................ (1). |
| dottoressa | Da quanto tempo? |
| Fabio | Da circa una settimana. E poi ho anche spesso mal di ........................ (2). |
| dottoressa | Dorme bene? |
| Fabio | Purtroppo no. Mi sveglio spesso la notte verso le quattro e rimango sveglio per un paio d'ore. |
| dottoressa | Mi dica, sta lavorando molto in questo periodo? |
| Fabio | Eh, sì. Sono proprio sotto pressione. È un periodo ........................ (3). |
| dottoressa | Vede, questo spiega i suoi problemi. |
| Fabio | Ma cosa posso fare? Sto veramente male. |
| dottoressa | Prima di tutto cerchi di ........................ (4) durante il giorno. Se può, non passi tutto il giorno in ufficio, ma faccia una ........................ (5) all'ora di pranzo, magari al parco, anche solo per un quarto d'ora. Poi non mangi cibi ........................ (6), soprattutto a cena. Si prepari una bella insalata o cucini del pesce. E la sera non resti a casa davanti alla televisione: esca, veda gli amici. |
| Fabio | Ma non mi dà niente? |
| dottoressa | Le posso dare delle ........................ (7) per il mal di testa. Ma le prenda solo se necessario e, mi raccomando, non le prenda mai a stomaco vuoto. Comunque, cerchi di cambiare stile di ........................ (8): questo è più importante. |
| Fabio | Ha ragione, ma non è facile! |
| dottoressa | Lo so. Non si preoccupi: non è niente di grave. Ma, se i problemi continuano, mi chiami. |
| Fabio | Grazie mille, dottoressa. |

## 9 | L'imperativo formale  Rileggi il dialogo e trova l'imperativo formale di questi verbi.

1. accomodarsi  ........................
2. dire  ........................
3. cercare  ........................
4. passare  ........................
5. fare  ........................
6. mangiare  ........................
7. prepararsi  ........................

8. cucinare  ........................
9. restare  ........................
10. uscire  ........................
11. vedere  ........................
12. prendere  ........................
13. preoccuparsi  ........................
14. chiamare  ........................

## IMPERATIVO FORMALE

| affermativo | | | negativo | | | irregolari | |
|---|---|---|---|---|---|---|---|
| –are | –ere | –ire | –are | –ere | –ire | andare | vada / non vada |
| passi | veda | dorma | **non** resti | **non** veda | **non** dorma | bere | beva / non beva |
| si accomodi | si metta | si vesta | **non** si preoccupi | **non** si metta | **non** si vesta | fare | faccia / non faccia |
| | | | | | | stare | stia / non stia |
| | | | | | | uscire | esca / non esca |

PRIMI PASSI **pag. 177 es. 7 - 8**

## 10 | Mangi un'insalata!

A coppie. A turno uno di voi fa il medico e dà consigli al compagno in base alle parole tra parentesi. Usate l'imperativo formale.

> Se mangio le patatine, mi viene il mal di stomaco. (*insalata*)
> *Allora, non mangi le patatine. Mangi un'insalata.*

1. Se bevo il caffè la sera, non dormo. (*camomilla*)

2. Se guardo la televisione, mi viene il mal di testa. (*una passeggiata*)

3. Se mi addormento tardi, la mattina sono stanco. (*a letto presto*)

4. Se mangio dolci, mi viene mal di denti. (*frutta*)

5. Se vado in bicicletta, mi viene mal di schiena. (*piscina*)

### IMPERATIVO CON I PRONOMI DIRETTI E INDIRETTI

**Mi** chiami.
Non **le** prenda.
**Mi** dica.
Non **gli** risponda.

PRIMI PASSI **pag. 178 es. 12**

## 11 | Suggerimenti

Completa i fumetti con l'imperativo formale di questi verbi e i pronomi diretti o indiretti.

salutare • scrivere • prendere (x2) • telefonare • portare

**1** Telefono io al dottor Biagi?

Sì, ma ..................... ora. È in riunione.

**2** Arrivederci, signor Carli.

Arrivederci, signora Zani.
..................... tanto suo marito.

**3** Devo prendere l'autobus per andare in Piazza Navona?

No, no, ..................... .
Piazza Navona è qui vicino.

**4** Scrivo io alla signora Müller?

No, ..................... Lei.
Lo faccio io più tardi.

**5** Buongiorno, dove La porto?

..................... in piazza Tricolore.

**6** Ha delle compresse per il mal di testa?

Queste sono molto buone.
..................... due volte al giorno.

## 12 | Che cosa vuol dire?

**Prima di leggere il testo abbina a ogni parola / espressione la sua definizione.**

1. ☐ natalità
2. ☐ longevità
3. ☐ aspettativa di vita
4. ☐ ultracentenari
5. ☐ triplicato
6. ☐ detenere il primato
7. ☐ elisir
8. ☐ gravidanza
9. ☐ problemi cardiovascolari
10. ☐ prendere con le pinze

a. stato di una donna che aspetta un bambino
b. durata della vita superiore alla media
c. essere al primo posto
d. medicina miracolosa
e. numero delle nascite
f. non considerare vero al 100%
g. aumentato di tre volte
h. persone che hanno più di cento anni
i. previsione di durata della vita
l. problemi al cuore e alla circolazione

# Italiani tra i più longevi in Europa

Italia agli ultimi posti in Europa per natalità ma ai primi per longevità. Il dato emerge da un recente studio dell'Istat, l'Istituto nazionale di statistica. La popolazione italiana ha continuato a crescere e ha superato i sessanta milioni seicentomila residenti. E l'aspettativa di vita è aumentata. Con una vita media di 84 anni per le donne e di 79 anni per gli uomini, gli italiani sono tra i più longevi d'Europa. Negli ultimi dieci anni il numero degli ultracentenari è triplicato e la percentuale di persone di 65 anni è arrivata al 20,3%. Il primato regionale per gli uomini è del Trentino (80,2 anni), mentre per le donne sono le Marche a detenere il primato (85,5 anni). Alla Campania il dato più basso: l'aspettativa di vita per gli uomini è di 77,7 anni e per le donne di 83.

Ma quali sono i motivi di questa longevità? Uno dei fattori è la dieta mediterranea, che nel 2010 è diventata *patrimonio immateriale* dell'Unesco. La dieta che si basa sul consumo abbondante di frutta e verdura, olio di oliva, cereali e pasta e di un buon bicchiere di vino si conferma come un elisir per combattere l'invecchiamento. Secondo studi pubblicati sul *British Medical Journal*, la dieta mediterranea riduce l'incidenza di malattie come il Parkinson, l'Alzheimer, i problemi cardiovascolari e il cancro.

E perché alcune persone vivono più a lungo di altre? Ecco un'ipotesi da prendere però con le pinze. Secondo uno studio americano la durata della vita dipende dal mese di nascita. Le persone che vivono di più sono i nati nei mesi autunnali, mentre i meno fortunati sono quelli che festeggiano il compleanno in primavera e che vivono mediamente 160 giorni in meno. La spiegazione scientifica è legata alla quantità di sole che la madre ha preso durante la gravidanza. Più sole, meno probabilità di sviluppare malattie come Alzheimer, autismo, allergie, ecc.

## **13** | Per capire

Leggi il testo e indica se le affermazioni sono vere (V) o false (F). Correggi quelle false.

|  | | V | F |
|---|---|:---:|:---:|
| 1. | In Italia nascono più bambini che negli altri paesi europei. | ☐ | ☐ |
| 2. | Gli italiani vivevano più a lungo in passato. | ☐ | ☐ |
| 3. | Gli italiani vivono più a lungo di molti altri popoli europei. | ☐ | ☐ |
| 4. | Gli italiani vivono più a lungo perché seguono la dieta mediterranea. | ☐ | ☐ |
| 5. | Con la dieta mediterranea non si può bere vino. | ☐ | ☐ |
| 6. | Secondo uno studio americano le persone nate in autunno vivono meno delle persone nate in primavera. | ☐ | ☐ |

## **14** | Trova le informazioni  Rileggi l'articolo e rispondi alle domande.

1. Qual è la vita media per gli uomini e le donne in Italia?
2. Qual è la regione italiana con l'aspettativa di vita più bassa?
3. Quali sono gli alimenti alla base della dieta mediterranea?
4. Da cosa dipende la durata della vita secondo un recente studio americano?
5. Quale ragione scientifica spiega questa affermazione?

## **15** | Un'ultracentenaria 🔊 1•33

Ascolta l'intervista alla signora Luisa e rispondi alle domande.

1. Quanti anni ha la signora Luisa?
2. Che cosa fa durante il giorno?
3. Che problemi di salute ha?
4. Che lavoro faceva da giovane?
5. Che cosa mangia di solito?
6. Quali sono i suoi consigli per vivere a lungo?

## **16** | E voi che cosa pensate? 👥 A gruppi. Discutete questi punti.

• Sapete qual è l'aspettativa di vita nel vostro paese?
• Gli uomini vivono più o meno delle donne?
• Secondo voi quali sono le cose che si devono fare per vivere a lungo?
• Vorreste vivere fino a cent'anni? Perché sì? Perché no?

## **17** | Ora prova tu

Cerca su Internet informazioni sull'aspettativa di vita nel tuo paese e scrivi un breve testo seguendo il modello del primo paragrafo dell'articolo che hai letto.

**18** | **Che cosa ti è successo?** Scrivi le frasi sotto i disegni corrispondenti.

Mi ha punto una zanzara. • Ho preso il raffreddore. • Mi sono scottata (al sole).
Mi sono tagliato un dito. • Mi gira la testa. • Mi sono rotta una gamba.

**Salute!**
Diciamo "Salute!" quando una persona starnutisce.

**19** | **Altre parole** Abbina le parole alle immagini.

a. termometro • b. ricetta • c. pronto soccorso • d. ambulatorio medico
e. ospedale • f. farmacia • g. gocce • h. disinfettante

 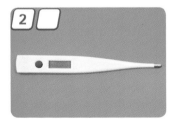  

## 20 | Parole in contesto | Completa le frasi con le parole dell'esercizio 19.

1. Marco non sta bene: è in ............................... da tre settimane.

2. 👤 Non sto bene e ho freddo. 👤 Ecco il ............................... . Provati la febbre.

3. Mi dispiace, ma per questa medicina deve avere la ............................... del suo medico.

4. Puoi andare in ............................... a comprare uno sciroppo per la tosse?

5. L' ............................... è aperto ogni giorno dalle 8.30 alle 12.30.

6. Per gli occhi arrossati metta due ............................... di collirio tre volte al giorno.

7. 👤 Mi sono tagliato. 👤 Metti subito del ............................... !

8. Se stai molto male e il tuo medico non c'è, vai subito al ............................... .

## 21 | Vi è mai successo? 👥

A coppie. Rispondete alle domande e raccontate al compagno che cosa vi è successo e cosa avete fatto in queste situazioni.

- Quando vi siete ammalati l'ultima volta?
- Siete mai stati in ospedale o al pronto soccorso?
- Vi siete mai rotti una gamba o un braccio?
- Vi siete mai scottati al sole?

## 22 | Il bugiardino | Completa il testo del foglietto illustrativo del farmaco con queste parole.

brevi • compresse • pieno • confezione • gravidanza • farmacista • febbre • ricetta • testa • volte

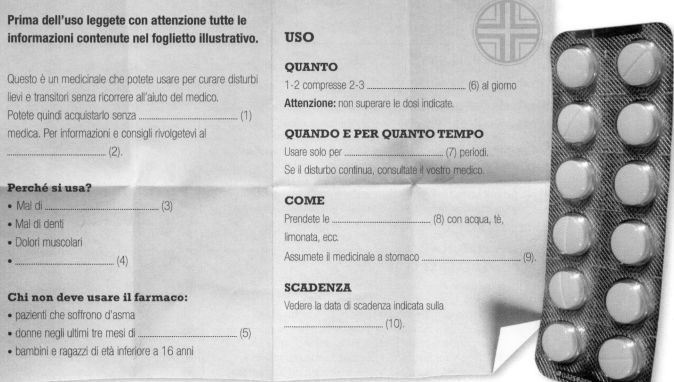

**Prima dell'uso leggete con attenzione tutte le informazioni contenute nel foglietto illustrativo.**

Questo è un medicinale che potete usare per curare disturbi lievi e transitori senza ricorrere all'aiuto del medico. Potete quindi acquistarlo senza ............................... (1) medica. Per informazioni e consigli rivolgetevi al ............................... (2).

**Perché si usa?**
- Mal di ............................... (3)
- Mal di denti
- Dolori muscolari
- ............................... (4)

**Chi non deve usare il farmaco:**
- pazienti che soffrono d'asma
- donne negli ultimi tre mesi di ............................... (5)
- bambini e ragazzi di età inferiore a 16 anni

**USO**

**QUANTO**
1-2 compresse 2-3 ............................... (6) al giorno
**Attenzione:** non superare le dosi indicate.

**QUANDO E PER QUANTO TEMPO**
Usare solo per ............................... (7) periodi.
Se il disturbo continua, consultate il vostro medico.

**COME**
Prendete le ............................... (8) con acqua, tè, limonata, ecc.
Assumete il medicinale a stomaco ............................... (9).

**SCADENZA**
Vedere la data di scadenza indicata sulla ............................... (10).

# Gli italiani e il tempo libero

## Attività del tempo libero degli italiani tra i 20 e i 64 anni

- altre attività del tempo libero (1,3%)
- ascoltare musica / radio (1,3%)
- sport e attività all'aperto (12,6%)
- televisione e Internet (42%)
- passatempi e giochi (5,6%)
- letture (7,4%)
- volontariato (4,3%)
- attività culturali (2,2%)
- attività sociali (23,3%)

Italiani, popolo di **pantofolai**! Secondo una recente indagine dell'Istat più della metà degli italiani ama trascorrere gran parte del suo tempo libero in casa. Le attività **più gettonate** sono navigare su Internet, guardare la TV, ma anche leggere.

### POPOLO DI INTERNET

Gli interessi degli **internauti**, che nel tempo libero si connettono da casa, si dividono tra informazione e **intrattenimento**. **I più** navigano sui social network, visitano siti di notizie e si servono di Internet per organizzare il proprio tempo libero.

### POPOLO DELLA TV

Gli italiani che nel tempo libero amano guardare la TV dichiarano di passare mediamente due ore al giorno davanti al **piccolo schermo**, anche se c'è chi addirittura la guarda per 5 ore o più. Le donne guardano la televisione più degli uomini perché lo fanno mentre svolgono attività domestiche o si prendono cura dei figli. Il genere preferito? In tempi di crisi si ricerca un intrattenimento leggero e i più preferiscono commedie, fiction e serial. Una certa attenzione resta comunque per i telegiornali e i programmi d'informazione (18%) mentre solo una piccola parte dichiara di seguire con costanza i tanti reality e talent show.

### POPOLO DELLA LETTURA

La maggior parte degli italiani si dedica alla lettura prima di addormentarsi. Le donne leggono di più degli uomini, che invece dedicano più tempo allo sport. Il genere di lettura preferito? Gli italiani prediligono il romanzo, ma una buona **fetta** legge principalmente quotidiani e riviste d'attualità. Come nel caso dei programmi televisivi dominano quindi il desiderio di divertimento, ma anche il bisogno d'informazione.

## UOMINI E DONNE

Gli italiani sono gli europei che hanno meno tempo libero, e le donne italiane hanno meno tempo libero degli uomini: 80 minuti di meno al giorno, che fanno 440 ore in un anno. Uno svantaggio che parte **fin dalla più tenera età**. I dati indicano, infatti, che già intorno ai 10 anni le bambine dedicano una piccola parte del loro tempo alle attività domestiche e allo studio. Sulle donne ricade il maggior carico di lavoro giornaliero in casa e fuori casa. Le donne che hanno figli hanno meno tempo libero, ma è interessante notare che la presenza di un partner aumenta ulteriormente il carico di lavoro femminile, non lo diminuisce.

**1** | Prima di leggere il testo, guarda il grafico e rispondi alle domande

- Quali di queste attività fai?
- Quanto tempo dedichi a queste attività?
- Quanto del tuo tempo libero passi in casa?

**2** | Leggi il testo e indica se le affermazioni sono vere (V) o false (F).

|  |  | V | F |
|---|---|---|---|
| 1. | Gli italiani passano molto del loro tempo libero a casa. | ☐ | ☐ |
| 2. | In media gli italiani guardano la televisione cinque ore al giorno. | ☐ | ☐ |
| 3. | Gli italiani di solito leggono a letto. | ☐ | ☐ |
| 4. | Gli uomini italiani hanno più tempo libero delle donne. | ☐ | ☐ |
| 5. | Le donne che hanno un partner hanno più tempo libero delle donne single. | ☐ | ☐ |

**3** | Scrivi le parole evidenziate nel testo accanto alla definizione corrispondente.

1. parte ................................
2. la maggior parte ................................
3. persone che passano il loro tempo in casa ................................
4. televisione ................................
5. più popolari ................................
6. fin da bambini ................................
7. persone che navigano su Internet ................................
8. divertimento ................................

**4** | 🔊 1•34 Ascolta il resoconto di quanto emerso da un recente rapporto OCSE (Organizzazione per la Cooperazione e lo Sviluppo Economico) e completa le frasi.

1. La domenica pomeriggio l'uomo medio italiano ............................... .
2. L'uomo italiano ha 83 minuti in più della donna per ............................... .
3. La differenza tra uomo e donna ha ............................... .
4. In Nuova Zelanda, Svezia e Norvegia le donne hanno ............................... .
5. Nel tempo libero le donne ............................... .

**5** | 👥 A coppie. Parlate e descrivete le differenze fra i vostri paesi e l'Italia.

- Che cosa fanno le persone nel tempo libero nel vostro paese?
- Passano molto tempo a casa o preferiscono uscire?
- Gli uomini e le donne fanno attività diverse? Quali?
- Gli uomini hanno più tempo libero delle donne?

**6** | Scrivi un breve testo per illustrare le attività del tempo libero nel tuo paese.

# In forma perfetta

## Cominciamo...

**A** | **Le parti del corpo** Scrivi le parole accanto alle parti del corpo corrispondenti.

braccio • mano • gamba • piede • gomito • dito • ginocchio • naso
orecchio • schiena • collo • spalla • bocca • pancia • petto • testa

1. _____

10. _____

11. _____

13. _____

2. _____

12. _____

3. _____

4. _____

14. _____

5. _____

6. _____

15. _____

7. _____

16. _____

8. _____

9. _____

### Il plurale e il genere di alcune parti del corpo

• Alcune parti del corpo cambiano genere al plurale.

il braccio → le braccia

il dito → le dita

il ginocchio → le ginocchia

l'orecchio → le orecchie

il labbro → le labbra

• La parola **mano** è femminile anche se termina in –o e al plurale fa **mani**.

**B** | **Altre parti del corpo**

A coppie. Conoscete altre parti del corpo? Avete due minuti per scrivere quelle che vi ricordate. Vince la coppia che scrive più parole.

## C | Alcuni sport

Abbina le foto agli sport.

1. ☐ automobilismo
2. ☐ pattinaggio
3. ☐ motociclismo
4. ☐ pallacanestro
5. ☐ nuoto
6. ☐ pallavolo
7. ☐ calcio
8. ☐ sci

## D | Che sport fate?

A coppie. Rispondete a queste domande.

- Quali di questi sport praticate o guardate?
- Quali vorreste provare?
- Quali di questi sport sono popolari nel vostro paese?
- Ci sono altri sport che sono molto praticati?

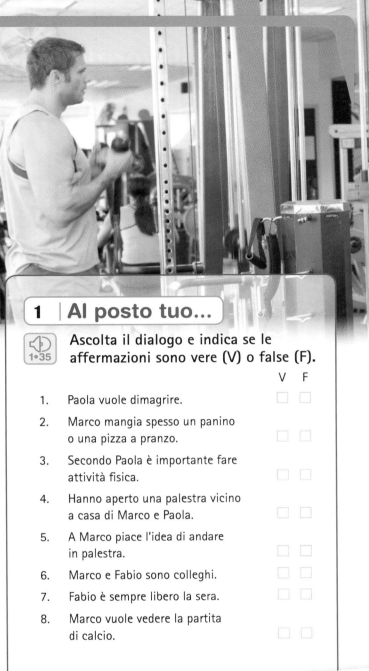

## 1 | Al posto tuo...

Ascolta il dialogo e indica se le affermazioni sono vere (V) o false (F).

|  |  | V | F |
|---|---|---|---|
| 1. | Paola vuole dimagrire. | ☐ | ☐ |
| 2. | Marco mangia spesso un panino o una pizza a pranzo. | ☐ | ☐ |
| 3. | Secondo Paola è importante fare attività fisica. | ☐ | ☐ |
| 4. | Hanno aperto una palestra vicino a casa di Marco e Paola. | ☐ | ☐ |
| 5. | A Marco piace l'idea di andare in palestra. | ☐ | ☐ |
| 6. | Marco e Fabio sono colleghi. | ☐ | ☐ |
| 7. | Fabio è sempre libero la sera. | ☐ | ☐ |
| 8. | Marco vuole vedere la partita di calcio. | ☐ | ☐ |

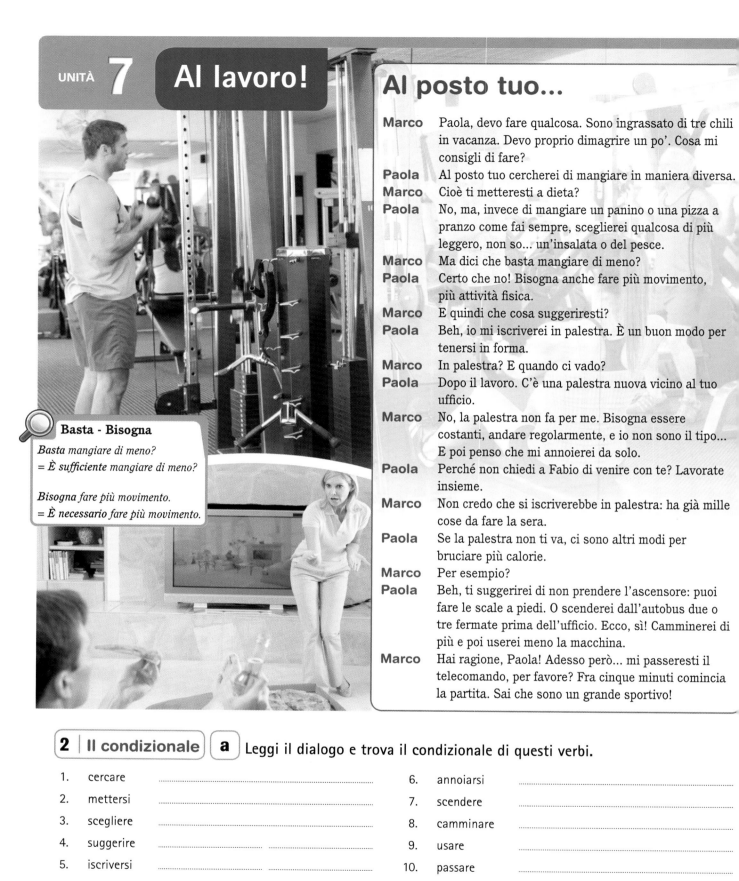

## Al posto tuo...

**Marco** Paola, devo fare qualcosa. Sono ingrassato di tre chili in vacanza. Devo proprio dimagrire un po'. Cosa mi consigli di fare?

**Paola** Al posto tuo cercherei di mangiare in maniera diversa.

**Marco** Cioè ti metteresti a dieta?

**Paola** No, ma, invece di mangiare un panino o una pizza a pranzo come fai sempre, sceglierei qualcosa di più leggero, non so... un'insalata o del pesce.

**Marco** Ma dici che basta mangiare di meno?

**Paola** Certo che no! Bisogna anche fare più movimento, più attività fisica.

**Marco** E quindi che cosa suggeriresti?

**Paola** Beh, io mi iscriverei in palestra. È un buon modo per tenersi in forma.

**Marco** In palestra? E quando ci vado?

**Paola** Dopo il lavoro. C'è una palestra nuova vicino al tuo ufficio.

**Marco** No, la palestra non fa per me. Bisogna essere costanti, andare regolarmente, e io non sono il tipo... E poi penso che mi annoierei da solo.

**Paola** Perché non chiedi a Fabio di venire con te? Lavorate insieme.

**Marco** Non credo che si iscriverebbe in palestra: ha già mille cose da fare la sera.

**Paola** Se la palestra non ti va, ci sono altri modi per bruciare più calorie.

**Marco** Per esempio?

**Paola** Beh, ti suggerirei di non prendere l'ascensore: puoi fare le scale a piedi. O scenderei dall'autobus due o tre fermate prima dell'ufficio. Ecco, sì! Camminerei di più e poi userei meno la macchina.

**Marco** Hai ragione, Paola! Adesso però... mi passeresti il telecomando, per favore? Fra cinque minuti comincia la partita. Sai che sono un grande sportivo!

---

**Basta - Bisogna**

*Basta mangiare di meno?*
= *È sufficiente mangiare di meno?*

*Bisogna fare più movimento.*
= *È necessario fare più movimento.*

---

**2 | Il condizionale** **a** Leggi il dialogo e trova il condizionale di questi verbi.

1. cercare ............................................
2. mettersi ............................................
3. scegliere ............................................
4. suggerire ............................................
5. iscriversi ............................................

6. annoiarsi ............................................
7. scendere ............................................
8. camminare ............................................
9. usare ............................................
10. passare ............................................

**b** Rileggi il dialogo e trova un esempio in cui si usa il condizionale per...

1. dare un consiglio ............................................
2. fare un'ipotesi ............................................
3. fare una richiesta ............................................

## **3** | Che cosa mi consigli?

A coppie. A turno date consigli a un amico che vuole dimagrire, come nell'esempio.

*Io farei molta attività física.*

- passare molto tempo davanti alla televisione
- usare la macchina
- mangiare un panino a pranzo
- mangiare frutta e verdura
- iscriversi in palestra
- saltare i pasti
- cucinare con molto burro
- praticare uno sport
- mangiare molto a cena
- usare la bicicletta

| GRAMMATICA FLASH | | |
|---|---|---|
| **CONDIZIONALE PRESENTE DEI VERBI REGOLARI** | | |
| **-are** | **-ere** | **-ire** |
| us**erei** | scend**erei** | sugger**irei** |
| us**eresti** | scend**eresti** | sugger**iresti** |
| us**erebbe** | scend**erebbe** | sugger**irebbe** |
| us**eremmo** | scend**eremmo** | sugger**iremmo** |
| us**ereste** | scend**ereste** | sugger**ireste** |
| us**erebbero** | scend**erebbero** | sugger**irebbero** |

PRIMI PASSI **pag. 184 es. 1 - 2**

## **4** | Penso che...

A coppie. Pensa a cosa faresti in queste situazioni, poi confrontati con il compagno, come nell'esempio.

Vinci 100.000 euro alla lotteria.   ● Penso che li metterei in banca.
● No, io credo che li spenderei subito.

- Incontri il tuo attore preferito / la tua attrice preferita.
- Ti offrono un lavoro interessante in un'altra città.
- Ti invitano a una festa, ma sai che hanno invitato anche il tuo ex ragazzo / la tua ex ragazza.

- Sei al ristorante e scopri che non hai soldi con te.
- Trovi un cellulare bellissimo sul tavolo di un bar.
- Ti dicono che hanno visto il tuo ragazzo / la tua ragazza con un'altra / un altro.

## **5** | Mi farebbe un favore?

Osserva i disegni e completa le richieste con il condizionale presente di questi verbi. Alcune di queste situazioni sono formali e altre informali: fai attenzione a quando usare il tu o il Lei.

portare • offrire • prestare • chiudere • passare • spiegare

1. ............... il finestrino, per favore? Ho un po' freddo.

2. Mi ............... il sale?

3. Mi ............... un ombrello? Sta piovendo.

4. Non ho capito. Mi ............... di nuovo la regola?

5. Ho lasciato i soldi a casa. Mi ............... un panino, per piacere?

6. Ci ............... un'altra bottiglia di vino? Grazie.

## 6 | In palestra 🔊 1•36

Marco ha deciso di iscriversi in palestra. Ascolta
il dialogo tra lui e Giada, la segretaria del centro sportivo,
e trova le sei differenze tra la registrazione e la sua trascrizione.

| | | | |
|---|---|---|---|
| Giada | Buonasera. Sono Giada, come posso aiutarla? | Marco | E allora, cosa dovrei fare? |
| Marco | Buonasera. Vorrei delle informazioni sulla vostra palestra. | Giada | Innanzitutto dovrebbe fare una visita medica con il nostro dottore. Potremmo già fissarle un appuntamento per martedì sera. |
| Giada | Certo! Come forse sa, è una palestra nuova: abbiamo aperto solo tre mesi fa. | Marco | Perfetto. |
| Marco | Sì, lo so. Lavoro qui vicino. | Giada | Se non ci sono problemi di salute, fissiamo un incontro con uno dei nostri personal trainer. Domani sera Vanessa è libera dalle sei in poi. |
| Giada | Mi dica, perché vorrebbe venire in palestra? | | |
| Marco | Vorrei dimagrire di due o tre chili. | Marco | Vanessa? |
| Giada | Allora potrebbe lavorare con uno dei nostri personal trainer e seguire un programma specifico per lei. | Giada | Sì, è una delle nostre personal trainer più brave. Fa una chiacchierata con lei e dopo un paio di giorni potrebbe cominciare il suo programma personalizzato. |
| Marco | Un personal trainer? Potrebbe essere una buona idea. Però ci sarebbe il problema dell'orario... | Marco | Forse verrebbe anche un mio amico. Ci sarebbero problemi? |
| Giada | Andrebbe bene nella pausa pranzo? Quanto tempo avrebbe a disposizione? | | |
| Marco | Ho solo un'ora e mezzo di pausa: farei tutto di fretta. Però potrei venire dopo il lavoro. | Giada | No, potreste lavorare tutti e due insieme. |
| | | Marco | Bene, allora comincio a fissare l'appuntamento per me, e poi parlo con il mio collega. |
| Giada | Certo, non ci sono problemi. Siamo aperti fino alle 22. | Giada | Benissimo! Avrei bisogno dei suoi dati... |

## 7 | Iscriversi in palestra | Rileggi il dialogo e completa le frasi con i verbi mancanti.

1. A Marco non ............................ bene andare in palestra
   nella pausa pranzo: ha solo un'ora di tempo e
   ............................ tutto di fretta.

2. Marco dice a Giada che forse anche un suo amico
   ............................ in palestra. Giada gli dice che non ci
   ............................ problemi a lavorare in due con il
   personal trainer.

3. Giada ............................ bisogno dei dati di Marco per
   fissare l'appuntamento con il dottore.

### GRAMMATICA FLASH

**CONDIZIONALE PRESENTE DEI VERBI IRREGOLARI**

| essere | avere | andare | fare | venire |
|---|---|---|---|---|
| sarei | avrei | andrei | farei | verrei |
| saresti | avresti | andresti | faresti | verresti |
| sarebbe | avrebbe | andrebbe | farebbe | verrebbe |
| saremmo | avremmo | andremmo | faremmo | verremmo |
| sareste | avreste | andreste | fareste | verreste |
| sarebbero | avrebbero | andrebbero | farebbero | verrebbero |

PRIMI PASSI 📖 pag. 186 es. 7 - 8

## 8 | Verrebbe anche...

**Completa i mini-dialoghi con la forma corretta del condizionale presente di** andare, avere, essere, fare **e** venire.

1. Ti _____ bene vederci sabato a mezzogiorno invece di sabato sera? _____ più tempo per stare insieme.

   Certo, va bene. _____ anche Sandra. Non ti dispiace, vero?

2. Siete liberi stasera?

   Perché?

   _____ a teatro a vedere *La Traviata*? _____ due biglietti in più.

   Peccato! _____ volentieri, ma abbiamo già un impegno.

3. _____ bisogno di un consiglio. Carla mi ha invitato ad andare con lei a una lezione di balli latino-americani, ma io sono pigro e odio ballare. Che cosa _____ al mio posto?

   _____ sincero e le direi che _____ volentieri a bere qualcosa, ma non alla lezione di ballo.

## 9 | Che cosa dovrei fare?

**A coppie. Che consigli dareste in queste situazioni? Usate il condizionale di** potere **e** dovere.

> Vorrei migliorare il mio italiano.

> Potresti fare un corso in Italia.
> Dovresti guardare film in italiano...

- Non mi piace il mio lavoro.
- Mia sorella vorrebbe dimagrire.
- Il mio ragazzo va allo stadio ogni domenica.
- Io e la mia amica vorremmo andare in vacanza, ma non abbiamo molti soldi.
- Ho un esame importante domani.
- I miei amici americani stanno cercando una casa in Italia.

**GRAMMATICA FLASH**

**CONDIZIONALE PRESENTE DEI VERBI MODALI**

| potere | volere | dovere |
|---|---|---|
| potrei | vorrei | dovrei |
| potresti | vorresti | dovresti |
| potrebbe | vorrebbe | dovrebbe |
| potremmo | vorremmo | dovremmo |
| potreste | vorreste | dovreste |
| potrebbero | vorrebbero | dovrebbero |

*PRIMI PASSI* **pag. 187 es. 12**

## 10 | Aiutatemi! | Leggi il post di Gloria e rispondi dandole consigli adatti.

da **gloria90** » 1 ottobre 2011, 10.54

Non ho grossi problemi di peso, ma vorrei tornare in forma dopo il lungo inverno e prima delle vacanze al mare. Non ho molto tempo libero ma sono pronta a dedicare qualche ora a me stessa.
Che cosa potrei fare? Mi dareste qualche consiglio che funziona?

**Rispondi**

**11** | Che sport è?

Osserva le foto. Conosci questi sport? Li hai mai praticati? Ti piacerebbe praticarli? Discuti con i compagni.

# Ultime tendenze…
## in **PALESTRA**

Settembre è uno dei due mesi che da sempre vede un grosso aumento delle iscrizioni in palestra (l'altro è gennaio, subito dopo Natale). Si rientra dalle vacanze, si fanno i buoni propositi dell'autunno e così, se non si riesce a stare a dieta, si cerca almeno di bruciare calorie con il movimento. Se però siete stufi della solita e noiosa palestra, oltre alle solite attività di aerobica e stretching, ecco alcune nuove e fantasiose discipline che vi potranno aiutare a restare in forma senza annoiarvi.

### PILOGA

È semplicemente l'insieme di pilates e yoga, cioè l'unione di una disciplina di controllo e concentrazione come lo yoga e un'attività più fisica come il pilates. Questa attività è adatta a tutti, aiuta a risolvere problemi di schiena e favorisce il rilassamento. La lezione dura mediamente un'ora.

### MACUMBA

È una nuova danza, un mix di aerobica e di danze latino-americane come la salsa, il mambo e la samba. Aiuta a bruciare calorie, a tonificare i muscoli di gambe, addome, glutei e braccia e aumenta la resistenza fisica grazie al training cardiovascolare.

Molti gli sport acquatici tra le ultime tendenze fitness dell'autunno.

### HYDROBIKE

La bici è fissata sul fondo della piscina, e si possono bruciare molte calorie se si riesce a tenere il ritmo per almeno 40 minuti. Utile anche il benefico massaggio dell'acqua sulle gambe.

### ACQUABOXE

Una mix di boxe e arti marziali, ma i movimenti sono più dolci e non c'è contatto fisico. Permette di migliorare il tono muscolare e aiuta a scaricare le tensioni accumulate durante la giornata.

**12 | Trova le informazioni** Leggi l'articolo e rispondi a queste domande.

1. In quali periodi dell'anno aumentano le iscrizioni in palestra?
2. Perché le persone decidono di iscriversi in palestra?
3. Quali sono i benefici nel praticare il piloga?
4. Che cos'è la macumba?
5. Quanto dura una lezione di hydrobike?
6. Quali sono le differenze tra la boxe e l'acquaboxe?

**13 | Tenersi in forma**  Abbina a ogni verbo una parola / espressione.

1. ☐ bruciare
2. ☐ stare
3. ☐ tonificare
4. ☐ aumentare
5. ☐ tenere
6. ☐ scaricare

a. le tensioni
b. la resistenza fisica
c. il ritmo
d. i muscoli
e. calorie
f. a dieta

**14 | L'attività giusta per loro** 1•37-40

Ascolta queste quattro persone. Qual è l'attività fisica adatta a loro tra le quattro descritte nell'articolo? Spiega i motivi della tua scelta.

| | attività fisica | perché |
|---|---|---|
| **Ornella** | | |
| **Giancarlo** | | |

| | attività fisica | perché |
|---|---|---|
| **Marta** | | |
| **Alberto** | | |

**15 | E voi?**  A gruppi. Discutete questi punti.

- Quali delle attività descritte nell'articolo fareste o non fareste? Perché?
- Conoscete altre attività fisiche nuove e di tendenza?
- È importante fare attività fisica?
- Che cosa fanno le persone del vostro paese per tenersi in forma?
- E voi, che cosa fate?

**16 | Ora prova tu**

Scrivi un breve testo. Descrivi che cosa fai per tenerti in forma e perché hai scelto questa attività.

**17** | **Tutti in palestra** | Scrivi le parole sotto le foto corrispondenti.

lo step • gli armadietti • il tapis roulant • la tuta • la cyclette
il vogatore • il tappetino • lo spogliatoio • i pesi • le scarpe da ginnastica

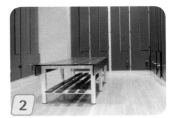

1 _____
2 _____
3 _____
4 _____

5 _____
6 _____

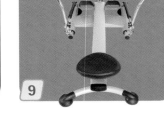
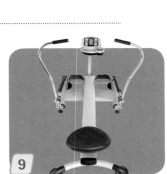

7 _____
8 _____
9 _____
10 _____

**18** | **Facciamo ginnastica**

Abbina le istruzioni alle immagini.

a.  Ruotate le braccia.

b.  Piegate le gambe.

c.  In piedi, gambe unite.

d.  Gambe divaricate.

e.  Braccia in avanti.

f.  Braccia in alto.

g.  Saltate su una gamba e poi sull'altra.

h.  Sdraiati a terra, fate dieci addominali.

1 ☐  2 ☐  3 ☐  4 ☐

5 ☐  6 ☐  7 ☐  8 ☐

## 19 │ Dove si praticano questi sport?

Abbina gli sport al luogo dove si praticano. Attenzione: alcuni sport possono essere abbinati a più di un luogo.

atletica • Formula 1 • calcio • motociclismo • golf • pallacanestro • pattinaggio • rugby • sci • tennis

**1** una pista di

...........................................

...........................................

...........................................

**2** un campo da / di

...........................................

...........................................

**3** uno stadio di

...........................................

...........................................

...........................................

**4** un circuito di

...........................................

...........................................

...........................................

## 20 │ Il linguaggio del corpo

Completa le frasi con l'alternativa corretta. Ti aiuta la spiegazione scritta tra parentesi.

1. Marco è il .......................... destro (= *il principale aiuto*) del suo capo.
   a. mano     b. braccio     c. piede

2. Ho preferito dirgli le cose in .......................... (= *apertamente*), così ora sa che cosa penso.
   a. occhio     b. orecchio     c. faccia

3. Non posso vivere alle .......................... (= *a spese*) dei miei genitori.
   a. dita     b. spalle     c. braccia

4. Hai l'esame domani, vero? In .......................... al lupo! (= *Buona fortuna!*)
   a. testa     b. pancia     c. bocca

5. Carlo non riesce a risparmiare un euro: ha le .......................... bucate (= *spende molto*).
   a. mani     b. braccia     c. dita

6. Ma è facilissimo. Posso farlo a .......................... chiusi (= *con grande facilità*).
   a. piedi     b. occhi     c. gomiti

7. Ieri sera Giorgio ha alzato il .......................... (= *ha bevuto molto*) e oggi ha un brutto mal di testa.
   a. gomito     b. piede     c. naso

8. Mio nonno ha novant'anni, ma è ancora in .......................... (= *in buona forma fisica*).
   a. testa     b. gamba     c. faccia

9. Anna ha comprato una macchina di seconda .......................... (= *usata*).
   a. mano     b. pancia     c. testa

10. Non lo dire a nessuno, ti prego! Acqua in ..........................! (= *Mantieni il segreto!*)
    a. occhio     b. bocca     c. orecchio

## 21 │ Modi di dire

Nella tua lingua ci sono modi di dire dove vengono usate le parti del corpo? Spiegali alla classe.

# Che lavoro farai?

## Cominciamo...

### A | In cerca di lavoro

Leggi le domande e indica con (✓) le tue risposte. Poi controlla se ci sono più risposte a, b o c e leggi il tuo profilo a pag. 89.

## Sei pronto per cercare lavoro?

Questo test ti permette di scoprire quali sono i punti che puoi migliorare quando cerchi un lavoro.

**❶ Cerchi un nuovo lavoro: cosa fai?**

ⓐ Nulla: ho fatto uno stage in un'azienda e aspetto una loro chiamata.

ⓑ Guardo gli annunci di lavoro per vedere se trovo qualcosa d'interessante.

ⓒ Mando il mio curriculum anche se nessuno mi sta cercando.

**❷ Quali fonti consulti per selezionare gli annunci di lavoro?**

ⓐ Consulto gli annunci sui giornali della mia città.

ⓑ Dopo i giornali, cerco annunci di lavoro su Internet.

ⓒ Chiamo anche direttamente le aziende per vedere se ci sono possibilità di lavoro.

**❸ A quali annunci rispondi?**

ⓐ Solo a quelli che specificano la sede di lavoro nella mia città.

ⓑ A tutti quelli che trovo: più risposte invio, più possibilità ho di trovare lavoro.

ⓒ A tutti quelli adatti al mio profilo professionale.

**❹ Come prepari il curriculum da inviare?**

ⓐ Ho il curriculum già pronto e lo invio a tutti senza cambiarlo.

ⓑ Invio a tutti il curriculum completo, ma aggiungo una lettera di presentazione personalizzata.

ⓒ Personalizzo curriculum e lettera di presentazione e cerco di spiegare perché sono adatto per quel lavoro.

**❺ Se ti chiamano per un colloquio, come ti comporti?**

ⓐ Decido se andare in base alle mie impressioni.

ⓑ Fisso l'appuntamento e il giorno del colloquio mi presento riposato e con un bel sorriso.

ⓒ Scelgo un abbigliamento adatto e preparo qualche domanda sull'azienda e sul posto offerto.

**LEGGI IL TUO PROFILO**

**più risposte (a): Devi impegnarti di più**
Sei volenteroso, ma devi ancora imparare ad agire nel modo giusto se vuoi avere buone possibilità di trovare lavoro.

**più risposte (b): Sei sulla buona strada**
Possiedi già molti mezzi per ottenere un lavoro adatto a te e certamente non sei impreparato quando devi rispondere agli annunci e affrontare i colloqui di selezione. Però puoi ancora migliorare le tue capacità di trovare lavoro.

**più risposte (c): Sai cosa fare!**
Conosci tutti i trucchi per trovare lavoro. Se non hai ancora trovato un lavoro adatto a te, non disperare: con le tue capacità è solo una questione di tempo.

## B | E voi che cosa fareste?

A coppie. Che altre cose potreste fare per trovare lavoro? Chiedereste aiuto a parenti e amici? Confrontatevi con il compagno.

## C | Ho trovato lavoro!

Completa il blog con queste parole.

presentazione • sede • colloquio • stage
curriculum • annunci • profilo • azienda

Ho finalmente trovato lavoro! Come ho fatto? Beh, per mesi ho guardato gli ................ (1) di lavoro sui giornali e su Internet, ma niente. Anche l'................ (2) dove ho fatto uno ................ (3) non aveva niente da offrirmi. Allora ho deciso di contattare delle altre aziende e ho chiesto se c'erano posizioni adatte al mio ................ (4) professionale. La ................ (5) di lavoro per me non era importante: ero pronto anche a trasferirmi in un'altra città. Ho scritto un ................ (6) e una lettera di ................ (7) personalizzata: è importante indicare perché si è adatti proprio a quel tipo di lavoro. E poi finalmente mi hanno chiamato per un ................ (8) di lavoro. E mi hanno preso!

## 1 | Che cosa farai dopo la laurea?

 Ascolta il dialogo e indica quali affermazioni si riferiscono a Luigi e quali a Elisa.

1. ................ ha ottenuto un voto di laurea molto buono.

2. ................ ha degli amici a Berlino.

3. ................ non ha un lavoro molto interessante al momento.

4. ................ ha uno zio con uno studio legale.

5. ................ al momento non sa bene che cosa vuole fare.

6. ................ non ha problemi a trasferirsi in un'altra città.

7. ................ vuole andare a vivere all'estero.

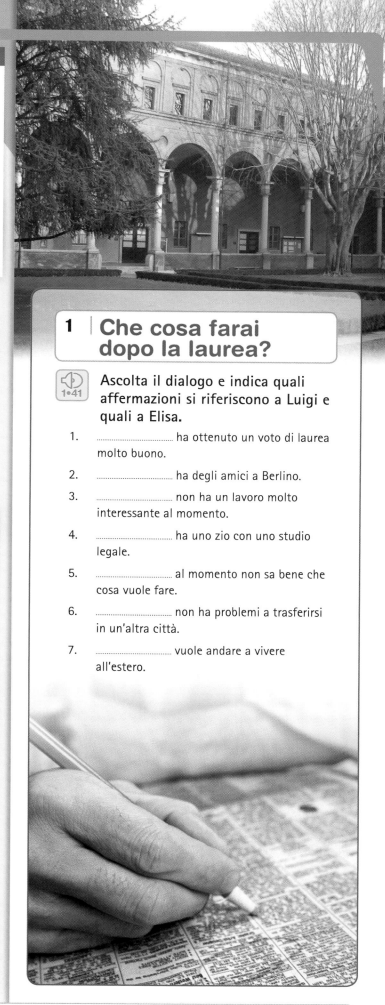

## Al lavoro!

# Che cosa farai dopo la laurea?

**Luigi** Ho saputo che ti sei laureata... e con ottimi voti! Che cosa farai adesso?

**Elisa** Ho deciso che mi prenderò un po' di tempo per capire che cosa voglio fare veramente nella vita. Così, passerò un paio di mesi in Germania, a Berlino. Andrò a stare da dei miei amici che lavorano lì. Magari troverò un lavoro anch'io.

**Luigi** Quando partirai?

**Elisa** Tra due settimane.

**Luigi** Così presto? Certo sarà un'esperienza interessante. Ma poi tornerai in Italia?

**Elisa** Dipende. Se troverò lavoro, forse mi fermerò. E tu? Che cosa farai?

**Luigi** Finirò il mio master e poi deciderò. Adesso sto facendo uno stage in un'azienda: se mi offriranno un posto lì, forse lo accetterò. Al momento non sto facendo un lavoro molto interessante, ma credo che ci saranno buone possibilità di carriera.

**Elisa** E se non ti offrono niente?

**Luigi** Se non mi offrono niente, comincerò a lavorare nello studio legale di mio zio. È importante fare esperienza, ma non voglio lavorare per tanto tempo con lui. Sarà solo una soluzione temporanea. Immagino che farò come tutti: leggerò gli annunci, manderò dei curriculum e farò qualche colloquio di lavoro.

**Elisa** E ti trasferiresti in un'altra città?

**Luigi** Certo. Anzi, credo che sarebbe bello cambiare città e conoscere gente nuova.

**Elisa** Ma non ti mancherà la tua famiglia?

**Luigi** Forse un po', ma potrò sempre tornare il fine settimana.

**Elisa** Sì, e magari portare alla mamma la biancheria da lavare e stirare!

## GRAMMATICA FLASH

### FUTURO SEMPLICE

| -are | -ere | -ire | essere | andare | fare | potere |
|------|------|------|--------|--------|------|--------|
| passerò | deciderò | offrirò | sarò | andrò | farò | potrò |
| passerai | deciderai | offrirai | sarai | andrai | farai | potrai |
| passerà | deciderà | offrirà | sarà | andrà | farà | potrà |
| passeremo | decideremo | offriremo | saremo | andremo | faremo | potremo |
| passerete | deciderete | offrirete | sarete | andrete | farete | potrete |
| passeranno | decideranno | offriranno | saranno | andranno | faranno | potranno |

PRIMI PASSI **pag. 193 es. 1 - 2 - 3**

**2** | **Elisa e Luigi** Leggi il dialogo e completa il testo con i verbi al futuro.

Elisa ........................... (1) fra due settimane. ........................... (2) a stare a Berlino da dei suoi amici. ........................... (3) due mesi con

loro. Non sa se ........................... (4) in Italia: forse si ........................... (5) in Germania.

Luigi ........................... (6) il suo master e poi ........................... (7) che cosa fare. Forse ........................... (8) per un po' di tempo con suo zio.

## 3 | Tra vent'anni...

A coppie. A turno fate previsioni su quello che succederà tra vent'anni, come nell'esempio.

leggere libri cartacei / libri elettronici

*La gente non leggerà libri cartacei.*
*Leggerà libri elettronici.*

1. lavorare fuori casa / da casa
2. guidare macchine a benzina / macchine elettriche
3. esserci scuole / fare lezione da casa
4. usare soldi contanti / solo carte di credito
5. pulire la casa / avere un robot che fa le pulizie
6. studiare inglese / cinese

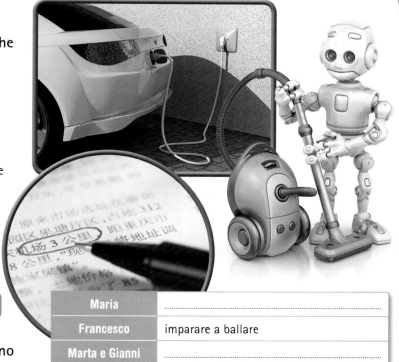

## 4 | I propositi per l'anno nuovo

A coppie. A Capodanno tutti fanno propositi per l'anno nuovo. Studente A: fai al compagno le domande per scoprire i buoni propositi dei vari personaggi. Usa il futuro semplice. Studente B: vai a pag. 127.

A Che cosa farà Maria l'anno prossimo?

B Farà un corso d'inglese.

| Maria | ............................................... |
| Francesco | imparare a ballare |
| Marta e Gianni | ............................................... |
| Susanna e Olga | mettersi a dieta |
| Stefania | ............................................... |
| Giorgio | finire l'università |
| il tuo compagno | ............................................... |

## 5 | Se...

Abbina le espressioni del primo gruppo (1–8) a quelle del secondo gruppo (a–h) e forma frasi come nell'esempio.

*Se incontrerò la persona giusta, mi sposerò.*

1. (*io*) incontrare la persona giusta
2. (*tu*) lasciare indirizzo e-mail
3. (*noi*) non essere stanchi
4. (*loro*) offrire un lavoro a Roma
5. fare bel tempo questo fine settimana
6. (*tu*) studiare molto
7. (*noi*) non uscire adesso
8. (*io*) trovare i biglietti per il concerto

a. accettare
b. andare al mare
c. comprare anche per te
d. passare l'esame
e. perdere il treno
f. scrivere
g. sposarsi
h. andare al cinema

**GRAMMATICA FLASH**

**PERIODO IPOTETICO DELLA REALTÀ**

Se **troverò** lavoro, forse **mi fermerò** in Germania.

Se non mi **offrono** niente, **comincerò** a lavorare da mio zio.

Se **trovo** un buon lavoro a Roma, mi **trasferisco** lì.

PRIMI PASSI

pag. 195 es. 9 - 10

## 6 | Che cosa succederà? Completa le frasi liberamente.

1. Se avrò molti soldi, ........................................... .
2. Ti chiamerò se ........................................... .
3. Se non troverò lavoro nella mia città, ........................................... .
4. Se faremo una festa, ........................................... .
5. Ti vengo a trovare stasera se ........................................... .
6. Se mi scrivi un'e-mail, ........................................... .

## 7 | I giovani e il lavoro  1•42

Completa l'intervista al professor Giusti, un esperto
del mondo del lavoro. Poi ascolta e controlla.

| | |
|---|---|
| giornalista | Professor Giusti, perché tanti giovani non riescono a trovare lavoro? È un problema solo italiano? |
| prof. Giusti | No, la situazione in Italia non è peggiore che in molti altri paesi: trovare lavoro oggi è certamente più difficile che negli anni passati. È anche vero però che molto dipende dalle ........................ (1). |
| giornalista | E allora che consigli possiamo dare ai giovani? |
| prof. Giusti | Innanzitutto devono avere le idee chiare sul tipo di lavoro che stanno cercando. Per prima cosa devono identificare le ........................ (2) che potrebbero essere interessate al loro profilo professionale. E trovare queste informazioni è oggi meno complicato che in passato. Internet è uno strumento indispensabile in questa fase di ricerca: sul web si possono ........................ (3) centinaia di siti dedicati al lavoro. E non bisogna fermarsi alle aziende locali: è necessario avere una maggiore ........................ (4), essere disponibili a trasferirsi anche lontano da casa. |
| giornalista | E qual è il passo successivo? |
| prof. Giusti | Proporsi a queste aziende, telefonare o mandare il proprio curriculum. E voglio ricordare che mandare un curriculum ........................ (5) è molto meglio che spedire lo stesso curriculum a tutti. È un'indicazione che si conosce bene l'attività dell'azienda. |
| giornalista | Certamente. Ma secondo lei sono ancora importanti le conoscenze dirette? |
| prof. Giusti | Beh, sicuramente sono ancora molto importanti. In Italia una buona parte del ........................ (6) del lavoro passa attraverso questo canale. Avere il ........................ (7) giusto è a volte più importante che avere le qualifiche giuste. O perlomeno è un vantaggio, se si hanno anche le qualifiche giuste. |
| giornalista | Grazie, professor Giusti. E adesso spazio alle ........................ (8) dei nostri telespettatori... |

> **CV**
> CV è l'abbreviazione
> di curriculum (vitae).

## 8 | L'opinione del professor Giusti | Rileggi l'intervista e completa le frasi.

1. La situazione del mondo del lavoro è più difficile ora che ........................ .

2. Trovare informazioni sulle aziende è oggi meno complicato che ........................ .

3. Mandare un CV personalizzato è meglio che ........................ .

4. Conoscere le persone giuste è a volte più importante che ........................ .

## 9 | Che o di?

Rileggi l'intervista e abbina l'inizio delle frasi alla loro fine per completare la regola sull'uso di che e di
con i comparativi di maggioranza e di minoranza.

1. ☐ Usiamo *che* con          a.   nomi, pronomi e avverbi.

2. ☐ Usiamo *di* con           b.   nomi / pronomi preceduti da una proposizione e verbi.

## 10 | Una telefonata

Completa la telefonata tra il professor Giusti e un giovane telespettatore. Usa **che** o la forma corretta di **di**.

telespettatore    Professor Giusti, lei ha detto che la situazione in Italia non è peggiore

.......................... (1) negli altri paesi. È vero però che il mondo del lavoro

è più chiuso ora .......................... (2) ai tempi dei miei genitori. Non è d'accordo?

prof. Giusti    Questo è vero in parte. Per trovare lavoro oggi i giovani devono avere

qualifiche più alte .......................... (3) quelle che dovevano avere i loro genitori.

Inoltre i contratti sono più brevi e meno sicuri .......................... (4) contratti di

una volta. Il mercato è certo più competitivo oggi .......................... (5) in passato.

Per questo anche i giovani devono cambiare. Alcune lauree sono più richieste

.......................... (6) altre ed è più importante fare esperienze di lavoro anche

all'estero .......................... (7) continuare a cercare lavoro nella propria città.

**GRAMMATICA FLASH**

**COMPARATIVO DI MAGGIORANZA E MINORANZA CON _CHE_ E _DI_**

Un ingegnere trova lavoro **più** facilmente **di** un laureato in storia.

La situazione è **più** difficile ora **che** negli anni passati.

Avere il contatto giusto è a volte **più** importante **che** avere le qualifiche giuste.

Un CV standard è **meno** interessante **di** un CV personalizzato.

Trovare informazioni è oggi **meno** complicato **che** in passato.

 pag. 197 es. 15 - 16

## 11 | Che cosa pensi?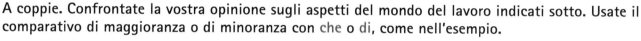

A coppie. Confrontate la vostra opinione sugli aspetti del mondo del lavoro indicati sotto. Usate il comparativo di maggioranza o di minoranza con **che** o **di**, come nell'esempio.

laurea in economia / laurea in lingue

🧍 Secondo me avere una laurea in economia è più utile che avere una laurea in lingue.

🧍 No, secondo me una laurea in lingue è più utile di una laurea in economia perché puoi lavorare con paesi stranieri.

* mandare un CV / telefonare a un'azienda
* situazione economica nel mio paese / situazione economica in Italia
* fare esperienze di lavoro / prendere una seconda laurea
* il mondo del lavoro oggi / il mondo del lavoro in passato
* avere buone qualifiche / conoscere le persone giuste
* lavorare in proprio / lavorare in un'azienda

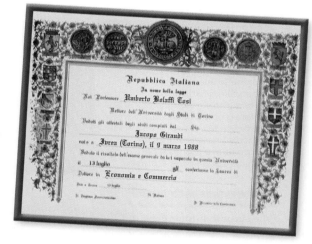

## 12 | Secondo me...   **a** Forma delle frasi.

1. Una laurea in materie scientifiche offre
2. Lavorare in proprio è
3. Oggi la situazione economica è
4. I nuovi contratti sono
5. È
6. Lavorare per un'azienda
7. Gli italiani parlano le lingue straniere
8. Fare un'esperienza all'estero è

migliore/i

peggiore/i

maggiore/i

meglio

peggio

rimanere nel proprio paese.

accettare un lavoro anche se non piace.

che in passato.

degli altri europei.

che lavorare in un'azienda.

dei contratti di una volta.

opportunità di trovare lavoro.

lavorare con i genitori o i parenti.

**GRAMMATICA FLASH**

**COMPARATIVO IRREGOLARE DI AGGETTIVI E AVVERBI**

buono → **migliore**

cattivo → **peggiore**

grande → **maggiore**

bene → **meglio**

male → **peggio**

pag. 198 es. 18

**b**  A coppie. Confronta le tue frasi con quelle del compagno. Avete la stessa opinione?

## 13 | Che cosa vuol dire? Prima di leggere l'articolo, abbina a ogni parola la sua definizione.

1. [ ] benessere
2. [ ] occuparsi
3. [ ] dispute
4. [ ] riciclare
5. [ ] smaltire
6. [ ] rifiuti
7. [ ] traumatizzate
8. [ ] emarginate

a. eliminare
b. cose che si buttano via
c. buona salute
d. lavorare
e. non accettate
f. problemi
g. usare di nuovo
h. scioccate, sconvolte

## I lavori del futuro

Una recente ricerca ha identificato le figure professionali più richieste in futuro. Molti sono *green jobs*, lavori verdi, ma ci sono anche molti lavori legati alla tecnologia e ai servizi alla persona: la sfera del benessere individuale e dell'assistenza avrà un boom con l'invecchiamento della popolazione. Ecco alcuni esempi.

### consulente della terza età

Sarà lo specialista che si occuperà di aiutare la popolazione che invecchia a gestire le sue esigenze personali e di salute. Il suo compito sarà quello di mettere a punto soluzioni innovative in campo medico e farmaceutico e di trovare nuove proposte per l'alimentazione e per il fitness.

### avvocato virtuale

Internet sta modificando le nostre abitudini e condizionando la nostra vita: passiamo molto tempo on-line. E poiché la nostra vita "si sposta" on-line, avremo bisogno di avvocati specializzati in dispute virtuali.

### riciclatore ecologico

Vista la grande attenzione per l'ambiente, quella del riciclatore tecnologico è una delle professioni del futuro. Chi fa questo lavoro si occupa di smaltire e riciclare rifiuti tecnologici come i vecchi computer o i macchinari di grandi dimensioni.

### psicologo canino

Anche i cani possono avere problemi psicologici, soffrire di depressione e aggressività. In questo caso il veterinario non può fare molto: bisogna chiamare lo psicologo canino, che sa capire e curare gli stati d'animo negativi dei migliori amici dell'uomo.

### ecoparrucchiere

Si dedica alla cura e allo stile dei capelli, ma si preoccupa per l'ambiente. Compra apparecchi elettrici di nuova generazione, cerca di ridurre i consumi energetici e quelli dell'acqua usata per i lavaggi.

### assistente sociale per social network

È probabile che in futuro ci saranno assistenti sociali specializzati che avranno il compito di aiutare le persone traumatizzate o emarginate dai social network.

HO SOLO 2000 AMICI SU FACEBOOK!

**14 | Per capire** Leggi l'articolo e decidi se le seguenti affermazioni sono vere (V) o false (F).

|   | | V | F |
|---|---|---|---|
| 1. | In futuro ci saranno molte persone anziane. | ☐ | ☐ |
| 2. | I consulenti della terza età sono persone vecchie. | ☐ | ☐ |
| 3. | La gente passa sempre più tempo collegata a Internet. | ☐ | ☐ |
| 4. | Gli avvocati virtuali non esistono in realtà. | ☐ | ☐ |
| 5. | I veterinari possono risolvere tutti i problemi degli animali. | ☐ | ☐ |
| 6. | Le persone potranno avere problemi se passano troppo tempo sui social network. | ☐ | ☐ |

**15 | Trova le informazioni** Rileggi l'articolo e rispondi alle domande.

1. In quali settori saranno le professioni richieste in futuro?
2. Di che cosa si occuperanno i consulenti della terza età?
3. Chi sono gli avvocati virtuali?
4. Che cosa fa un riciclatore ecologico?
5. Qual è la differenza tra un parrucchiere tradizionale e un ecoparrucchiere?
6. Chi aiuteranno gli assistenti sociali per social network?

**16 | Altri lavori del futuro!** 🔊 1•43

Ascolta l'intervista radiofonica e abbina l'inizio di ogni frase
alla sua fine per spiegare questi lavori del futuro.

1. ☐ L'ecochef...

2. ☐ L'avvocato ambientale...

3. ☐ Il naturopata...

4. ☐ Il netergonomo...

5. ☐ Lo statistico creativo...

6. ☐ Il personal shopper...

7. ☐ Il wedding planner...

a. è specializzato in questioni ecologiche.

b. crea pubblicità da usare nei nuovi mezzi di comunicazione.

c. cura le persone con sostanze e terapie naturali.

d. fa spese per i suoi clienti.

e. garantisce la qualità degli ingredienti usati per cucinare.

f. si occupa dell'organizzazione di un matrimonio.

g. migliora la grafica delle "vetrine virtuali".

**17 | E voi?** 👥 A gruppi. Discutete questi punti.

- Quali dei lavori descritti nell'articolo saranno più richiesti in futuro?
- Quali di questi lavori o di quelli descritti nell'esercizio 16 vi piacerebbe fare?
- Vi vengono in mente altri possibili lavori del futuro?

**18 | Ora prova tu** Scrivi un breve testo. Racconta quale lavoro ti piacerebbe fare in futuro e perché.

# Qualche parola in più

## 19 | Il mondo del lavoro  Abbina a ogni parola / espressione la sua definizione.

1. ☐ disoccupato

2. ☐ agenzia interinale

3. ☐ lavorare part-time

4. ☐ contratto a tempo determinato

5. ☐ lavorare a tempo pieno

6. ☐ contratto a tempo indeterminato

7. ☐ assumere

8. ☐ datore di lavoro

9. ☐ congedo di maternità / paternità

10. ☐ congedo per malattia

a. agenzia che mette in contatto le persone che cercano lavoro e le aziende che offrono lavoro

b. dare lavoro

c. periodo di assenza dal lavoro perché si aspetta o è nato un bambino

d. lavorare solo una parte del giorno

e. persona che non ha lavoro

f. periodo di assenza dal lavoro per motivi di salute

g. contratto per un certo periodo di tempo

h. lavorare per l'intera giornata

i. persona che offre lavoro

l. contratto senza scadenza

## 20 | Capire il mondo del lavoro

Completa l'articolo con la forma corretta delle parole dell'esercizio 19.

# Capire il mondo del lavoro

Il numero dei ............................ (1) e quindi delle persone in cerca di lavoro è in costante aumento. Uno dei modi per trovare lavoro è contattare un'............................ ............................ (2), un centro per l'impiego che offre lavori con carattere temporaneo. In alternativa si possono leggere gli annunci di lavoro che si trovano sui giornali o su Internet. Una volta trovato il lavoro è importante capire la differenza tra i diversi tipi di contratto. I ............................ (3), che garantiscono un impiego senza scadenza di tempo, sono oggigiorno abbastanza rari, soprattutto per il primo lavoro. I ............................ (4) preferiscono assumere con ............................ (5), per esempio per sei mesi o un anno, o con contratti per la durata di un particolare programma di lavoro.

Questi contratti hanno regole diverse per esempio nel caso di ............................ (6), un periodo di assenza dal lavoro perché non si sta bene, o ............................ (7), un periodo di assenza dal lavoro per la nascita di un bambino. Al termine di questo congedo molte mamme, invece di tornare a ............................ (8), preferirebbero lavorare part-time, cioè meno ore, ma non è molto facile.

## 21 | E nel vostro paese?

A coppie. Rispondete a queste domande e confrontatevi con il compagno.

- È possibile lavorare part-time nel vostro paese?

- Ci sono i congedi per malattia e per maternità / paternità?

- Che tipo di contratti ci sono?

## 22 | Gli annunci di lavoro

Leggi il profilo di queste quattro persone e gli annunci di lavoro. Qual è il lavoro giusto per loro?

**Carla**

Carla ha un diploma in informatica e sa parlare molto bene inglese e tedesco perché è vissuta per un po' di tempo a Londra e a Berlino. Le piace lavorare con la gente e imparare cose nuove.

**Nando**

Nando cerca un lavoro part-time perché sta ancora studiando all'Università Mediterranea di Reggio Calabria. È socievole e bravo a parlare con la gente.

**Marco**

Marco ha appena finito il liceo e vuole lavorare per qualche mese prima di cominciare l'università. Gli piace viaggiare e conoscere persone nuove. Non ha mai lavorato prima. Ama la musica ed è un grande sportivo.

**Simona**

Simona si è appena trasferita a Firenze per seguire il marito. Ha lavorato per cinque anni alla reception di un albergo di Milano. Sa parlare bene inglese e usare il computer.

**a** | **Villaggi italiani all'estero**

**sede:** Lodi          **contratto:** progetto

Selezioniamo hostess, DJ, sportivi ambosessi 18-28 anni, anche prima esperienza, con disponibilità 6 mesi per lavoro in villaggi turistici. Possibilità di lavoro continuativo in tutto il mondo, inverno / estate. Le selezioni si svolgono nella nostra sede di Milano. Per appuntamento chiama in orario ufficio 76503767 oppure 028564978

Invia e-mail

**b** | **Operatori call center**

**sede:** Reggio Calabria          **contratto:** stage

Azienda leader con marchio nazionale seleziona per la filiale di Reggio Calabria 6 candidati ambosessi. Il candidato ideale è una persona con buone capacità comunicative e con disponibilità immediata anche part-time. Si offre stage di formazione, affiancamento, fisso mensile, incentivi e bonus.

Invia e-mail

**c** | **Receptionist**

**sede:** Firenze          **contratto:** a tempo indeterminato

Multinazionale ricerca addetto/a alla reception.
Requisiti indispensabili: età 25/35, buona conoscenza della lingua inglese, ottima conoscenza del sistema operativo Windows e del pacchetto Office, flessibilità di orario (full-time 9.00-19.00), serietà e riservatezza. Requisiti preferibili: precedente esperienza di front office. La sede di lavoro è FIRENZE CENTRO.

Invia e-mail

**d** | **Segreteria**

**sede:** Padova          **contratto:** a tempo determinato

Ricerchiamo urgentemente impiegato addetto a lavoro di segreteria e assistenza clienti.
Requisiti minimi richiesti: diploma di scuola superiore, ottima conoscenza del pacchetto Office (in particolare Word, Excel, Power Point, navigazione su web e gestione della posta elettronica), buona conoscenza della lingua inglese e preferibile la conoscenza di una seconda lingua straniera, capacità di rapido apprendimento e buona predisposizione ai rapporti interpersonali.
Si prega di inviare CV con foto all'indirizzo ecg@eures.it.

Invia e-mail

## 23 | E tu, quale lavoro sceglieresti?

A coppie. Spiegate al vostro compagno quale lavoro tra quelli proposti nell'esercizio 22 vi piacerebbe fare e perché.

# Generazione Mille Euro

GENERAZIONE MILLE EURO è un romanzo di Antonio Incorvaia e Alessandro Rimassa uscito nel 2006, seguito nel 2009 dal film dallo stesso titolo diretto da Massimo Venier. Il romanzo racconta la storia di Claudio, un laureato di 27 anni che lavora a Milano nel marketing di una multinazionale con un contratto a tempo determinato e vive con alcuni coetanei in un appartamento in affitto alla periferia della città. È contento del suo lavoro, ma il suo stipendio netto di 1.028 euro al mese senza tredicesima non gli concede nessun beneficio e nessuna garanzia. Claudio però non rinuncia a godersi la vita e considera la sua condizione di precario non come un limite, ma come uno stimolo a reagire e a trovare ogni giorno nuove prospettive.

GENERAZIONE MILLE EURO è anche la storia di tutte le persone come Claudio, che oggi costituiscono una vera e propria generazione, quella dei "milleuristi" o "G1000": sono giovani di circa trent'anni, laureati (circa il 60% dei giovani di questa età, secondo un'indagine del sindacato CGL), che guadagnano fra i 750 e i 1050 euro al mese, meno dei loro padri alla loro età, ma, ancora peggio, senza alcuna prospettiva di carriera. Sono i giovani lavoratori di oggi, che si muovono nel mondo del terziario: stagisti, lavoratori a progetto, segretarie interinali, ricercatori universitari, laureati che dopo anni di studio trovano solo lavori temporanei e non riescono a pensare a un futuro senza l'aiuto dei loro genitori.

È nata così una *community* con un suo sito, dove questi giovani possono parlare delle loro esperienze, svelare trucchi di "economia creativa" per vivere con 1000 euro al mese, descrivere le proprie "giornate tipo" tra colloqui, invii di curriculum, aspirazioni, sogni e passatempi, chiedere o dare consigli per affrontare piccoli e grandi problemi, segnalare news e iniziative e lanciare sondaggi a tema per scambiare opinioni e punti di vista.

da: http://www.generazione1000.com/libro.htm

**1** 📖 **A coppie. Prima di leggere il testo, osservate le immagini e rispondete alle domande.**

1. Che cosa significa "Generazione Mille Euro"?
2. Quanti anni hanno queste persone?
3. Che tipo di lavoro fanno?

**2** **Leggi il testo e rispondi alle domande.**

1. Da dove viene l'espressione "Generazione Mille Euro"?
2. Chi sono i "milleuristi"?
3. In quali settori lavorano?
4. Che cosa si può trovare sul sito della loro *community*?

**3** **Abbina alle parole / espressioni la loro definizione.**

1. ☐ tredicesima
2. ☐ concedere
3. ☐ garanzia
4. ☐ precario
5. ☐ stipendio netto
6. ☐ sindacato
7. ☐ terziario
8. ☐ sondaggio

a. associazione che difende i diritti dei lavoratori
b. il settore dei servizi
c. stipendio (mensile) in aggiunta ai dodici che si danno durante l'anno
d. certezza
e. persona che non ha un lavoro stabile
f. ricerca, studio
g. dare
h. stipendio che riceve il lavoratore senza tener conto delle tasse e dei contributi

**4** 🔊 1•44-46 **Ascolta le testimonianze di questi tre "milleuristi" e rispondi alle domande.**

1. In che cosa si è laureato Dario?
2. Che informazioni dà riguardo all'annuncio?
3. A che cosa è contraria Daniela?
4. Che cosa pensa dei giovani d'oggi?
5. Perché la moglie di Antonio ha rifiutato il lavoro presso un call center?
6. Perché è più difficile vivere con 1000 euro oggi che con 2 milioni di lire in passato?

**5** 📖 **A coppie. Parlate e descrivete le differenze fra i vostri paesi e l'Italia.**

- Nel vostro paese c'è una generazione simile ai "milleuristi"?
- Com'è la situazione del lavoro giovanile nel vostro paese?
- Quanto guadagna un giovane al primo impiego?
- Che tipi di contratto ci sono nel tuo paese?

**6** ✏️ **Scrivi un breve testo per illustrare la situazione del lavoro giovanile nel tuo paese.**

# Odio i reality!

## Cominciamo...

**A | I programmi televisivi** Scrivi il tipo di programma televisivo in fondo a ogni scheda.

documentario • fiction • gioco a quiz • programma di cucina
reality show • talk show • programma sportivo • telegiornale

**1**

Sfide tra gli chef "storici" del programma
e nuovi talenti, con nuove ricette
e nuove rubriche. Questi gli "ingredienti"
del fortunato programma di Rai 1
in onda tutti i giorni alle ore 12.00.

.............................................................

**2**

Alberto Angela ci porta alla scoperta dei
segreti di Venezia. Quanto sono profondi
i canali e cosa c'è sotto? Come risolvere
il problema dell'acqua alta? Il programma
risponde a queste e molte altre domande.
Mercoledì alle 20.30 su Rai 3.

.............................................................

**3**

In questa trasmissione di Rai 2 personaggi
famosi e ospiti fissi parlano dei problemi
della società italiana insieme al conduttore
e al pubblico in sala.

.............................................................

**5**

Rivivete le emozioni del campionato
di calcio italiano ogni domenica sera
in seconda serata su Italia 1.

.............................................................

**6**

Riusciranno i concorrenti a rispondere
a tutte le domande e a vincere
il premio finale?
Non perdete l'appuntamento serale su
Canale 5.

.............................................................

**7**

Un'opportunità unica di osservare
personaggi famosi su un'isola deserta
senza nessuna comodità!
Chi arriverà alla fine?
Giovedì alle 21.05 su Rai 2.

.............................................................

## B | Che cosa guardiamo?

A coppie. Quali di questi programmi vi piacerebbe guardare? Quali invece non vi interessano? Discutete con il compagno.

 **L'inglese in TV**

| | | |
|---|---|---|
| reality (show) | talk show | talent show |
| fiction | soap (opera) | sit-com |

Molti programmi televisivi hanno nomi inglesi.

**4**

Le ultime notizie dall'Italia e dal mondo ogni giorno alle 7.30, 13.30 e alle 20.

.................................................................

**8**

Un anziano industriale muore durante un temporale. È stato un incidente? Un altro difficile caso per i Carabinieri: riusciranno a scoprire che cosa è veramente successo? Un nuovo episodio di questa serie lunedì su Rete 4.

.................................................................

# 1 | Che cosa facciamo stasera?

 Ascolta il dialogo e indica con (✓) l'alternativa corretta.

1. Stasera...
   a. ☐ Filippo vuole restare a casa.
   b. ☐ Claudia vuole restare a casa.

2. Claudia...
   a. ☐ ha già visto *Poliziotti fuori*.
   b. ☐ non ha ancora visto *Poliziotti fuori*.

3. Per Filippo...
   a. ☐ i film di Bruce Willis non sono brutti.
   b. ☐ i film di Bruce Willis sono bruttissimi.

4. A Claudia...
   a. ☐ piacciono tutti i reality show.
   b. ☐ piace solo *L'isola dei famosi*.

5. Stasera Claudia...
   a. ☐ vuole cucinare.
   b. ☐ vuole ordinare qualcosa da mangiare.

6. Filippo...
   a. ☐ ha cucinato le lasagne.
   b. ☐ ha fatto la pizza.

# UNITÀ 9 Al lavoro!

## Che cosa facciamo stasera?

**Claudia** Che ore sono?

**Filippo** Non so, saranno le sette. Perché?

**Claudia** Allora, cosa facciamo stasera? Restiamo a casa o usciamo?

**Filippo** Io sono un po' stanco. Ti dispiace se restiamo a casa?

**Claudia** Per me va bene. Cosa c'è in TV?

**Filippo** Aspetta che guardo. Alle nove c'è *Poliziotti fuori* con Bruce Willis.

**Claudia** Ah no! Se c'è Bruce Willis, sarà il solito film d'azione. Chissà perché fa ancora questi film alla sua età. Secondo te quanti anni ha?

**Filippo** Boh, avrà più o meno sessant'anni. Comunque i suoi film non sono poi così male.

**Claudia** Guarda, ne ho visto uno e mi è bastato!

**Filippo** Va bene, Claudia, non ti arrabbiare. Sono sicuro che c'è qualcos'altro.

**Claudia** Sì, se non sbaglio, questa sera c'è *L'isola dei famosi*. Perché non guardiamo quello?

**Filippo** Stai scherzando, vero? Sai che odio i reality show.

**Claudia** Beh, neanche a me piacciono molto, ma questo è diverso. È divertente vedere tutte quelle persone famose che litigano.

**Filippo** Io non li sopporto. Ecco, ho trovato! Su Rai 3 danno l'ultimo film di Verdone. Ti va di vederlo?

**Claudia** Sì, non l'abbiamo visto al cinema. Sarà certamente un film comico, come gli altri che ha fatto. E io adoro i film comici. Ordiniamo una pizza? Non ho voglia di cucinare stasera...

**Filippo** Sorpresa! Ho già cucinato io! Ho fatto le lasagne. Ne vuoi un po' adesso o guardiamo prima il telegiornale?

**Claudia** Adesso. Sto morendo di fame. Non ho mangiato niente a mezzogiorno.

**Filippo** Va bene. Lasagne e poi divano e televisione.

**Claudia** Sì, ma domani sera usciamo. Promesso?

---

**2 | Il futuro** Leggi il dialogo e sottolinea i verbi al futuro. Qui il futuro serve per...

1. ☐ parlare di progetti futuri    2. ☐ fare un'ipotesi    3. ☐ descrivere una situazione futura

---

**3 | Sarà...** Rileggi il dialogo e collega ogni domanda alla risposta giusta dopo averla completata.

1. ☐ Che ore sono?

2. ☐ Che tipo di film è *Poliziotti fuori*?

3. ☐ Quanti anni ha Bruce Willis?

4. ☐ L'ultimo film di Verdone è un film d'azione?

a. Non lo so. Avrà ........................... .

b. Ma no, sarà un ........................... come gli altri che ha fatto.

c. Sarà un film ........................... : c'è Bruce Willis!

d. Non lo so, saranno le ........................... .

## 4 | Boh!

A coppie. A turno leggete le domande e rispondete. Fate ipotesi / supposizioni, come nell'esempio.

> Quanti abitanti ci sono a Milano?
> *Boh! Ci sarà almeno un milione di abitanti.*

1. Quanti turisti vanno a Firenze ogni anno?
2. Quanto costa un volo da Roma a New York?
3. Cosa c'è nelle penne all'arrabbiata?
4. Quanti anni ha Andrea Bocelli?

### GRAMMATICA FLASH

**IL FUTURO PER FARE SUPPOSIZIONI**

Che ore sono? – Non so, **saranno** le sette.

Se c'è Bruce Willis, **sarà** il solito film d'azione.

Bruce Willis **avrà** sessant'anni.

PRIMI PASSI — pag. 202 es. 1

## 5 | Secondo me... | a

Osserva le foto di questi due personaggi e fai supposizioni sui punti indicati nel riquadro.

- età
- professione
- origine
- stato civile / figli
- dove abita
- che macchina ha

## b

A coppie. Confrontate le vostre supposizioni con quelle del compagno. Sono simili o molto diverse? Discutete per arrivare a una decisione comune, come nell'esempio.

- Secondo me lui avrà quarant'anni.
- No, secondo me è più vecchio. Avrà cinquant'anni.
- Sì, forse hai ragione. Avrà cinquant'anni.

### GRAMMATICA FLASH

**IL PRONOME *NE***

Non mi piacciono i suoi film: **ne** ho visto uno e mi è bastato.

Ho fatto le lasagne. **Ne** vuoi un po'?

PRIMI PASSI — pag. 203 es. 4

## 6 | Che cosa sai di...?

A coppie. Studente A: usa le parole date per fare domande su Marta, come nell'esempio. Rispondi poi alle domande del compagno su Giacomo. Usa ne nelle risposte. Studente B: vai a pag. 128.

A  Quanti anni ha Marta?  B  Ne ha trentacinque.

avere / ~~anni~~

avere / fratelli

leggere / libri al mese

mangiare / dolci

avere / telefonini

**Marta**

Giacomo ha vent'anni. È uno studente e questo semestre deve dare due esami, Storia e Filosofia. Beve molto caffè: dieci tazze al giorno. Ama essere informato: compra tre giornali ogni giorno. Ha tre cani.

**Giacomo**

## 7 | E tu?  A coppie. A turno rispondete alle domande usando ne nelle risposte.

1. Hai mai visto film italiani?
2. Quanti amici hai su Facebook?

3. Scrivi molti sms al giorno?
4. Spendi molti soldi in vestiti?

## 8 | Una volta era diverso!  1•48

Giorgia e suo nonno hanno opinioni molto diverse riguardo ai programmi televisivi. Ascolta e completa il dialogo con le frasi nel riquadro.

1. I talk show sono istruttivi?
2. Alcuni poi sono veramente bravi.
3. E studiano tantissimo.
4. Comunque è difficile trovare programmi interessanti.
5. Le ballerine erano veramente brave:
6. Sì, c'erano solo due canali, adesso ne abbiamo centinaia.

**Televisione, TV e tele**

*Non guardo molto la televisione / la TV / la tele.*
Le parole **televisione**, **TV**, **tele** indicano il sistema di trasmissione dei programmi.

*Ho comprato un nuovo televisore / una nuova TV.*
Il **televisore** / La **TV** indicano l'apparecchio dove si vedono i programmi televisivi.

| | |
|---|---|
| nonno | Ma stai guardando ancora quel talent show? Basta, Giorgia! Non possiamo guardare qualcos'altro? |
| Giorgia | Ma a me piace questo. Ci sono tutti questi giovani che studiano per diventare cantanti o ballerini ed è interessante seguire le loro lezioni, ascoltarli e vivere questa esperienza con loro. ................... Guarda come balla bene quella ragazza. |
| nonno | Mah, secondo me non balla poi così bene. Una volta era diverso. ................... studiavano davvero e arrivavano in televisione perché avevano talento. Adesso basta partecipare a uno di questi programmi e diventi subito famoso, anche se non sai fare niente. |
| Giorgia | Non è vero. Questi ballerini sono bravi come quelli dei tuoi tempi. ................... |
| nonno | Vuoi dire che quella ragazza è brava come Raffaella Carrà? Stai scherzando, vero? ................... ................... Per esempio ci sono pochi documentari. |
| Giorgia | Ma nonno, la gente vuole rilassarsi quando arriva a casa la sera dopo una giornata di lavoro. I talent show sono interessanti quanto un documentario: descrivono la realtà, le persone di oggi. E poi ci sono altri programmi istruttivi, per esempio i talk show, che parlano dei problemi del momento. |
| nonno | ................... Mi spieghi che cosa c'è di istruttivo ad ascoltare un gruppo di persone che urlano e litigano? E la maggior parte non sa neanche parlare bene l'italiano. Fanno un mucchio di errori. Una volta era tutto diverso. |
| Giorgia | ................... Possiamo scegliere i programmi che ci piacciono e ci sono trasmissioni per tutti i gusti. |
| nonno | Sì, abbiamo tanta scelta, ma la qualità dei programmi non è buona. Noi comunque abbiamo un televisore solo e questa sera decido io che cosa guardiamo! |

## 9 | Giorgia e il nonno | Rileggi il dialogo e completa il testo.

Giorgia ama questo ................... (1). Le piace seguire le storie dei giovani che studiano per diventare ................... (2) o cantanti. Secondo lei sono bravi come quelli di una volta. A Giorgia non piacciono i ................... (3) troppi seri: per lei è importante ................... (4) dopo una giornata di lavoro.

Al nonno non piace questo talent show. Secondo lui questi programmi non sono molto interessanti. Lui preferisce i ................... (5) perché sono istruttivi. Odia i talk show, dove le persone urlano e litigano. Preferiva i programmi di una volta, anche se c'erano solo due ................... (6).

## 10 | Confronti

Descrivi le immagini usando la forma corretta del comparativo di uguaglianza di questi aggettivi in frasi affermative o negative.

alto • caldo • caro • grande • moderno • veloce

1

€ 120          € 120

2

Alessia   Martina

3

130 KM/H   200 KM/H

4

TORINO

MILANO

5

6

## 11 | Tutti i comparativi

A coppie. Paragonate questi elementi. Esprimete la vostra opinione e usate più / meno... di o come / quanto..., come nell'esempio.

reality show / documentari (*interessanti*)

🔵 Secondo me i reality show sono meno interessanti dei documentari.

🔵 No, per me i reality show sono interessanti quanto i documentari.

1. inglese / italiano (*facile*)
2. i film storici / i film d'azione (*noioso*)
3. la salute / il lavoro (*importante*)

4. Matt Demon / Johnny Depp (*bravo*)
5. il calcio / la pallacanestro (*popolare*)
6. i giochi a quiz / i programmi di cucina (*divertente*)

## 12 | Buono, bravo o bene? Forma delle frasi.

1. In passato le ballerine erano più — **buone** — del caffè americano.
2. Non ci sono programmi di — **bene** — qualità alla televisione.
3. Molte persone non parlano — **brava** — cantanti italiani.
4. Come attrice Angelina Jolie è più — **buono** — che ai giorni nostri.
5. Sai ballare — **bene** — di Cameron Diaz.
6. Il caffè italiano è più — **brave** — il tango?
7. Andrea Bocelli è uno dei più — **buona** — in questo ristorante.
8. Le lasagne sono molto — **bravi** — l'italiano.

# Quattro volti della televisione italiana

**Rosario Fiorello**, conosciuto semplicemente come Fiorello, è uno showman, comico, conduttore e cantante molto famoso in Italia. È nato a Catania nel 1960 e ha cominciato la sua carriera nei villaggi turistici. Nel 1989 inizia a lavorare per Radio DJ, dove conduce la trasmissione *Viva Radio Deejay*. Passa poi alla televisione e dal 1992 al 1994 è il conduttore della trasmissione *Karaoke*, che ha un grandissimo successo. Ha lavorato nel cinema e a teatro. Ha pubblicato tre dischi e nel 1995 ha partecipato come cantante al festival di Sanremo. Dal 2001 al 2008 torna al suo primo amore, la radio, con *Viva Radio2*, una trasmissione di grande successo. Negli ultimi anni ha lavorato in molti programmi televisivi: è certamente uno dei migliori showman italiani.

**Maria De Filippi** è una conduttrice e autrice televisiva, una delle personalità femminili più popolari della televisione italiana. Nasce a Milano nel 1961 e si laurea in Giurisprudenza con il massimo dei voti. Comincia a lavorare in televisione nel 1992 come conduttrice del talk show pomeridiano di Canale 5 *Amici*. In seguito scrive e conduce una serie di programmi di grande successo. Pubblica anche due libri, nati dall'esperienza dei suoi spettacoli. Nel 2002 lancia una nuova trasmissione, *Saranno famosi*, che riprende la vita di studenti in una scuola di spettacolo. Il talent show ottiene un enorme successo.

**Gerry Scotti** è un conduttore televisivo, attore e disc jockey. Nasce in provincia di Pavia nel 1956. Studia Giurisprudenza, ma non finisce l'università perché diventa una stella della radio. Lavora per Radio DJ e Radio 101 e passa poi alla televisione, dove conduce programmi musicali e molti programmi a quiz. Nel 2000 diventa il conduttore del popolarissimo *Chi vuol essere milionario?* Ha recitato in alcune serie TV e ha inciso anche alcuni dischi, spesso sigle delle sue trasmissioni televisive. È oggi uno dei presentatori più popolari della televisione italiana.

**Luciana Littizzetto** è una cabarettista, attrice, speaker radiofonica, doppiatrice e scrittrice. Nasce a Torino nel 1964. Si diploma in pianoforte al Conservatorio e insegna per nove anni musica in una scuola della periferia della città: qui viene a contatto con situazioni che, in futuro, le daranno spunto per creare molti dei suoi personaggi. Si laurea in Lettere e studia recitazione. All'inizio degli anni Novanta comincia a lavorare in televisione, dove interpreta spesso personaggi comici. Lavora anche in radio e a teatro. Ha pubblicato molti libri di successo.

**13** | Chi è? Leggi l'articolo e scrivi accanto a ogni frase il nome del personaggio o dei personaggi.

1. ........................................................... ha studiato Giurisprudenza.
2. ........................................................... scrive libri.
3. ........................................................... ha lavorato in una scuola.
4. ........................................................... è anche un cantante.
5. ........................................................... sa suonare uno strumento musicale.
6. ........................................................... ha lavorato per Radio DJ.
7. ........................................................... scrive programmi televisivi.
8. ........................................................... è anche un attore / un'attrice.

**14** | Trova le informazioni Rileggi l'articolo e rispondi alle domande.

1. Dove ha iniziato a lavorare Fiorello?
2. Che cosa ha fatto nel 1995?
3. Qual è stato il primo programma che ha condotto Maria De Filippi?
4. Che tipo di programma è *Saranno Famosi*?
5. Perché Gerry Scotti non ha finito l'università?
6. Che tipo di programmi conduce in televisione?
7. Dove ha preso l'ispirazione per molti suoi personaggi Luciana Littizzetto?
8. Che tipo di personaggi interpreta?

**15** | Fabio Fazio  1•49

**Ascolta la biografia di Fabio Fazio, un altro popolare conduttore televisivo italiano, e rispondi alle domande.**

1. Quando è nato Fabio Fazio?
2. Dove ha studiato?
3. Quando ha cominciato a lavorare per la Rai?
4. Per quanti anni Fazio è stato il conduttore del Festival di Sanremo?
5. Che tipo di programma è *Che tempo che fa*?
6. Che cosa hanno fatto Fazio e Roberto Saviano nel programma *Vieni via con me*?

**16** | E voi? A gruppi. Discutete questi punti.

• Chi sono i personaggi televisivi più popolari nel vostro paese?
• In che tipo di programmi lavorano?
• Quali vi piacciono e perché?
• Quali invece non vi piacciono?

**17** | Ora prova tu

**Scrivi un breve testo su due personaggi televisivi famosi nel tuo paese. Segui i testi di pag. 106 come modello.**

# Qualche parola in più

**18 | Il cruciverba** Completa il cruciverba in base alle definizioni.

### orizzontali

**1.** lo guardi per imparare a cucinare un piatto nuovo

**4.** la persona che presenta un programma

**6.** l'apparecchio che trasmette i programmi televisivi

**7.** programma dove le persone parlano di un certo argomento

**8.** lo guardi per avere le ultime notizie

### verticali

**2.** programma dove si possono vincere premi se si risponde correttamente a delle domande.

**3.** lo usi per cambiare canale

**5.** un altro nome per "programma"

**19 | Il mondo della televisione**

Abbina a ogni parola / espressione la sua definizione.

1. ☐ il canone    a. la fascia oraria dopo le 11 di sera

2. ☐ fare zapping    b. trasmettere

3. ☐ il telespettatore    c. la televisione

4. ☐ la prima serata    d. la persona che guarda un programma

5. ☐ mandare in onda    e. cambiare continuamente canale

6. ☐ lo spot    f. l'abbonamento alla televisione

7. ☐ la seconda serata    g. la fascia oraria dalle 9 alle 11 di sera

8. ☐ il piccolo schermo    h. la pubblicità di un prodotto o un servizio

## 20 | Qual è il programma?

**a** Abbina la descrizione di ogni programma al suo titolo.

1. ☐ *linea* **VERDE**
2. ☐ PREVISIONI SULLA VIABILITÀ
3. ☐ I MIGLIORI ANNI
4. ☐ SÌ, VIAGGIARE

5. ☐ *sottovoce*
6. ☐ *Occhio alla spesa*
7. ☐ LE AMICHE DEL SABATO
8. ☐ **TG Regione Meteo**

**a** Torna il grande varietà che ripercorre cinquant'anni di musica, televisione, cinema, cronaca e costume del nostro paese.

**b** Il programma ci accompagna in un attento viaggio informativo per conoscere meglio i prodotti della nostra spesa tra inchieste, attualità e scienza.

**c** La rubrica del Tg2 sui viaggi e sul turismo. Alla scoperta anche di destinazioni poco conosciute in Italia e all'estero. Con notizie, consigli e un'attenzione particolare ai prezzi dei viaggi.

**d** Il programma della notte di Rai 1. Gigi Marzullo conduce sottovoce un faccia a faccia con un importante personaggio dello sport, dello spettacolo o della cultura che parla delle proprie esperienze personali e professionali.

**e** Da sabato 17 settembre torna su Rai1 la nuova stagione del programma condotto da Lorella Landi. Le protagoniste della prima puntata saranno Lory Del Santo e Marta Flavi. Non mancherà uno spazio per sorridere e "spettegolare" sul personaggio più chiacchierato del momento.

**f** Le previsioni del tempo regione per regione. Scopri che tempo farà nei prossimi cinque giorni.

**g** Informazioni in tempo reale sulle condizioni del traffico e dei trasporti per muoversi con velocità sulle strade d'Italia.

**h** Il programma che racconta agli italiani il mondo dell'agricoltura: un lungo viaggio tra i prodotti, i sapori e le tradizioni della nostra terra.

**b** Quale programma potresti guardare in queste situazioni?

a. ☐ Tu e i tuoi amici volete andare al mare domani ma solo se il tempo è bello.

b. ☐ Ti piace molto viaggiare e scoprire destinazioni nuove.

c. ☐ Sei sempre molto attento a quello che compri e vuoi informazioni precise e accurate.

d. ☐ Ti piacciono molto i prodotti e piatti tipici italiani: sei sempre alla ricerca di qualcosa di nuovo e particolare.

e. ☐ Sei amante del gossip: ti piace sapere tutto sui personaggi del momento.

f. ☐ Devi andare a trovare un amico che abita in una città vicina: su quella strada di solito c'è sempre molto traffico e quindi vuoi controllare com'è la situazione.

# Dove andiamo in vacanza?

## Cominciamo...

**A | Quale vacanza?** Abbina a questi tipi di vacanza i testi corrispondenti.

1. ☐ viaggio organizzato
2. ☐ vacanza avventura
3. ☐ vacanza ecologica
4. ☐ vacanza studio
5. ☐ campo di lavoro volontario
6. ☐ viaggio indipendente
7. ☐ vacanza itinerante
8. ☐ fine settimana in una città d'arte

**a**

Abbiamo selezionato per voi le migliori scuole di lingua. Sul nostro sito scoprirete le destinazioni più belle dei 5 continenti! Soggiorni linguistici per giovani, adulti o professionisti, di lunga o breve durata.

**b**

Siamo partiti in camper e abbiamo fatto un bel giro delle Marche. Abbiamo visitato Urbino, Ancona, Recanati e le grotte di Frasassi. Ci siamo spostati ogni due o tre giorni e ci siamo fermati in luoghi splendidi. È un'esperienza che consiglio a tutti.
Giacomo

**c**

Regalati un fine settimana a Ferrara, dove Medioevo e Rinascimento si fondono in una sequenza di piazze, giardini e palazzi: potrete visitare il Castello, il Duomo, il Palazzo dei Diamanti e girare la città in bicicletta.

**d**

L'esperienza di lavoro in Nepal è stata fantastica. Mi sono trovato benissimo. Eravamo solo tre volontari: abbiamo lavorato in una scuola e vissuto con una famiglia del posto. Non mi sono mai sentito così bene in vita mia!
Sandro

**e**

Vi proponiamo una settimana a stretto contatto con la natura nella Maremma toscana. Potrete percorrere i sentieri dell'Oasi di Bosco Rocconi per scoprire spettacolari canyon ed esplorare un bosco mediterraneo con alcuni alberi secolari.

Giramondo, su Internet dal 1999, è il sito giusto per viaggiatori indipendenti che amano organizzare i loro viaggi per conto proprio, lontano dal turismo di massa e senza acquistare "pacchetti preconfezionati".
Leggi i racconti di viaggio dei nostri "Giramondo"!

**f**

**g**

Un giro di due settimane di tutto relax in Sicilia. L'agenzia ha prenotato il volo e gli alberghi e avevamo un autobus e una guida tutti per noi. Non abbiamo dovuto pensare a nulla. Abbiamo visto posti bellissimi e ci siamo proprio divertiti.
Cristina

**h**

olete una vacanza emozionante in mezzo alla atura? Venite alla Cascata delle Marmore in mbria: è il luogo ideale per fare rafting, adatto i principianti e anche ai più esperti!

---

## B | La vacanza per me

A coppie. Quali di queste vacanze ti piacerebbe fare? Quali invece non ti piacerebbero? Discuti con il compagno.

---

## 1 | Che cosa facciamo quest'estate?

**1•50** Ascolta il dialogo e indica con (✓) l'alternativa corretta.

1. Massimo vuole andare in Umbria...
   a. ☐ perché non ci è mai stato.
   b. ☐ perché ci è già stato e gli è piaciuta molto.

2. Ornella...
   a. ☐ ama visitare luoghi diversi.
   b. ☐ preferisce andare in un posto e non spostarsi.

3. Maria e Stefano passeranno le vacanze estive...
   a. ☐ con Massimo e Ornella.
   b. ☐ con i loro nonni in Umbria.

4. In vacanza Ornella...
   a. ☐ vuole stare in spiaggia e riposarsi.
   b. ☐ si annoia a stare in spiaggia tutto il giorno.

5. Massimo ama...
   a. ☐ la vita da spiaggia.
   b. ☐ fare attività sportive.

6. Massimo...
   a. ☐ vuole parlare delle vacanze con Maria e Stefano.
   b. ☐ non vuole andare in vacanza con Maria e Stefano.

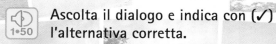

# Che cosa facciamo quest'estate?

| | |
|---|---|
| **Ornella** | Allora, che cosa facciamo quest'estate? |
| **Massimo** | Spero che tu non voglia fare un altro viaggio organizzato. Perché non prendiamo un camper e facciamo un bel giro dell'Umbria? Tutti dicono che sia bellissima e io non ci sono mai stato. Che ne dici? |
| **Ornella** | Non so se sia una buona idea. Io preferisco restare in un posto solo e riposarmi: sono così stanca dopo un anno di lavoro... E poi non vengono anche Maria e Stefano in vacanza con noi, quest'anno? Credo che conoscano bene l'Umbria: mi sembra che i nonni di Maria abitino a Perugia e che loro passino lì tutti i Natali. |
| **Massimo** | Beh, possiamo chiedergli se vogliono ritornarci, ma penso che tu abbia ragione: è possibile che abbiano voglia di vedere un posto nuovo. |
| **Ornella** | Perché non andiamo al mare? Sole, riposo, un bel libro, qualche nuotata... |
| **Massimo** | Sì, ma dipende dal posto. Per me è importante che ci sia qualcosa da fare. Sai che non mi piace molto la vita da spiaggia. Dopo un po' mi annoio. |
| **Ornella** | Potremmo andare in un villaggio. Mi sembra che organizzino sempre tante cose in questi posti. |
| **Massimo** | Non so, però è importante che ci sia qualche sport da fare. È necessario che possa muovermi, fare attività fisica dopo un anno seduto davanti al computer. Comunque è inutile che ne parliamo noi due senza sapere che cosa vogliono fare Maria e Stefano. Non è meglio se ne discutiamo anche con loro? |
| **Ornella** | È vero. Li chiamo subito e li invito a cena sabato sera, così possiamo parlare di tutto con calma. Che ne pensi? |
| **Massimo** | Mi sembra un'ottima idea! |

## 🔍 *Ne* argomentativo

*Che ne dici?*

*È inutile che ne parliamo noi due.*

*Non è meglio se ne discutiamo con loro?*

*Che ne pensi?*

Usiamo **ne** con verbi come *dire*, *parlare*, *pensare*, *discutere* per indicare l'argomento di cui si parla, si discute ecc.

---

**2 | Il congiuntivo** **a** Leggi il dialogo e trova il congiuntivo di questi verbi.

1. volere ......................................................
2. essere ......................................................
3. conoscere ......................................................
4. abitare ......................................................
5. passare ......................................................

6. avere ......................................................
7. organizzare ......................................................
8. potere ......................................................
9. parlare ......................................................
10. discutere ......................................................

**b** Rileggi il dialogo e sottolinea i verbi che introducono il congiuntivo. Che cosa indicano?

a. ☐ fatti che sono certi       b. ☐ fatti che non sono certi       c. ☐ opinioni

**c**

Rileggi un'ultima volta il dialogo e sottolinea in modo diverso le espressioni con è + aggettivo che introducono il congiuntivo.

**3** | **Credo che...** Trasforma le frasi come nell'esempio.

Simona parla cinese.
*Credo che Simona parli cinese.*

1. Giorgio e Paola sono di Palermo.
   Ci sembra che _____

2. La domenica Elena dorme fino a tardi.
   Penso che _____

3. Anna e Vincenzo hanno una casa al mare.
   Credo che _____

4. Chiedi informazioni precise.
   È meglio che _____

5. Pietro vuole uscire con noi questa sera.
   Non so se _____

6. Sandra e Luca lavorano questo fine settimana.
   È possibile che _____

**GRAMMATICA FLASH**

**CONGIUNTIVO PRESENTE**

|  | -are | -ere | -ire |
|---|---|---|---|
| che io | passi | discuta | senta |
| che tu | passi | discuta | senta |
| che lui / lei / Lei | passi | discuta | senta |
| che noi | passiamo | discutiamo | sentiamo |
| che voi | passiate | discutiate | sentiate |
| che loro | passino | discutano | sentano |

|  | essere | avere | volere |
|---|---|---|---|
| che io | sia | abbia | voglia |
| che tu | sia | abbia | voglia |
| che lui / lei / Lei | sia | abbia | voglia |
| che noi | siamo | abbiamo | vogliamo |
| che voi | siate | abbiate | vogliate |
| che loro | siano | abbiano | vogliano |

PRIMI PASSI **pag. 211 es. 1 - 2 - 3**

**4** | **Pettegolezzi sotto l'ombrellone**

A coppie. Studente A: sei al mare con il tuo compagno e state spettegolando sui vostri vicini di ombrellone. Chiedi informazioni su di loro, poi usa le informazioni che hai per rispondere alle domande del compagno. Segui l'esempio. Studente B: vai a pag.128.

A    Dicono che la signora Mari non mangi mai a pranzo. Sai perché?

B    Credo che sia a dieta.

La **signora Mari** / non mangiare mai a pranzo

Il **signor Dini** / avere problemi con la moglie

Saverio / essere sempre stanco

Alessandro **Poli** / avere due lavori

Gianna / essere più bella

Elena e Fabio / volere trasferirsi a Londra

Aldo e Gaia / arrivare sempre insieme in spiaggia

Anna / dormire fino a tardi la mattina

**5** | **Pettegolezzi in classe**

A coppie. Ora tocca a voi spettegolare sui vostri compagni di classe. Seguite l'esempio.

Dicono che Malik abbia due fidanzate... È vero, Malik?    No, non è vero!

## 6 | All'agenzia di viaggi 🔊 1•51

Prima della cena con Maria e Stefano, Ornella va in un'agenzia di viaggi a prendere informazioni su possibili destinazioni per le vacanze. Ascolta il dialogo e trova le sei differenze tra la registrazione e la sua trascrizione.

| | |
|---|---|
| impiegata | Buonasera. Mi dica. |
| Ornella | Volevo delle informazioni sulle vacanze che offrite. Che cosa mi potrebbe consigliare? |
| impiegata | Che tipo di vacanza ha in mente? |
| Ornella | Non so bene. È importante però che io possa riposarmi e rilassarmi. Lavoro molto durante l'anno. |
| impiegata | Preferisce il mare o la montagna? |
| Ornella | A me piacerebbe passare due settimane a prendere il sole in montagna, ma penso che mio marito voglia qualcosa di diverso. Lui si annoia facilmente. |
| impiegata | È chiaro che avete esigenze diverse: lei vuole una vacanza di tutto riposo, mentre a suo marito probabilmente piacerebbe una vacanza più attiva. Secondo me il lago è la soluzione ideale. |
| Ornella | Esatto! Mi hanno detto che ci sono villaggi turistici che offrono tante attività culturali. |
| impiegata | È vero. Credo che questo villaggio in Puglia sia perfetto. Suo marito potrà scegliere tra molti sport: non si annoierà di certo. |
| Ornella | Beh, sicuramente c'è molta scelta per lui. Spero che ci sia qualcosa anche per me... |
| impiegata | Ma certo, signora. C'è un centro benessere che dicono che sia veramente bello... E poi ci sono cinque ristoranti e due cinema. Per me è il posto giusto per voi. |
| Ornella | Sì, mi sembra che vada proprio bene. |
| impiegata | Sono contenta che le piaccia. Se pensate che questo villaggio possa andare bene, è meglio però che prenotiate al più presto: c'è sempre molta richiesta per questo tipo di vacanza. Le posso dare questo catalogo con tutte le informazioni sul posto e sui costi. |
| Ornella | Grazie mille, così posso mostrarlo a mio marito. Arrivederci! |
| impiegata | Grazie a lei e a presto! |

 **L'imperfetto**

*Volevo delle informazioni sulle vacanze che offrite.*
Possiamo usare l'imperfetto anche per fare richieste in modo gentile.

## 7 | Congiuntivo o indicativo?

Rileggi il dialogo e completa la tabella con i verbi o le espressioni che richiedono il congiuntivo o l'indicativo.

| congiuntivo | | indicativo |
|---|---|---|
| È importante che... | | È chiaro che... |
| | | |
| | | |
| | | |
| | | |

## 8 | Scegli il modo giusto | Completa le frasi con il congiuntivo o l'indicativo dei verbi tra parentesi.

1. Secondo me i viaggi organizzati .............................................. (*essere*) noiosi.

2. È importante che l'albergo .............................................. (*avere*) l'aria condizionata.

3. Penso che le vacanze studio .............................................. (*essere*) un buon modo per imparare una lingua.

4. Sono contenta che tu .............................................. (*potere*) venire in vacanza con noi.

5. Ho sentito dire che Marta .............................................. (*volere*) cambiare lavoro.

6. Per me .............................................. (*andare*) bene andare al mare questo fine settimana.

## 9 | Le persone misteriose

A coppie. Osservate questi bagagli e fate supposizioni sui loro proprietari, come nell'esempio.
Tenete conto dei punti indicati.

Secondo me è una donna, perché...

No, io credo sia un uomo, perché...

- sesso (uomo / donna)
- età
- nazionalità
- professione
- stato civile
- personalità
- lingue parlate
- destinazione della vacanza

## 10 | E tu che ne pensi? | A coppie. Completa le frasi e confrontati con il compagno.

1 Secondo me l'italiano ..............................

2 Penso che il periodo migliore per andare in vacanza ..............................

3 Se vuoi passare l'esame è meglio che ..............................

4 Dicono che in Italia ..............................

5 Mi sembra che questo esercizio ..............................

6 Per me la cucina giapponese ..............................

**11** | **Che cosa vuol dire?** Prima di leggere il testo abbina a ogni parola / espressione la sua definizione.

1. ☐ rilevare
2. ☐ sostenibile
3. ☐ danneggiare
4. ☐ energie rinnovabili
5. ☐ prodotti a km zero
6. ☐ fuoristrada
7. ☐ borgo
8. ☐ flora e fauna

a. antico villaggio, paese
b. che rispetta principi ecologici
c. energie come il sole, il vento e il mare
d. indicare, dimostrare
e. rovinare
f. piante e animali
g. veicolo che può muoversi al di fuori di strade normali
h. prodotti locali che non richiedono lungo trasporto

## Vacanze e natura: gli italiani chiedono un turismo più verde

Gli italiani vogliono un turismo più "verde", a contatto con la natura. Lo rileva il rapporto *Turismo sostenibile ed ecoturismo* che la Fondazione UniVerde ha presentato alla fiera *Ecomondo*. Gli italiani desiderano stare a contatto con la natura e sono pronti a pagare di più per una vacanza che non danneggi l'ambiente. Un segnale della diffusa coscienza ecologica nel nostro paese, soprattutto tra i giovani. I turisti responsabili apprezzano la scelta di usare energie rinnovabili e di includere prodotti da agricoltura biologica o a km zero nei menu. Gli agriturismi sono la sistemazione preferita, soprattutto tra gli over 54, mentre i più giovani scelgono i bed & breakfast.

Questi turisti responsabili preferiscono la gita in canoa agli acquascooter e le escursioni a piedi o in bici e il trekking al fuoristrada. Inoltre quasi tutti scelgono di mangiare prodotti locali e bio e solo una piccolissima minoranza è attratta dai fast food.

Le destinazioni preferite sono parchi e aree protette, seguiti da mare e riserve marine. Le scelte dei turisti italiani e dei turisti stranieri però si differenziano: gli italiani preferiscono il Parco Nazionale d'Abruzzo e del Gran Paradiso, il Lazio e il Molise, mentre gli stranieri apprezzano di più le Cinque Terre, le Dolomiti e la Toscana. Diverse sono anche le ragioni alla base di queste scelte. I turisti italiani scelgono queste destinazioni per attività sportive, enogastronomia, relax e riscoperta delle tradizioni, mentre gli stranieri, oltre allo sport, preferiscono le visite nei borghi antichi, le passeggiate nella natura, l'osservazione di flora e fauna e il benessere presso centri come le spa.

**12** | Per capire | Leggi l'articolo e indica se le affermazioni sono vere (V) o false (F).

|  |  | V | F |
|---|---|---|---|
| 1. | Gli italiani non vogliono spendere di più per fare vacanze ecologiche. | ☐ | ☐ |
| 2. | Le questioni ambientali sono importanti per i giovani. | ☐ | ☐ |
| 3. | I bed & breakfast sono la sistemazione preferita da tutti i turisti responsabili. | ☐ | ☐ |
| 4. | La maggior parte dei turisti preferisce usare la macchina invece di andare a piedi. | ☐ | ☐ |
| 5. | Solo poche persone mangiano nei fast food. | ☐ | ☐ |
| 6. | Non ci sono grandi differenze tra le preferenze dei turisti italiani e stranieri. | ☐ | ☐ |

**13** | Trova le informazioni | Rileggi l'articolo e rispondi alle domande.

1. Che cos'è il "turismo verde"?
2. Quali sono le sistemazioni che piacciono ai giovani?
3. Che cosa preferiscono fare gli ecoturisti che passano le loro vacanze in campagna o in montagna?
4. Quali sono le destinazioni preferite?
5. Che cosa piace fare ai turisti italiani?
6. Che cosa piace fare ai turisti stranieri?

**14** | Il profilo dell'ecoturista |  1•52

Ascolta Serena Giacomi, portavoce di Italiambiente,
e completa la sua presentazione con le informazioni mancanti.

## PROFILO DELL'ECOTURISTA

età: ........................
titolo di studio: ........................
tipo di lavoro: ........................
stipendio: ........................
disposto a spendere: ........................
destinazioni in Italia: ........................
destinazioni all'estero: ........................

| SCELTA DELLA DESTINAZIONE | MOTIVAZIONI |
|---|---|
| ✔ stare con ........................ | ✔ vedere ........................ |
| ✔ offerta di ........................ locali | ✔ conoscere ........................ |
| ✔ ........................ con guide del posto | ✔ scoprire ........................ in ambienti incontaminati |

**15** | E voi? |  A gruppi. Discutete questi punti.

- Che cosa pensate dell'ecoturismo?
- Le vacanze ecologiche sono diffuse anche nel vostro paese?
- Vi piacerebbe fare una vacanza di questo tipo? Perché? / Perché no?

- Dove vi piacerebbe andare?
- Che cosa vi piacerebbe fare?

**16** | Ora prova tu

Scrivi un breve testo da mettere su un blog. Descrivi un posto nel tuo paese che potrebbe essere
una destinazione adatta per un ecoturista. Indica dove potrebbe stare e che cosa potrebbe fare.

**17** | **In viaggio!** Scrivi il nome accanto all'oggetto giusto.

adattatore • caricabatterie • marsupio • sacco a pelo • zaino
guida • crema solare • coltellino • giacca a vento • kit del pronto soccorso

**18** | **Che cosa mettete in valigia?** | **a**

A coppie. Potete portare in vacanza solo dieci oggetti. Decidete insieme quali mettere in valigia e preparate una lista.

**b**

A coppie. Confrontate la vostra lista con quella di un'altra coppia di compagni. Poi decidete insieme quali sono i dieci oggetti veramente necessari per un viaggio e preparate un'altra lista.

Quando viaggio non posso fare a meno di:

1. ......................................
2. ......................................
3. ......................................
4. ......................................
5. ......................................
6. ......................................
7. ......................................
8. ......................................
9. ......................................
10. ......................................

## 19 | Una vacanza in Sardegna | a

Vuoi passare le prossime vacanze estive in Sardegna con un tuo amico / una tua amica.
Indica nelle varie sezioni del sito le informazioni che vuoi avere.

## SARDEGNA

Se sei un turista, ti offriamo tutte le informazioni su come arrivare e dove dormire nell'isola, sui trasporti, sul noleggio di auto / moto / barche e su tutti i servizi turistici. E ancora: indicazioni utili su cosa vedere e sugli eventi da non perdere. Ti aspettiamo!

**DORMIRE**

TIPO
☐ hotel
☐ agriturismo
☐ bed & breakfast
☐ villaggi turistici
☐ camping
☐ case / appartamenti
☐ ostelli

CATEGORIA
☐ ☆
☐ ☆☆
☐ ☆☆☆
☐ ☆☆☆☆
☐ ☆☆☆☆☆
☐ ☆☆☆☆☆ lusso

**VIAGGIARE**

☐ aereo
☐ traghetto
☐ trasporti pubblici
☐ servizi camper
☐ autonoleggio
☐ treno
☐ noleggio barche
☐ taxi

**TEMPO LIBERO**

☐ parchi divertimenti
☐ centri termali
☐ discoteche
☐ porti turistici
☐ teatri
☐ gite alle isole
☐ visite a siti archeologici

**SPORT**

☐ diving
☐ vela
☐ equitazione
☐ arrampicata
☐ golf
☐ mountain bike
☐ trekking
☐ windsurf
☐ surf
☐ pesca
☐ parapendio/ deltaplano
☐ canoa e kayak

## b

A coppie. Confronta le tue scelte con quelle del compagno e decidete insieme la sistemazione, il tipo di trasporto e che cosa fare nel vostro tempo libero sull'isola.

## 20 | La vacanza giusta

Leggi che cosa dicono queste persone.
Che tipo di vacanza gli consiglieresti?

**1**
**Cristina**
Non voglio perdere tempo a prenotare voli e alberghi. Mi piace andare in vacanza e non pensare a nulla.

**2**
**Alberto e Marta**
Abitiamo in una grande città con molto traffico. Quando andiamo in vacanza per noi è importante stare a contatto con la natura.

**3**
**Giorgia**
Lavoro per una grande azienda e ho bisogno di migliorare il mio inglese. Ho fatto dei corsi, ma non lo parlo ancora bene.

**4**
**Stefano**
Odio i viaggi organizzati. Mi piace decidere che cosa vedere e che cosa fare.

**5**
**Simone e Matteo**
Quest'estate vogliamo fare delle vacanze diverse. Ci piacerebbe dedicare un po' del nostro tempo ad aiutare persone che hanno bisogno.

**6**
**Anna e Fabrizio**
Abbiamo appena comprato casa e così non abbiamo i soldi per fare una vacanza lunga. Ci piacerebbe però passare qualche giorno via. Siamo tutti e due appassionati di architettura.

# La televisione in Italia

Il 3 gennaio del 1954 si accende la TV. Dagli studi Rai (Radio Audizioni Italiane) di Torino cominciano le prime trasmissioni della televisione in Italia. Si inaugura il canale nazionale (l'attuale Rai 1) che trasmette i primi programmi: il telegiornale e *La domenica sportiva*. Nel 1954 gli abbonati alla TV sono 24.000, nel 1965 sono già più di 6 milioni. Ogni serata aveva un genere particolare: il lunedì il film, il martedì la commedia, il giovedì il quiz, il venerdì le rubriche culturali e il sabato il varietà. Tra i programmi più seguiti *Lascia o raddoppia*, un popolarissimo gioco a premi in onda dal 1955 al 1959, e il *Festival di Sanremo*, una gara musicale ancora molto amata dal pubblico italiano.

La pubblicità comincia nel 1957, ma ha solo uno spazio di circa dieci minuti in un contenitore che si chiama *Carosello*. Dal 1960 comincia il programma *Non è mai troppo tardi*, un corso per insegnare a leggere e a scrivere agli analfabeti, ancora molto numerosi. Infatti non possiamo dimenticare il ruolo della televisione nel diffondere l'uso della lingua italiana. Prima del suo arrivo solo il 10% degli italiani sapeva parlare correttamente l'italiano.

Nel 1961 cominciano le trasmissioni del secondo canale Rai. La TV produce grandi sceneggiati (le fiction di oggi) di altissimo livello, spesso basati su famose opere letterarie: *I promessi sposi* di Alessandro Manzoni, *I Miserabili* di Victor Hugo, *La Cittadella* di A. Joseph Cronin, l'*Odissea* di Omero. Questi sceneggiati hanno un enorme successo e diventano un appuntamento fisso settimanale per gli italiani.

A metà degli anni Settanta nascono i primi canali privati locali: le emittenti private nel 1976 sono 68, ma nel 1981 sono oltre 600. Per reggere la concorrenza dei canali privati la televisione pubblica si rinnova: eliminato *Carosello*, la pubblicità comincia a diventare simile a quella dei giorni nostri.
Nel 1977 cominciano le trasmissioni a colori e due anni dopo nasce il terzo canale Rai.

Negli anni Ottanta la Fininvest di Silvio Berlusconi, che ha tre TV private (Canale 5, Rete 4 e Italia 1), inizia a trasmettere i suoi programmi a livello nazionale. Cambia il modo di fare televisione: aumentano i programmi d'intrattenimento e c'è meno spazio per programmi d'informazione e cultura. Nasce anche il talk show e inizia l'invasione di fiction americane.

Dagli anni Novanta a oggi la televisione mostra un maggior desiderio di rappresentare la realtà: arrivano nelle case degli italiani le vicende realmente vissute dalle persone nelle aule dei tribunali, gli scherzi compiuti all'insaputa delle vittime, le confessioni intime della gente. L'ultima variante di questa tendenza è ovviamente la produzione dei reality show, il genere attualmente più di moda.

La TV degli anni a venire dovrà necessariamente fare i conti con la concorrenza della pay TV e della TV satellitare.

**1** Prima di leggere il testo abbina a ogni parola / espressione la sua definizione.

1. ☐ analfabeta
2. ☐ all'insaputa della vittima
3. ☐ tribunali
4. ☐ emittenti
5. ☐ rinnovarsi
6. ☐ vicenda

a. cambiare
b. fatto, evento
c. senza informare la persona
d. luoghi dove i giudici amministrano la giustizia
e. persona che non sa leggere e scrivere
f. televisioni

**2** Leggi il testo e rispondi alle domande.

1. Quali programmi potevano vedere i primi telespettatori durante la settimana?
2. Che cos'è il *Festival di Sanremo*?
3. Che tipo di trasmissione era *Non è mai troppo tardi*?
4. In che modo è cambiata la TV negli anni Ottanta?
5. Che tipo di programmi diventano popolari negli anni Novanta?

**3** Rileggi l'articolo e completa le frasi. Che cosa è successo in queste date?

1. Nel 1954 ........................................................
2. Nel 1961 ........................................................
3. Nel 1977 ........................................................
4. A metà degli anni Settanta ........................................................
5. Negli anni Ottanta ........................................................

**4** 🔊 1•53 Ascolta la trasmissione radiofonica e rispondi alle domande.

1. Perché Massimo pensa che la televisione era migliore in passato?
2. Che cosa non gli piace soprattutto della televisione di oggi?
3. Secondo Lina ci sono ancora ottimi programmi. Qual è però il problema?
4. Perché le persone preferiscono guardare i programmi d'intrattenimento?
5. Perché secondo Luca la televisione è meglio ora che in passato?
6. Che cosa pensa delle serie TV americane?

**5** 👥 A coppie. Parlate e descrivete le differenze fra i vostri paesi e l'Italia.

• Quanti canali televisivi e che tipo di trasmissioni ci sono?
• Com'è la qualità dei programmi?
• C'è molta pubblicità sui canali statali e quelli privati?
• Ci sono molte persone che guardano le pay TV?

**6** Scrivi un breve testo per illustrare il sistema televisivo nel tuo paese.

# Scusi, ma ho la febbre

**1** | Oggi Francesca si è svegliata con la febbre. Non può proprio uscire di casa e telefona per cancellare tutti i suoi impegni. Completa le frasi delle telefonate con queste espressioni.

La chiamo perché volevo scusarmi con Lei • Scusami tanto, • Grazie e mi scusi ancora!
Scusami davvero tanto, ma purtroppo • Senti, scusa... non posso venire • Mi scusi,

**1** Pronto, ciao Marco.
........................................................................
al cinema stasera. Ho la febbre e sto
malissimo. Facciamo un'altra volta?

**4** Pronto, buongiorno dottor Chiapedi. Sono Francesca
Rastelli..................................................di persona.
Oggi non potrò essere presente alla riunione in ufficio.
Purtroppo sono a casa con la febbre.

**2** Ciao nonna. Sono io, Francesca
........................................................................
oggi dovevo venire a casa tua dopo il
lavoro, ma non mi sento tanto bene.
Ti prometto che vengo presto!

**5** Pronto, parlo con lo studio del
dentista Marelli? Sono la signora
Rastelli..................................................
ma devo cancellare l'appuntamento di
oggi con il dottore. Purtroppo sono a
casa malata e non posso uscire.

**3** Sì, ciao Nicoletta, sono Francesca.
.......................................................oggi ho la febbre
e non ci sono per la riunione. Ho già avvisato il capo. Ci
vediamo la prossima settimana e scusa ancora!

**6** Buongiorno, ristorante "Il Nodo"? Senta, ho fatto
una prenotazione per stasera a nome Rastelli, ma
vorrei cancellarla perché non sto bene. È possibile?
........................................................................

**2** | Ora abbina le frasi di Francesca alle risposte di queste persone.

**a** ☐
Ma sì, Francesca,
va bene. Sta' a
casa e riposati!

**b** ☐
Non si preoccupi,
signora Rastelli.
Spostiamo
l'appuntamento.

**c** ☐
Sta' tranquilla,
Francesca,
organizziamo
per la prossima
settimana.

**d** ☐
Non preoccuparti,
in ufficio faccio
tutto io. Ci
vediamo lunedì,
ciao!

**e** ☐
Sì, certo, signora.
Non si preoccupi.

**f** ☐
Sì, va bene,
grazie per
avermi avvisato,
dottoressa
Rastelli. Ci
vediamo lunedì,
arrivederci!

**E tu?** 👥 Anche nella tua lingua e nella tua cultura ci sono diversi modi per scusarsi?
Oppure le persone nel tuo paese sono più dirette e si scusano in modo più semplice?
Parlane con i compagni e con l'insegnante.

# Una frase per ogni situazione

**3** Che cosa si dice in queste situazioni? Osserva le immagini, leggi le espressioni e inseriscile al posto giusto. Poi controlla le soluzioni a fondo pagina.

Salute! • In bocca al lupo! • Avanti! • Grazie, altrettanto! • Pronto? • Salute! • Buon appetito! • Permesso? • Crepi!

Domani hai l'esame di Storia.

**E tu?** 👥 Anche nella tua lingua esistono delle espressioni per alcune situazioni particolari? Sono simili a quelle italiane o sono differenti? Parlane con la classe.

# TEST

# Sei un perfetto padrone di casa?

Ecco un test per vedere se in Italia sei un buon padrone di casa oppure no.
Leggi le seguenti situazioni e scegli una delle tre opzioni, poi controlla il risultato
e confrontati con i compagni e l'insegnante.

**1** **Telefoni ai tuoi amici italiani per invitarli a cena.**
a. Gli dici che se vogliono possono portare il vino e il dolce.
b. Gli dici di portare un piatto pronto.
c. Non gli dici niente: se vorranno, porteranno loro qualcosa.

**2** **Anna, una tua cara amica italiana, è appena arrivata a casa tua. È tanto tempo che non la vedi e quando le apri la porta...**
a. le chiedi di togliersi le scarpe prima di entrare in casa.
b. sorridi, le dici di entrare e l'abbracci.
c. le stringi la mano, le chiedi se sta bene e se il viaggio è andato bene.

**3** **Un pomeriggio Mario e Stefania vengono a casa tua pe[r] parlare dell'organizzazione delle vacanze estive. Tu...**
a. gli offri un caffè.
b. gli prepari un aperitivo con vino bianco, olive e patatine.
c. sei un po' deluso: dovevano portare qualcosa da bere o da mangiare.

**4** **Hai organizzato una cena a casa tua e un ospite ti porta un regalo. Tu...**
a. apri il regalo davanti a tutti e lo ringrazi molto.
b. aspetti la fine della cena e, quando tutti sono andati via, lo apri.
c. aspetti di rimanere da solo con il tuo ospite e apri il regalo.

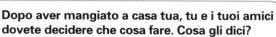

**5** **Dopo aver mangiato a casa tua, tu e i tuoi amici dovete decidere che cosa fare. Cosa gli dici?**
a. "Allora, ragazzi, adesso guardiamo un bel film e dopo decidiamo cosa fare!"
b. "Cosa vogliamo fare, adesso? Andiamo a bere qualcosa oppure preferite andare al cinema o in discoteca?"
c. "Sentite, io adesso lavo i piatti e sistemo un po' la cucina. Poi decidiamo cosa fare, va bene?"

**6** **Alla fine di una festa a casa tua chiedi ai tuoi amici:**
a. "Allora, ragazzi, vi è piaciuta la festa? Dai, dobbiamo farne presto un'altra!"
b. "Allora, prima di andare ricordatevi tutti di darmi 5 euro per le cose da bere che ho comprato!"
c. "Chi mi aiuta a sistemare la cucina prima di andare via?"

## Sei un perfetto padrone di casa?

**1.** a 1 / b 0 / c 2
**2.** a 0 / b 2 / c 1
**3.** a 2 / b 1 / c 0
**4.** a 2 / b 1 / c 0
**5.** a 1 / b 2 / c 0
**6.** a 2 / b 0 / c 1

### Il tuo profilo...

**da 0 a 4 punti:** non ci siamo ancora! Devi migliorare se vuoi diventare un buon padrone di casa in Italia! Ti consigliamo di osservare bene cosa fanno i tuoi amici italiani quando vai a casa loro.

**da 5 a 8 punti:** non c'è male! Sei un buon padrone di casa, ma puoi ancora migliorare. Continua così, ma impegnati a cambiare alcune piccole cose per diventare perfetto.

**da 9 a 12 punti:** bravissimo! Sei un perfetto padrone di casa e i tuoi amici italiani, da te, si sentiranno proprio come a casa loro!

**E tu?**  Quali sono le regole per essere un perfetto padrone di casa nel tuo paese? Sono simili a quelle italiane? Parla con i compagni e confrontate le diverse abitudini.

## Per favore!

**4** Osserva i disegni. Le persone dicono delle frasi che non sono appropriate alla situazione. Prova a scrivere le frasi giuste.

1. ..........................................................................................................................................

2. ..........................................................................................................................................

3. ..........................................................................................................................................

4. ..........................................................................................................................................

5. ..........................................................................................................................................

6. ..........................................................................................................................................

**E tu?** Perché le frasi non sono corrette in queste situazioni? Secondo te queste persone sono gentili o sono troppo dirette? Parlane con la classe e con l'insegnante.

# Tu o Lei?

**5** |  A coppie. Osservate i disegni. Secondo voi che cosa dicono le persone in queste situazioni? Confrontate le vostre ipotesi con quelle della classe.

1. **Il cellulare** Un cellulare squilla improvvisamente. Che cosa diresti in queste due situazioni?

2. **La bottiglia d'acqua** Hai sete e vuoi bere dell'acqua. Che cosa chiedi alle persone in queste due situazioni?

3. **Vietato fumare!** Le sigarette fanno male e chiedi a queste persone di non fumare. Che cosa dici in queste due situazioni?

**E tu?** Adesso riflettete insieme e provate a spiegare alla classe perché avete scritto proprio queste frasi. Nel vostro paese queste persone cosa direbbero? Sarebbero più dirette o meno dirette?

# Attività di interazione orale

## Informazioni per lo studente B

### unità 2, pag. 26

**9** | **Inauguriamo la casa!**

A coppie. Bianca vuole organizzare una festa per mostrare il nuovo appartamento ai suoi amici. Silvia la sta aiutando. Studente B: tu sei Silvia. Usa le informazioni per fare domande a Bianca e rispondere se hai fatto (✓) o non hai fatto (✗) una cosa, come negli esempi.

B    Hai comprato il vino?

A    Il vino? No, non l'ho ancora comprato.

A    Hai fatto le lasagne?

B    Le lasagne? Sì, le ho già fatte.

- mandare gli ultimi inviti      ✓
- comprare il vino
- fare le lasagne      ✓
- avvisare i vicini
- lavare i bicchieri      ✗
- comprare le bibite
- ordinare la torta      ✓
- chiamare Gianni      ✗
- prendere la macchina fotografica
- cucinare l'arrosto

### unità 8, pag. 91

**4** | **I propositi per l'anno nuovo**

A coppie. A Capodanno tutti fanno propositi per l'anno nuovo. Studente B: fai al compagno le domande per scoprire i buoni propositi dei vari personaggi. Usa il futuro semplice.

B    Che cosà farà Francesco l'anno prossimo?

A    Imparerà a ballare.

| | |
|---|---|
| Maria | fare un corso d'inglese |
| Francesco | ............................................................................. |
| Marta e Gianni | andare in palestra tre volte alla settimana |
| Susanna e Olga | ............................................................................. |
| Stefania | partire per una lunga vacanza |
| Giorgio | ............................................................................. |
| il tuo compagno | ............................................................................. |

# Informazioni per lo studente B

## unità 9, pag. 103

**6** | **Che cosa sai di...?**

A coppie. Studente B: usa le parole date per fare domande su Giacomo, come nell'esempio. Rispondi poi alle domande del compagno su Marta. Usa **ne** nelle risposte.

B    Quanti anni ha Giacomo?    A    Ne ha venti.

avere / anni

esami da dare questo
semestre

bere / tazze di caffè

comprare / giornali

avere / cani

**Giacomo**

Marta ha trentacinque anni. Ha due fratelli. La lettura è la sua passione: legge tre libri al mese. Mangia moltissimi dolci. E ha quattro telefonini!

**Marta**

## unità 10, pag. 113

**4** | **Pettegolezzi sotto l'ombrellone**

A coppie. Studente B: sei al mare con il tuo compagno e state spettegolando sui vostri vicini di ombrellone. Chiedi informazioni su di loro, poi usa le informazioni che hai per rispondere alle domande del compagno. Segui l'esempio.

B    Dicono che il signor Dini non passi le vacanze qui quest'anno. Sai perché?

A    Dicono che abbia problemi con la moglie.

Il **signor Dini** / non passare le vacanze qui quest'anno

Il **signor Poli** / non passare molto tempo a casa

**Elena e Fabio** / studiare inglese

**Anna** / arrivare sempre tardi in spiaggia

La **signora Mari** / essere a dieta

**Saverio** / soffrire d'insonnia

**Gianna** / avere un nuovo fidanzato

**Aldo e Gaia** / vivere insieme ora

# Alberto è sempre in ritardo!

## stare + gerundio

| | | -are | -ere | -ire |
|---|---|---|---|---|
| io | sto | | | |
| tu | stai | | | |
| lei/lui/Lei | sta | guardando | vedendo | dormendo |
| noi | stiamo | | | |
| voi | state | | | |
| loro | stanno | | | |

Usiamo la costruzione *stare* + gerundio per descrivere un'**azione in svolgimento**. Usiamo la forma coniugata di *stare* e il gerundio del verbo.

Nella forma negativa *non* precede il verbo *stare*.

> *Sto dormendo.*
> *Stefano non sta guardando un film.*
> *Valeria si sta vestendo.*
> *Stai mangiando?*
> *Dove state andando?*

I verbi regolari in *-are* formano il gerundio con *-ando*, i verbi in *-ere* e in *-ire* con *-endo*.
Alcuni verbi hanno una **forma irregolare** per il gerundio.

| | | |
|---|---|---|
| fare | → | facendo |
| bere | → | bevendo |
| dire | → | dicendo |
| tradurre | → | traducendo |

## Da quanto tempo? Per quanto tempo?

Usiamo *Da quanto tempo?* seguito dal **presente** indicativo per chiedere informazioni sulla durata di **un'azione ancora in corso**.

> *Da quanto tempo fai kick boxing? - Da un anno.*
> (anche adesso faccio kick boxing)
> *Da quanto tempo conosci Mara? - Dal 2005.*

Usiamo *Per quanto tempo?* seguito dal **passato prossimo** per chiedere informazioni sulla durata di **un'azione finita**.

> *Per quanto tempo hai fatto tai chi? - Per due anni.*
> (adesso non faccio tai chi)
> *Per quanto tempo hai abitato a Palermo? - Per sei mesi.*

È possibile anche usare *Per quanto?* e *Da quanto?* senza la parola "tempo".

> *Da quanto studi italiano?*
> *Per quanto hai abitato a Roma?*

## I verbi con essere e avere

Alcuni verbi italiani possono essere transitivi, cioè seguiti da un complemento oggetto, e anche intransitivi, cioè senza complemento oggetto. Quando sono **transitivi** formano il passato prossimo con l'**ausiliare** *avere*, quando sono **intransitivi** formano il passato prossimo con l'**ausiliare** *essere*.

> *Ho cominciato un corso di italiano.*
> (complemento oggetto)
> *Il corso è cominciato due mesi fa.*

I verbi più comuni di questo tipo sono:

| iniziare | *Abbiamo iniziato le lezioni ieri.* |
|---|---|
| | *Le lezioni sono iniziate ieri.* |
| finire | *Ho finito i compiti questa mattina.* |
| | *Le vacanze sono finite.* |
| cambiare | *Hai cambiato i pantaloni?* |
| | *Serena è cambiata molto.* |
| passare | *Ho passato due giorni a Roma.* |
| | *Molto tempo è passato.* |

## Il passato prossimo con già, appena, non... ancora

*Già* indica un'azione successa **qualche tempo prima di quando parliamo**. Di norma usiamo *già* tra l'ausiliare e il participio passato.

> *Marco è già andato via.*
> *Hai già fatto i compiti?*

*Appena* indica un'azione successa **immediatamente prima di quando parliamo**. Usiamo *appena* tra l'ausiliare e il participio passato.

> *Sandra è appena arrivata.*
> *Abbiamo appena incontrato Stefano e Paolo.*

*Non... ancora* indica un'**azione che deve ancora succedere**. Usiamo *ancora* tra l'ausiliare e il participio passato.

> *Non abbiamo ancora visto questo film.*
> *Non hai ancora risposto alla mia e-mail?*

## SPAZIO ALLA GRAMMATICA

> **stare + gerundio**

 **1** | Completa le frasi con le forme di *stare*.

| sta • stanno |
| state • stai |
| stiamo |
| sto |

1. Stefano _____ parlando con Marta.
2. Noi _____ guardando un film.
3. Io _____ aspettando i miei amici.

4. Tu _____ leggendo un libro.
5. Raffaella e Costanza _____ dormendo.
6. Voi _____ studiando.

 **2** | Scrivi il gerundio di questi verbi.

1. ballare _____
2. uscire _____
3. prendere _____
4. comprare _____

5. finire _____
6. lavorare _____
7. scrivere _____
8. mettere _____

9. partire _____
10. rispondere _____
11. fare _____
12. sentire _____

**3** | Completa le frasi con la forma corretta di *stare* e il gerundio dei verbi tra parentesi.

1. Io _____ (*scrivere*) un'e-mail.
2. Che cosa _____ (*voi - mangiare*)?
3. Mario e Sara _____ (*andare*) al cinema.
4. Noi _____ (*fare*) colazione.
5. Patrizia _____ (*vestirsi*).
6. Tu _____ (*parlare*) con l'insegnante.
7. Gli studenti _____ (*finire*) l'esame.
8. Tommaso _____ (*cucinare*).
9. Io _____ (*pulire*) la casa.
10. Voi _____ (*leggere*) il giornale.

TOMMASO

**4** | Completa i mini-dialoghi con *stare* + il gerundio di questi verbi, come nell'esempio.

andare • dormire • aspettare • fare • ~~finire~~ • lavarsi • preparare • studiare • uscire

🛑 Roberta e Maurizio possono venire al cinema?    🙂 No, *stanno finendo* un lavoro importante.

1. 🛑 Vuoi venire a pranzo con noi?    🙂 Mi dispiace, _____ i miei amici.
2. 🛑 Pronto, posso parlare con Gianna, per favore?    🙂 Mi dispiace, ma _____ i capelli.
3. 🛑 Venite a prendere un caffè con noi?    🙂 Non possiamo, _____ francese.
4. 🛑 Possiamo parlare un momento?    🙂 Mi dispiace, ma _____ .
5. 🛑 Puoi venire qui un momento?    🙂 Mi dispiace, _____ la cena.
6. 🛑 Volete vedere un film?    🙂 No, _____ i compiti.
7. 🛑 Puoi chiamare Donata?    🙂 No, _____ . È molto stanca.
8. 🛑 I tuoi amici vengono al concerto con noi?    🙂 No, _____ in discoteca.

**5** Osserva il disegno e descrivi che cosa sta succedendo in questo ufficio.
Usa *stare + gerundio.*

1. Aldo ........................................................................ .
2. Lidia ........................................................................ .
3. Carlo e Fausto ........................................................ .
4. Daniela .................................................................... .
5. Enrico ...................................................................... .
6. Franca ...................................................................... .
7. Greta e Lara ............................................................ .
8. Ivano ........................................................................ .

---

**Da quanto tempo? Per quanto tempo?**

---

**6** Leggi le frasi e scrivi se i verbi sottolineati sono al presente (P) o al passato prossimo (PP). Decidi poi se usare *Da quanto tempo...?* (con il presente) o *Per quanto tempo...?* (con il passato prossimo), come negli esempi.

*Da quanto tempo* studi italiano?                          P

*Per quanto tempo* sei stato a Roma?                   PP

1. ...................................... tuo fratello ha lavorato per la televisione?   ☐
2. ...................................... Mario ha quella macchina?   ☐
3. ...................................... i tuoi nonni vivono a Milano?   ☐
4. ...................................... aspetti Laura?   ☐
5. ...................................... Nadia e Olga hanno abitato insieme?   ☐
6. ...................................... hai studiato tedesco?   ☐

**7** Sottolinea l'alternativa corretta.

1. *Da / Per* quanto tempo Stefano aspetta Alberto?
2. *Da / Per* quanto tempo venite in questa scuola?
3. *Da / Per* quanto tempo hai fatto yoga?
4. *Da / Per* quanto tempo siete stati a Firenze?
5. *Da / Per* quanto tempo conosci Carla?
6. *Da / Per* quanto tempo Giorgio ha giocato a calcio?
7. *Da / Per* quanto tempo tua madre ha lavorato in banca?
8. *Da / Per* quanto tempo hai questo cellulare?

*Da / Per* mezz'ora.
*Da / Per* tre mesi.
*Da / Per* sei anni.
*Da / Per* due giorni.
*Da / Per* tre mesi.
*Da / Per* cinque anni.
*Da / Per* quindici anni.
*Da / Per* due settimane.

**8** | Rispondi alle domande usando *da* o *per* e le espressioni di tempo tra parentesi, come negli esempi.

Da quanto tempo studi all'università? (*due anni*)     *Studio all'università da due anni.*

Per quanto tempo hai studiato inglese? (*dieci mesi*)     *Ho studiato inglese per dieci mesi.*

1. Da quanto tempo avete ordinato la pizza? (*un'ora*)
2. Da quanto tempo tu e Patrizia siete amici? (*1998*)
3. Per quanto tempo i tuoi amici sono stati qui? (*sei giorni*)
4. Per quanto tempo tu e Carlo siete stati in biblioteca? (*tre ore*)
5. Da quanto tempo usi Facebook? (*2010*)
6. Per quanto tempo hai giocato a tennis? (*due ore*)

**9** | Scrivi le domande appropriate a queste risposte, come negli esempi.

*Per quanto tempo siete stati in discoteca?*     Siamo stati in discoteca per tre ore.

*Da quanto tempo abitate insieme?*     Abitiamo insieme da due mesi.

1.     Conosciamo Viviana e Jessica dal 2010.
2.     Carlo e Lisa sono rimasti a Napoli per quattro giorni.
3.     Aspetto l'autobus da venti minuti.
4.     La signora Carli è al supermercato da tre ore.
5.     Davide ha lavorato in ospedale per sette anni.
6.     Virginia è stata a Londra per sei settimane.

**10** | Incontri un'amica che non vedi da molto tempo. Scrivi domande con *Da quanto tempo?* e *Per quanto tempo?* in risposta a quello che dice la tua amica, come nell'esempio.

Insegno russo adesso.

*Da quanto tempo insegni russo?*

1. Ho vissuto in Brasile.
2. I miei genitori abitano in Sicilia.
3. Sono sposata con Sandro.
4. Mio fratello è stato fidanzato con un'attrice.
5. Io sono vegetariana.
6. Mia sorella ha lavorato nel cinema.

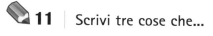

**11** | Scrivi tre cose che...

- non fai da un po' di tempo.
- fai da molto tempo.
- hai fatto in passato, ma ora non fai più.

## I verbi con *essere* e *avere*

**12** | Abbina l'inizio di ogni frase alla sua fine.

1. ☐ Marta ha
2. ☐ Il progetto è
3. ☐ Stefano ha
4. ☐ Il lavoro di Stefano non è
5. ☐ Stefano ha
6. ☐ Il film è

a. cambiato molto.
b. cominciato dieci minuti fa.
c. finito la settimana scorsa.
d. cominciato il suo nuovo lavoro.
e. finito un progetto importante.
f. cambiato ufficio.

**13** | Sottolinea l'alternativa corretta.

1. Susanna *è / ha* cominciato il corso di tango tre mesi fa.
2. Il corso di tango *è / ha* cominciato tre mesi fa.
3. Ferdinando *è / ha* cambiato lavoro.
4. Giovanna *è / ha* cambiata: adesso è più magra.

5. *Ho / Sono* iniziato questo lavoro due settimane fa.
6. Il concerto *è / ha* iniziato alle nove.
7. Ben e Simon *sono / hanno* finito i compiti d'italiano.
8. Le vacanze *hanno / sono* finite.

**14** | Completa le frasi con questi ausiliari.

> **abbiamo • è (x2) • ha • hai • hanno • sono (x2)**

1. Giorgio _____ finito l'esame.
2. Le vacanze _____ cominciate tre giorni fa.
3. Tu _____ già cominciato il corso di salsa?
4. Noi _____ passato il fine settimana a Perugia.

5. A che ora _____ iniziato il concerto?
6. Paolo e Silvia _____ cambiato casa.
7. I tuoi genitori non _____ cambiati molto.
8. La scuola _____ finita la settimana scorsa.

**15** | ◁) 2•2 | Ascolta il dialogo e completa il testo con le forme corrette di *essere* o *avere*.

**Stefano** ... Tu come stai?

**Marta** Sono un po' stanca, perché ho lavorato molto in questi giorni. _____ (1) finito un progetto importante per un'azienda giapponese: il progetto _____ (2) finito la settimana scorsa e lunedì devo presentare il lavoro al mio capo. E tu? _____ (3) cominciato il tuo nuovo lavoro?

**Stefano** Sì, e sono abbastanza contento. Il tipo di lavoro non _____ (4) cambiato molto, ma _____ (5) cambiato ufficio e i miei colleghi sono molto simpatici. Ma dov'è Alberto?

**Marta** Ecco, è arrivato! Sta attraversando la strada.

**Alberto** Salve ragazzi. Non sono molto in ritardo. Entriamo?

**Stefano** Alberto, sono le nove meno venti. Il film _____ (6) cominciato dieci minuti fa!

**Alberto** Beh, sono solo dieci minuti. Dai, andiamo!

**Marta** No, non mi piace entrare quando il film _____ (7) già iniziato.

**Alberto** Ok, allora compriamo i biglietti per il prossimo spettacolo e andiamo a prendere un gelato.

**Stefano** Va bene, Alberto. Ma la prossima volta entriamo senza di te!

**ORARIO SPETTACOLI**
**REPOSI**
MULTISALA
1° 15:00
2° 16:50
3° 18:40
4° 20:30
5° 22:30

**16** 🔊 2•3 **Completa il dialogo con il passato prossimo dei verbi tra parentesi. Poi ascolta e controlla.**

**Chiara** Ciao Matteo. Come stai? Non ci vediamo da molto tempo.

**Matteo** Sto bene grazie. _____ (1. *passare*) proprio tanto tempo, ma tu sei sempre la stessa.

**Chiara** Grazie. E tu che cosa fai adesso?

**Matteo** _____ (2. *cambiare*) lavoro. Ora faccio il cuoco in un grande albergo.

**Chiara** Davvero? E quando _____ (3. *cominciare*)?

**Matteo** Tre mesi fa e sono molto contento. E tu?

**Chiara** Io e Marcello _____ (4. *passare*) sei mesi in India l'anno scorso. È stata un'esperienza fantastica:

la nostra vita _____ (5. *cambiare*). Siamo tornati in Italia a gennaio e a febbraio

_____ (6. *cambiare*) casa. Adesso viviamo in campagna. Io _____ (7. *cominciare*) un

progetto con un'associazione locale. Lavoro con i bambini.

**Matteo** E Marcello?

**Chiara** _____ (8. *iniziare*) un corso all'università. E tu sei sempre fidanzato con Susanna?

**Matteo** No, la nostra storia _____ (9. *finire*) un paio di mesi fa.

**Chiara** Mi dispiace. Hai già una nuova fidanzata?

**Matteo** No, ma se conosci una ragazza simpatica possiamo uscire insieme!

**Chiara** Non _____ (10. *cambiare*), Matteo!

**17** **Descrivi i disegni. Usa il passato prossimo dei verbi *cambiare*, *cominciare*, *finire*, *passare*.**

Ieri Matteo _____

Il film _____

Patrizia e Salvatore _____

Giacomo _____

Purtroppo le vacanze _____

Ieri sera noi _____

**18** | Riordina le parole e scrivi le frasi.

1. chiamato / Patrizia / appena / ha
2. i / comprato / hai / biglietti / già / ?
3. è / non / ancora / Alberto / arrivato
4. già / il / è / film / iniziato

5. suo / cominciato / ha / lavoro / Stefano / nuovo / appena / il
6. progetto / già / Marta / il / ha / suo / finito
7. ho / non / film / visto / il / ancora
8. nostri / abbiamo / i / appena / amici / incontrato

**19** | Sottolinea l'alternativa corretta.

1. Hai *ancora* / *già* chiamato Paola?
2. Non ho *ancora* / *appena* fatto colazione.
3. Ho *ancora* / *appena* ricevuto un sms.
4. Hai *appena* / *già* risposto alla mia e-mail?

5. Ho *ancora* / *già* fatto i compiti di italiano.
6. Il signor Rossetti è *ancora* / *già* arrivato?
7. Non ho *ancora* / *appena* conosciuto il nuovo fidanzato di Adriana.
8. L'aereo non è *ancora* / *già* arrivato: è in ritardo di trenta minuti.

**20** | Completa le frasi con le parole date tra parentesi. Metti i verbi al passato prossimo, come nell'esempio.

Tu _hai già fatto colazione_ ? (*già – fare colazione*)

1. Milena _____ . (*non ancora - fare la doccia*)
2. Voi _____ ? (*già - vedere questo film*)
3. Tua sorella _____ . (*appena - chiamare*)
4. I miei amici _____ . (*non ancora - arrivare*)
5. Io _____ . (*appena - ricevere la tua e-mail*)
6. Tu _____ . (*già - leggere il giornale*)
7. Noi _____ . (*non ancora - andare al supermercato*)
8. Giorgio e Clara _____ . (*già - partire per le vacanze*)

**21** | È sabato, una giornata di tutto relax per Giacomo. Osserva i disegni e descrivi che cosa ha già fatto o non ha ancora fatto. Usa questi verbi.

> vestirsi • farsi la doccia • leggere il giornale • fare colazione • lavare i piatti
> fare le pulizie • passare l'aspirapolvere • bere il caffè

**22** | Scrivi tre cose che...

- hai appena fatto.
- hai già fatto oggi.
- non hai ancora fatto questa settimana.

## TUTTO CHIARO?

**23** | Sottolinea l'alternativa corretta.

1. Giacomo è a casa?
   No, il lunedì sera *gioca* / *sta giocando* sempre a tennis con Dario.

2. Posso parlare con Nadia?
   Mi dispiace, ma *fa* / *sta* facendo la doccia.

3. Chiamiamo Giuseppe e Sandra?
   No, è troppo presto. La domenica *dormono* / *stanno dormendo* fino a tardi.

4. Che cosa fate questa sera?
   *Andiamo* / *Stiamo andando* al cinema.

5. Puoi venire un momento?
   Mi dispiace, ma non posso. *Cucino* / *Sto cucinando*.

6. C'è Grazia al telefono per te.
   Non posso parlare: mi *lavo* / *sto lavando* i capelli. La chiamo più tardi.

**24** | 2•4 Completa il dialogo tra Angelo e Gianna. Poi ascolta e controlla.

**Angelo** Ciao Gianna, Che cosa _____ (1) facendo?

**Gianna** _____ (2) appena finito il lavoro e _____ (3) andando al mio corso di tango.

**Angelo** Bello! _____ (4) quanto tempo lo fai?

**Gianna** _____ (5) tre mesi: _____ (6) iniziato a gennaio e finisce a giugno. Anche tu lo sai ballare, vero?

**Angelo** Certo. Anch'io ho fatto un corso.

**Gianna** _____ (7) quanto tempo?

**Angelo** Due anni e mi è piaciuto molto.

**Gianna** Sì, è proprio bello.

**Angelo** Sei libera dopo il corso?

**Gianna** Certo.

**Angelo** Perché non andiamo al cinema?

**Gianna** Buona idea!

**Angelo** Hai _____ (8) visto l'ultimo film di Moretti?

**Gianna** No, non _____ (9) . È _____ (10) uscito.

**Angelo** Allora possiamo andare insieme. È all'Eliseo, in centro.

**Gianna** Va bene. Ci vediamo alle dieci davanti al cinema?

**Angelo** Perfetto. A più tardi. Buona lezione.

## COMUNICARE

**25** | Abbina ogni frase alla sua funzione.

1. [ ] Da quanto tempo suoni la chitarra?
2. [ ] Ho studiato francese per due anni.
3. [ ] Non gioco a tennis da sei mesi.
4. [ ] Per quanto tempo hai fatto yoga?
5. [ ] Sto guardando un film.
6. [ ] Studio italiano da sei anni.

a. dire che cosa stai facendo adesso
b. dire che cosa non fai da un po' di tempo
c. dire che cosa fai da molto tempo
d. dire che cosa hai fatto in passato ma ora non fai
e. chiedere a un tuo amico da quando tempo fa un'attività
f. chiedere a un tuo amico per quanto tempo ha fatto un'attività

**26** | Scrivi le domande appropriate a queste risposte.

1. _____ — No, non ho ancora chiamato Patrizia. La chiamo più tardi.
2. _____ — Olga sta preparando la cena.
3. _____ — Dieci minuti fa. È un film molto interessante. Perché non lo guardi anche tu?
4. _____ — Frequento questo corso da tre mesi.
5. _____ — Stiamo andando in biblioteca.
6. _____ — Mario ha abitato con Gianni e Mara per due anni.

## SPAZIO ALLE PAROLE

**27** | Riordina le lettere per trovare i generi di film.

1. Mi piacciono molte le _____ (MOCEMIED) romantiche.
2. Ho visto un _____ (ATODURMOCENI) interessante sulla Sicilia.
3. Mia sorella guarda molti _____ (STYNAFA): ha visto tutti i film di Harry Potter!
4. Ti piacciono i film di _____ (VUANVTREA)?
5. Non è vero che tutti i film di _____ (IMOZANIANE) sono per bambini: piacciono anche a molti adulti.
6. Preferisci i film di _____ (TEZANASFCINA) o di _____ (OZANIE)?

**28** | Completa la recensione con queste parole.

> ambientato • attore • pubblico • critica • protagonista
> recita • regista • sceneggiatura • sottotitoli • trama

*La vita è bella* è un film del 1997 del _____ (1) italiano Roberto Benigni. Roberto Benigni

è anche l' _____ (2) principale del film e ha scritto la _____ (3) con Vincenzo

Cerami. Il film è stato un grande successo di _____ (4): ha incassato nel mondo

228.900.000 dollari. Ha avuto anche un grande successo di _____ (5): ha ricevuto sette

candidature agli Oscar e ha vinto tre statuette. Il film è uscito in America nel 1998 in due

versioni: una con i _____ (6) e una doppiata.

Questa la _____ (7). Il film è _____ (8) a Arezzo, in Toscana, negli anni del fascismo. Il _____ (9)

è Guido, un giovane ebreo. Guido incontra Dora, un'insegnante. Nicoletta Braschi, la moglie di Benigni, _____ (10)

la parte di Dora. Guido e Dora si sposano e hanno un bambino, Giosuè. Per sei anni la famiglia è felice: Guido ha aperto

una libreria e Dora insegna. Ma la felicità non dura...

continua >

**29** | Prepara la scheda del tuo film preferito.

titolo _____  genere _____

regista _____  sceneggiatura _____

attori _____

breve trama _____

**Il mio film preferito**

# Casa mia, casa mia...

## I pronomi personali diretti

| pronomi diretti | | |
|---|---|---|
| io | → | mi |
| tu | → | ti |
| lui / lei / Lei | → | lo / la / La |
| noi | → | ci |
| voi | → | vi |
| loro | → | li / le |

I pronomi personali diretti:
▸ sostituiscono un nome
▸ precedono il verbo.

> *Ha telefonato <u>la signora Santini</u>. - Grazie, **la** richiamo subito.*
> *<u>Io e Cristina</u> andiamo a prendere un aperitivo: perché non **ci** raggiungi più tardi?*

Quando usiamo i pronomi diretti con i verbi modali *potere*, *volere* e *dovere* i pronomi possono avere due posizioni:
▸ **precedono il verbo modale.**
> ***Lo** devo fare.*
> *Non **ti** posso chiamare.*
> ***La** voglio comprare.*
▸ **sono uniti all'infinito.**
> *Devo far**lo**.*
> *Non posso chiamar**ti**.*
> *Voglio comprar**la**.*

## Il *si* impersonale / passivante

Usiamo il *si* impersonale / passivante quando vogliamo indicare un'azione generale senza fare riferimento a una o più persone specifiche.
In questo uso il *si* è seguito dalla **terza persona singolare o plurale** del verbo.

▸ Usiamo si + terza persona singolare con un **complemento oggetto singolare** o quando **non c'è il complemento oggetto.**
> *In Italia **si** **mangia** molta **pasta**.*
> *In Italia **si** **cena** alle otto.*
▸ Usiamo si + terza persona plurale con un **complemento oggetto plurale.**
> *In Italia **si** **mangiano** molti **spaghetti**.*

## La concordanza del passato prossimo con i pronomi personali diretti

Quando usiamo i pronomi personali diretti *lo*, *la*, *li* e *le* con il passato prossimo dei verbi, il participio passato concorda con il pronome nel numero e nel genere. *Lo* e *la* di norma si apostrofano.

> *Hai letto <u>il giornale</u>? - Sì, **l'**ho lett**o** stamattina.*
> *Conosci <u>la fidanzata di Sergio</u>? - Sì, **l'**ho conosciut**a** alla sua festa di compleanno.*
> *Hai già fatto <u>i compiti di italiano</u>? - Sì, **li** ho fatt**i** ieri.*
> *Dove hai comprato <u>queste scarpe</u>? - **Le** ho comprat**e** in un negozio del centro.*

## Gli aggettivi *quello* e *bello*

| | | singolare | plurale |
|---|---|---|---|
| **maschile** | davanti a consonante | quel / bel tavolo | quei / bei tavoli |
| | davanti a s + consonante, *ps, gn, y* | quello / bello specchio | quegli / begli specchi |
| | davanti a vocale | quell' / bell'armadio | quegli / begli armadi |
| **femminile** | davanti a consonante | quella / bella sedia | quelle / belle sedie |
| | davanti a vocale | quell' / bell'amica | quelle / belle amiche |

Gli aggettivi *quello* e *bello* cambiano a seconda delle lettere iniziali del nome, nello stesso modo dell'articolo indeterminativo.

## I pronomi personali diretti

**1** | Sottolinea l'alternativa corretta in base alle parole sottolineate.

1. <u>Io</u> sto cercando casa. *Mi / Lo* aiuti?
2. Dove stai cercando <u>casa</u>? *La / Ti* sto cercando su Internet.
3. Non ho molti <u>soldi</u>. *Mi / Li* puoi chiedere ai tuoi genitori.
4. Dove metti l'<u>armadio</u>? *Lo / La* metto in corridoio.
5. Se <u>tu</u> trovi l'appartamento, *ci / ti* invito a cena.
6. <u>Io e Lisa</u> siamo al bar in piazza. *Vi / Ci* raggiungi?

**2** | Completa le frasi con i pronomi corretti. Scegli il pronome corrispondente alla parola sottolineata.

mi • ci • lo • vi • le • ti

1. <u>Io</u> sto facendo i compiti di italiano: ........... aiuti?
2. Ho fatto <u>delle lasagne</u>: ........... vuoi?
3. Se <u>tu</u> vieni al cinema, ........... aspetto.
4. Scrivo <u>un messaggio</u> e ........... mando subito.
5. <u>Io e Grazia</u> siamo alla stazione: ........... vieni a prendere?
6. Se <u>voi</u> mi date il vostro numero di telefono, ........... chiamo.

**3** | Abbina a ogni frase / domanda la risposta adatta.

1. ☐ Questo è il mio numero di cellulare.
2. ☐ Amo i film di avventura. E tu?
3. ☐ Questo è il nostro regalo.
4. ☐ Bevi un caffè?
5. ☐ A che ora arrivi in stazione?
6. ☐ La gonna gialla è molto bella. Ti piace?

a. Alle quattro. Mi vieni a prendere tu?
b. Bene, ti chiamo più tardi.
c. No, non li guardo mai.
d. No, non lo prendo mai la sera.
e. Sì, molto. La compro.
f. Vi ringrazio tanto. È molto bello.

**4** | ◁)) 2•5 | Completa il dialogo con i pronomi personali diretti. Poi ascolta e controlla.

| | |
|---|---|
| **Gianni** | Che cosa stai facendo? |
| **Bianca** | Sto cercando casa. ........... (1) aiuti? |
| **Gianni** | Certo, ma ........... (2) cerchi su Internet? |
| **Bianca** | Sì, si trovano molti annunci interessanti e a prezzi convenienti. |
| **Gianni** | Ma vuoi comprare o affittare? |
| **Bianca** | Affittare, naturalmente. Non ho abbastanza soldi per comprare casa. |
| **Gianni** | Però ........... (3) puoi chiedere ai tuoi genitori. |
| **Bianca** | Ai miei genitori? Assolutamente no! ... Guarda qui. Questo appartamento ha una camera da letto, una cucina, un soggiorno, un bagno e l'affitto è 600 euro al mese. |
| **Gianni** | Ma è in via Cervi, molto lontano dal tuo ufficio. |
| **Bianca** | ........... (4) so, ma non si può avere tutto... Questo però... guarda, è perfetto! È vicino al lavoro e c'è anche un piccolo terrazzo... |
| **Gianni** | ... ma l'affitto è 1000 euro al mese! Non è troppo caro? |
| **Bianca** | Sì, hai ragione. Che cosa posso fare? |
| **Gianni** | Aspetta! Una mia collega si trasferisce a Torino per lavoro e lascia il suo appartamento. ........... (5) chiamo subito! |
| **Bianca** | Fantastico. ........... (6) ringrazio tanto, Gianni. Se trovi l'appartamento facciamo una festa! |

**5** Completa la chat tra Margherita e Enrico.

Ciao Margherita, domani c'è la mia festa e devo fare ancora tante cose. Enrico

Stai tranquillo, Enrico. .......... (1) aiuto io. Che cosa devo fare?

Puoi ordinare la torta?

Certo, .......... (2) ordino io. Vado in pasticceria oggi pomeriggio. E lo spumante? .......... (3) compro io?

Sì, grazie. E poi voglio invitare anche Paolo e Simonetta.

Lo faccio io. .......... (4) chiamo più tardi.

Bene. Allora questa sera faccio le lasagne.

Non .......... (5) puoi fare stasera: usciamo con Paolo. Andiamo in quel nuovo locale in piazza Mercanti. .......... (6) viene a prendere alle sette.

Alle sette? È troppo presto. Vai tu con Paolo: io .......... (7) raggiungo più tardi. A dopo!

**6** Osserva i disegni e scrivi i dialoghi, come nell'esempio. Usa le parole indicate sotto a ogni disegno.

🧍 Mi aiuti con il trasloco?
🧍 Non ti posso aiutare. / Non posso aiutarti. Devo studiare.

| aiutare / trasloco | aiutare / studiare |

| accompagnare / vedere / mobili | accompagnare / portare la macchina / meccanico | chiamare / stasera / alle 10 | chiamare / andare / teatro |

🧍 ..................................................
🧍 ..................................................

| arrivare alle sette / venire a prendere | venire a prendere / lavorare | portare / Lisa / aeroporto | portare / andare / dottore |

🧍 ..................................................
🧍 ..................................................

## Il *si* impersonale / passivante

**7** Sottolinea l'alternativa corretta in base alle parole sottolineate.

1. Si *trova* / *trovano* molti annunci su Internet.
2. A casa mia si *mangia* / *mangiano* molta pasta.
3. In Italia si *beve* / *bevono* molti caffè.
4. Qui si *parla* / *parlano* italiano.
5. Non si *mangia* / *mangiano* gli spaghetti con il cucchiaio.
6. I francobolli si *compra* / *comprano* in tabaccheria.

**8** Trasforma le frasi usando *si* + terza persona singolare o plurale, come nell'esempio.

La domenica pranziamo sempre all'una. *La domenica si pranza sempre all'una.*

1. In Italia non beviamo il cappuccino dopo pranzo.
2. Compriamo i biglietti dell'autobus dal giornalaio.
3. Non sempre lasciamo la mancia al cameriere.
4. Vediamo gli amici il venerdì sera.
5. Paghiamo il conto alla cassa.
6. Non usiamo i cellulari durante l'esame.

**9** Scrivi le frasi adatte a queste situazioni. Usa il *si* impersonale.

andare a letto • bere un caffè • fare la spesa • guardare la televisione
mettere lo zucchero • ringraziare e accettare • ~~mangiare un bel piatto di pasta~~

Che cosa si fa quando...

abbiamo fame? *Si mangia un bel piatto di pasta.*

1. il frigorifero è vuoto?
2. il caffè è amaro?
3. c'è un programma interessante in TV?
4. un amico ci invita a cena?
5. finiamo di pranzare?
6. siamo stanchi la sera?

**10** Completa il dialogo con *si* + la terza persona singolare o plurale dei verbi tra parentesi.

Scusi, c'è una buona trattoria qui vicino?

Sì, c'è *La lanterna*. _____ (1. *mangiare*) veramente bene. È famosa per i suoi primi: _____ (2. *mangiare*) delle tagliatelle ai funghi fantastiche.

È molto cara?

No, non _____ (3. *spendere*) molto.

È lontana?

No, _____ (4. *prendere*) la prima a sinistra e poi _____ (5. *andare*) sempre

dritto per cinquecento metri.

**11** Abbina i verbi alle parole / espressioni per descrivere che cosa si fa la domenica in Italia.

*La domenica in Italia... si fa una passeggiata.*

fare    pranzare    andare
guardare    leggere    incontrare

gli amici
con la famiglia
una passeggiata    al cinema
il giornale    la televisione

## La concordanza del passato prossimo con i pronomi personali diretti

**PRIMI PASSI**

**12** | Abbina alle domande le risposte.

1. ☐ Dove hai comprato la libreria?
2. ☐ Hai pagato molto i mobili?
3. ☐ Chi ha portato quelle scatole?
4. ☐ Dove hai messo l'armadio?
5. ☐ Hai già fatto le lasagne?
6. ☐ Quando hai visto i tuoi amici?
7. ☐ Hai chiamato Carla?
8. ☐ Chi ha comprato il giornale?

a. L'ha comprato Federica.
b. Sì, le ho fatte ieri.
c. L'ho messo in corridoio.
d. Li ho visti ieri al cinema.
e. No, non l'ho ancora chiamata.
f. L'ho comprata in un negozio a Trastevere.
g. No. Li ho pagati 320 euro.
h. Le ha portate mio papà.

**PRIMI PASSI**

**13** | Completa le risposte con le vocali finali mancanti.

1. ● Hai ricevuto la mia e-mail? ○ Si l'ho ricevut.... ieri sera.
2. ● Hai letto questo libro? ○ Sì, l'ho già lett.... .
3. ● Hai invitato Giorgio e Mauro? ○ No, non li ho ancora invitat.... .
4. ● Dove hai comprato queste scarpe? ○ Le ho comprat.... in un negozio del centro.
5. ● Chi ha cucinato l'arrosto? È molto buono. ○ L'ha cucinat.... Mauro.
6. ● Dove hai messo l'acqua minerale? ○ L'ho mess.... in frigorifero.
7. ● Conosci Nadia e Francesca? ○ Sì, le ho conosciut.... a casa di Patrizia.
8. ● Hai mandato gli inviti? ○ Sì, li ho mandat.... la settimana scorsa.

**14** | 🔊 2•6 Completa il dialogo tra la dottoressa Galli e Cristina, la sua segretaria. Poi ascolta e controlla.

| | |
|---|---|
| **dott.ssa Galli** | Bene, Cristina. È tutto pronto per il mio viaggio in Inghilterra? |
| **Cristina** | Certo, dottoressa Galli. |
| **dott.ssa Galli** | Hai comprato i biglietti dell'aereo? |
| **Cristina** | Sì, li ................... (1) la settimana scorsa. |
| **dott.ssa Galli** | E hai prenotato la macchina? |
| **Cristina** | Sì, l'................... (2) ieri pomeriggio. |
| **dott.ssa Galli** | Hai confermato l'hotel? |
| **Cristina** | Certo, l'................... (3) due giorni fa. È tutto a posto. |
| **dott.ssa Galli** | Hai contattato i nostri clienti a Londra? |
| **Cristina** | Sì, li ................... (4). La aspettano mercoledì pomeriggio alle tre. |
| **dott.ssa Galli** | Benissimo. E hai chiamato la signora O'Ryan? |
| **Cristina** | Sì, l'................... (5) ieri pomeriggio. Ha confermato il vostro appuntamento di martedì. |
| **dott.ssa Galli** | Hai mandato l'e-mail al nostro agente? |
| **Cristina** | Sì, l'................... (6) questa mattina e ha già risposto. |
| **dott.ssa Galli** | E hai prenotato i biglietti per il teatro? Sai che voglio andare a vedere *Mamma mia* quando sono a Londra. |
| **Cristina** | Sì, li ................... (7). Può ritirarli al botteghino la sera dello spettacolo. |
| **dott.ssa Galli** | Perfetto. E dove hai messo le mie sterline? |
| **Cristina** | Le ................... (8) insieme ai documenti di viaggio. |

**15** | Completa le risposte con i pronomi personali diretti e il passato prossimo dei verbi tra parentesi.

Perché non andiamo a vedere questo film?

**1**

No, .................................. (già - vedere).

Sei andata a prendere i biglietti per il concerto?

**2**

Sì, .................................. (prendere) questo pomeriggio.

Hai chiamato Barbara e Donata?

**3**

Sì e .................................. (invitare) a cena domani sera.

C'è la mozzarella?

**4**

Sì, .................................. (comprare) la mamma stamattina.

Questi antipasti sono molto buoni.

**5**

Ti piacciono? .................................. (fare) io!

Le tue figlie sono andate in stazione da sole?

**6**

No, .................................. (accompagnare) mio marito.

**16** | Rispondi alle domande.

- Dove hai conosciuto il tuo migliore amico?
- A chi hai mandato la tua ultima e-mail?
- Quanto hai pagato i tuoi jeans?

- Dove hai comprato le tue scarpe?
- Quando hai fatto il tuo ultimo viaggio?
- Dove hai mangiato una pizza molto buona?

## Gli aggettivi *quello* e *bello*

**17** | Completa la tabella con le forme mancanti di *quello* e *bello*.

| | singolare | | plurale | | |
|---|---|---|---|---|---|
| **maschile** | ............. bagno | **bel** bagno | **quei** bagni | ............. bagni | davanti a consonante |
| | **quello** scaffale | ............. scaffale | ............. scaffali | **begli** scaffali | davanti a s + ............., ps, gn, y |
| | ............. armadio | ............. armadio | **quegli** armadi | ............. armadi | davanti a ............. |
| **femminile** | ............. poltrona | ............. poltrona | ............. poltrone | ............. poltrone | davanti a ............. |
| | ............. insalata | ............. insalata | ............. insalate | ............. insalate | davanti a ............. |

**18** | Completa le frasi con questi aggettivi.

quell' • bei • quelle • bel • quel • bell' • quegli • quei

1. Mi piace molto _____ armadio.
2. Dove hai comprato _____ bicchieri?
3. Ho visto dei _____ divani nel nuovo negozio.
4. Che cosa vuoi mettere su _____ scaffali?

5. Bianca ha trovato un _____ appartamento.
6. Dove metto _____ scatole?
7. Faccio sempre la spesa in _____ supermercato.
8. Vittorio è proprio un _____ ragazzo.

**19** | Forma delle frasi con queste parole e la forma corretta di *bello*. Segui gli esempi.

libro → *È proprio un bel libro!*    tende → *Sono proprio delle belle tende!*

- film   _____
- orecchini   _____
- albergo   _____

- quadri   _____
- chiesa   _____
- scarpe   _____

**20** | Riscrivi le frasi dell'esercizio 19 seguendo gli esempi.

*Quel libro è proprio bello! – Quelle tende sono proprio belle!*

**21** | ◁ᴺ) 2•7   Patrizia e Luciano stanno scegliendo i mobili per la loro nuova casa. Completa il dialogo con le forme corrette di *quello* e *bello*. Poi ascolta e controlla.

**Luciano** Questa è una _____ (1) camera da letto, vero? Ti piace _____ (2) letto?
**Patrizia** Sì, è carino, ma non mi piacciono _____ (3) comodini.
**Luciano** Sì, hai ragione, neanche a me.
**Patrizia** E poi voglio un _____ (4) armadio dove possiamo mettere tutti i nostri vestiti.
**Luciano** Sì, _____ (5) armadio è troppo piccolo... Ora guardiamo le cucine... Questa non è male.
**Patrizia** No, ma _____ (6) frigorifero non va bene. Non è abbastanza grande.
**Luciano** Però _____ (7) mobiletti mi piacciono. Sono di un _____ (8) colore.
**Patrizia** Veramente a me non piace molto l'arancione.
**Luciano** Va bene, niente arancione. Passiamo al soggiorno?
**Patrizia** Sì. Guarda _____ (9) libreria! Non è fantastica?
**Luciano** Sì, è proprio una _____ (10) libreria! Ma è arancione!

**TUTTO CHIARO?**

**22** | Sottolinea l'alternativa corretta.

1. 👤 Che *begli / belli* orecchini! 👤 Grazie, sono un regalo di Mario.
2. 👤 Dove hai messo le scatole? 👤 *Li / Le* ho messe in camera da letto.
3. 👤 Hai conosciuto il nuovo fidanzato di Federica? 👤 Sì, è proprio un *bello / bel* ragazzo.
4. In quel negozio si *può / possono* trovare dei mobili molto belli e non cari.
5. Chi abita in *quell' / quel* appartamento?
6. 👤 Hai lavato i bicchieri? 👤 No, non *li / lo* ho ancora lavati.
7. In questa città si *vive / vivono* molto bene.
8. *Quei / Quelli* quadri sono molto belli.

**23** Completa l'e-mail con queste parole.

> begli • quel • bei • l' • bel • si • bell' • ti • li • mi • quella • vista

| Da: | **da:** gratos@gfx.it |
| A: | **a:** marvis@sdt.it |
| Oggetto: | **oggetto:** ci vediamo? |

Firma: Firma n.4

Caro Marco,

come stai? non ............ (1) vedo da molto tempo, ma ho avuto tue notizie da Silvia. ............ (2) ho incontrata a ............ (3) mostra di Leonardo a Palazzo Reale. L'hai ............ (4)? È molto interessante. Silvia mi ha detto che tu e Sandra avete comprato un ............ (5) appartamento in via Macchi, in ............ (6) nuovo palazzo all'angolo con viale Tunisia. È proprio un ............ (7) palazzo. Lo conosco perché anch'io abito lì vicino. È una bella zona. ............ (8) possono fare molte cose: ci sono molti bar, dei ............ (9) negozi e dei buoni ristoranti. Perché non ............ (10) chiami uno di questi giorni? C'è un bar vicino a casa mia dove fanno dei ............ (11) aperitivi. Possiamo invitare anche Giacomo e Fabrizia. Io ............ (12) vedo lì ogni mercoledì sera.

A presto.

Grazia

## COMUNICARE

**24** Riordina le frasi del dialogo.

- ☐ Allora l'hai affittato, non l'hai comprato.
- ☐ 500 euro al mese. Ma l'appartamento è piccolo.
- ☐ Quanto è l'affitto?
- ☐ E dove mangi?
- ☐ 1 ☐ Come hai trovato il tuo nuovo appartamento?
- ☐ Nel soggiorno, così posso guardare anche la televisione.
- ☐ Sì, non ho abbastanza soldi per comprare casa.
- ☐ Piccolo? Perché? Quante stanze ci sono?
- ☐ Su Internet. Si trovano molti annunci di appartamenti in affitto.
- ☐ Un soggiorno, una camera da letto, cucina e bagno. Ma la cucina è proprio piccola.

In zona centro si affitta appartamento 45 mq composto da soggiorno, cucina, camera da letto, bagno

**25** Scrivi le domande appropriate a queste risposte.

1. ...................................................................................... 👄 L'ho comprato in un negozio del centro.
2. ...................................................................................... 👄 Affittare. Comprare casa è molto caro.
3. ...................................................................................... 👄 Li ho pagati 50 euro.
4. ...................................................................................... 👄 Ci sono un divano, due poltrone, un tavolino e molte piante.
5. ...................................................................................... 👄 Li puoi mettere nei mobiletti sopra la cucina.
6. ...................................................................................... 👄 L'ho messo in corridoio perché la camera da letto non è molto grande.

## SPAZIO ALLE PAROLE

**26** | Abbina le parole ai diversi tipi di casa.

a. palazzo moderno
b. villetta a schiera
c. palazzo d'epoca
d. villa unifamiliare
e. attico
f. mansarda

**27** | La signora Radaelli descrive la sua casa. Scrivi i nomi delle stanze sulla piantina.

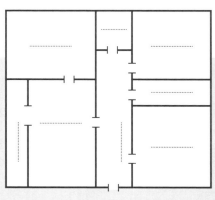

La mia casa è abbastanza tipica per la famiglia media italiana. È al secondo piano. Quando si entra c'è un corridoio. A sinistra c'è una stanza molto grande, il soggiorno. Dal soggiorno si va su un bel balcone. Accanto al soggiorno c'è la cucina: è abbastanza grande e così di solito noi mangiamo qui. In fondo al corridoio c'è un bagno, non molto grande. A destra del bagno c'è la camera dei miei figli. La nostra camera da letto è di fronte al soggiorno. C'è anche un bagno tra la nostra camera da letto e la camera da letto dei nostri figli.

**28** | Osserva il disegno del soggiorno e completa la descrizione.

Il soggiorno è abbastanza grande. C'è una grande
............................ (1) con una bella vista. A destra ci sono
un bel ............................ (2) e due ............................ (3). Sul
divano ci sono tre ............................ (4). Davanti al divano
c'è un ............................ (5) con una ............................ (6).
In mezzo alla stanza c'è un tappeto. Sulla parete sopra
il divano ci sono molti ............................ (7). A sinistra c'è un
............................ (8) con quattro ............................ (9). A sinistra
della finestra c'è una ............................ (10) e a destra ci sono
tre ............................ (11) con molti libri. A sinistra della
libreria c'è un grande ............................ (12).

 **29** | Disegna la piantina della tua casa e scrivi un breve testo. Descrivi poi la tua stanza preferita. Segui come modello i testi degli esercizi 27 e 28.

# Ieri e oggi

## L'imperfetto (1)

**I verbi regolari**

|  | -are | -ere | -ire |
|---|---|---|---|
| (io) | and**avo** | prend**evo** | part**ivo** |
| (tu) | and**avi** | prend**evi** | part**ivi** |
| (lui / lei / Lei) | and**ava** | prend**eva** | part**iva** |
| (noi) | and**avamo** | prend**evamo** | part**ivamo** |
| (voi) | and**avate** | prend**evate** | part**ivate** |
| (loro) | and**avano** | prend**evano** | part**ivano** |

**I verbi irregolari**

|  | essere | fare |
|---|---|---|
| (io) | ero | facevo |
| (tu) | eri | facevi |
| (lui / lei / Lei) | era | faceva |
| (noi) | eravamo | facevamo |
| (voi) | eravate | facevate |
| (loro) | erano | facevano |

|  | bere | dire |
|---|---|---|
| (io) | bevevo | dicevo |
| (tu) | bevevi | dicevi |
| (lui / lei / Lei) | beveva | diceva |
| (noi) | bevevamo | dicevamo |
| (voi) | bevevate | dicevate |
| (loro) | bevevano | dicevano |

L'imperfetto è un tempo del passato. Lo usiamo:

▶ per indicare un'azione abituale o ripetuta nel passato.

*Da giovane **incontravo** i miei amici ogni pomeriggio.*
***Andavamo** al cinema tutti i sabati.*

▶ per descrivere persone, luoghi, stati fisici ed emozioni nel passato.

*Mio nonno **era** alto e **aveva** i capelli castani e gli occhi verdi.*
*L'albergo **era** molto bello.*
***Eravamo** molto stanchi.*
*Paola **era** arrabbiata con Franco.*

▶ per parlare di età e di tempo atmosferico nel passato.

*Nel 2006 Carla **aveva** diciotto anni.*
*Ieri **pioveva** e **faceva** freddo.*

## Il pronome relativo *che*

Usiamo il pronome relativo *che* per **unire due frasi**.
*Che* **segue immediatamente il nome che sostituisce** e non cambia al maschile, femminile, singolare e plurale.

*Il signore **che** parla con Maria è il mio insegnante di italiano.*
*La ragazza **che** studia con Martina abita a dieci minuti da qui.*
*Non ci sono molti negozi **che** sono aperti all'ora di pranzo.*
*Dove sono le chiavi **che** ho lasciato sul tavolo?*

## Il *ci* locativo

Usiamo il pronome *ci* per **sostituire il nome di un luogo**.

*Amo i musei: **ci** vado molto spesso. (**ci** = nei musei)*
*I miei figli vanno a New York, ma **ci** restano solo una settimana. (**ci** = a New York)*
*Conosco bene Rimini: da piccola **ci** passavo tutta l'estate. (**ci** = a Rimini)*

Il pronome *ci* **precede sempre il verbo**. Nelle frasi negative *ci* è **tra la negazione NON e il verbo**.

*Mi piace molto la montagna, ma non **ci** vado spesso.*

## SPAZIO ALLA GRAMMATICA

### L'imperfetto (1): i verbi regolari

 **1** Completa la tabella.

| | andare | prendere | partire |
|---|---|---|---|
| (io) | andavo | prendevo | partivo |
| (tu) | andavi | prendevi | partivi |
| (lui / lei / Lei) | andava | prendeva | partiva |
| (noi) | andavamo | prendevamo | partivamo |
| (voi) | andavate | prendevate | partivate |
| (loro) | andavano | prendevano | partivano |

**2** Sottolinea l'alternativa corretta.

1. Sandro e Donata *andava / andavano* al cinema tutti i sabati.
2. Da giovane non *prendevo / prendeva* mai l'autobus, *andavi / andavo* sempre a piedi.
3. Marco, dove *andavi / andavate* a scuola?
4. Tutte le estati io e i miei amici *partivano / partivamo* per le vacanze in treno.
5. Da piccolo io non *prendevo / prendevi* mai il caffè a colazione.
6. Gianna, da bambina a che ora *partivo / partivi* da casa per andare a scuola?

**3** Dopo molti anni Marta contatta una vecchia compagna di scuola. Completa la sua e-mail con questi verbi.

abitavate • andavamo • arrivavo • aspettavi • costava • parlavamo • passavamo • portava
pranzavamo • prendevamo • prendevate • si arrabbiava • tornavo • veniva

Ciao Elena! Sono Marta. andavamo (1) a scuola insieme dieci anni fa. Ti ricordi delle nostre giornate all'Istituto Cavalieri? Io arrivavo (2) sempre in ritardo e tu mi aspettavi (3) alla fermata dell'autobus. Prendevamo (4) un cappuccino e un cornetto e poi di corsa a scuola. Cinque ore interminabili. Le lezioni finivano all'una e dieci e spesso pranzavamo (5) insieme al solito bar. A volte pranzavamo (6) con noi Giacomo: ti ricordi di lui? veniva (7) sempre i jeans e un maglione larghissimo. Dopo pranzo tu e Giacomo prendevate (8) l'autobus insieme perché abitavate (9) vicino. Io invece tornavo (10) a casa da sola e facevo i compiti. parlavamo (11) al telefono tutte le sere: mio padre si arrabbiava (12) sempre perché passavamo (13) almeno un'ora a chiacchierare e il telefono costava (14) tanto.

Scrivi presto. Voglio avere tue notizie!

Marta

**4** | Completa la risposta di Elena con la forma corretta dell'imperfetto dei verbi tra parentesi.

Marta, sono proprio contenta di avere tue notizie! Certo che mi ricordo degli anni al Cavalieri! Tu _____ (1. *studiare*) sempre tanto e io _____ (2. *copiare*) i tuoi compiti, specialmente quelli di matematica. Ti ricordi la prof De Palma? Io _____ (3. *addormentarsi*) sempre alle sue lezioni perché la sera _____ (4. *andare*) a letto tardi e la mattina _____ (5. *svegliarsi*) sempre presto. E i nostri pranzi al Bar Mondiale con Giacomo? Lui _____ (6. *avere*) sempre fame e _____ (7. *mangiare*) almeno tre panini. Ha sempre fame anche adesso. Come lo so? È mio marito, e abbiamo anche una bimba piccola. Tu sei molto diversa ora. Da ragazza _____ (8. *avere*) i capelli lunghi e biondi.

Quando ci vediamo?

Un abbraccio

Elena

**5** | 🔊 2•8 Completa il testo con i verbi all'imperfetto. Poi ascolta e controlla.

| | |
|---|---|
| **Martina** | Papà, sto chattando! Parlo con Stefania... |
| **Paolo** | La ragazza che studia con te? Ma abita a 10 minuti da qui! Perché non vi incontrate domani al parco sotto casa? Io, da giovane, non _____ (1) il computer, ma ogni pomeriggio _____ (2) di casa, _____ (3) in piazza e lì _____ (4) tutti i miei amici... Tutta un'altra vita! |
| **Martina** | Sì... più noiosa! |
| **Paolo** | Più divertente, invece! |
| **Martina** | Ma con il computer posso fare tutto... e subito! Chatto, guardo tutti i film che voglio, scarico la musica che mi piace. Invece voi non _____ (5). |
| **Paolo** | Io e i miei amici _____ (6) sempre nei negozi di musica per comprare i dischi! E tutti i sabati _____ (7) al cinema perché _____ (8) solo 3000 lire. |

**6** | Da giovane Alberto era molto diverso da come è ora. Osserva i disegni, poi completa le frasi di pag. 150 con l'imperfetto o il presente di questi verbi, come nell'esempio.

abitare • andare • ascoltare (x2) • avere (x2) • giocare • guidare • portare • sciare • vestirsi • vivere

Da giovane Alberto _abitava_ in un piccolo appartamento, ma ora _vive_ in una grande casa.

1. Alberto _aveva_ i capelli lunghi, ma ora _ha_ i capelli corti.
2. Alberto _andava_ sempre in bicicletta, ma ora _guida_ una bella macchina sportiva.
3. Alberto _portava_ solo jeans e maglioni, ma ora _si veste_ in modo elegante.
4. Alberto _ascoltava_ musica rock, ma ora _ascolta_ musica classica.
5. Alberto _sciava_ da giovane, ma ora _gioca_ a tennis.

## L'imperfetto (1): i verbi irregolari

**PRIMI PASSI**

**7** | Completa la tabella con questi verbi.

facevo • dicevamo
bevevate • erano • faceva
bevevi • facevamo dicevi
facevate • eri • eravamo
dicevate • beveva
bevevano • dicevo • era

| | essere | fare | bere | dire |
|---|---|---|---|---|
| (io) | ero | _facevo_ | bevevo | _dicevo_ |
| (tu) | _eri_ | facevi | _bevevi_ | _dicevi_ |
| (lui / lei / Lei) | _era_ | _faceva_ | _beveva_ | diceva |
| (noi) | _eravamo_ | _facevamo_ | bevevamo | _dicevamo_ |
| (voi) | eravate | _facevate_ | _bevevate_ | _dicevate_ |
| (loro) | _erano_ | facevano | _bevevano_ | dicevano |

**8** | Completa il blog di Billy con l'imperfetto dei verbi tra parentesi.

**BENVENUTI NEL BLOG DI BILLY!**

### I GIOVANI D'OGGI... E QUELLI DI IERI

Oggi mi sento vecchio, molto vecchio! Ho solo trent'anni, ma i ragazzi di oggi sono molto diversi.

Quando io ero ragazzo:

– i cellulari ............................ (1. _fare_) solo gli sms. Oggi devi avere il videotelefonino-con-fotocamera-mms-TV...

– Non ............................ (2. _io – avere_) mai soldi (le lire!!!). ............................ (3. _spendere_) 50.000 lire in un paio di mesi. Ora si spendono 25 euro in una settimana.

– ............................ (4. _noi – comprare_) i CD originali e li ............................ (5. _prestare_) agli amici.

– C'............................ (6. _essere_) le prime chat, ma i ragazzi che le ............................ (7. _usare_) avevano 15 o 16 anni. Adesso i bambini conoscono le chat già a 11-12 anni.

– Quando ............................ (8. _noi – dire_) "oggi giochiamo a calcio" ............................ (9. _volere_) dire correre tutto il pomeriggio dietro a una palla, non accendere la playstation!

– I ragazzi ............................ (10. _avere_) il motorino, ma la patente non ............................ (11. _essere_) obbligatoria.

– Non c'............................ (12. _essere_) i reality show! La televisione ............................ (13. _essere_) davvero interessante.

– Le gite all'estero (ma anche le vacanze studio) non ............................ (14. _essere_) così frequenti. Non c'............................ (15. _essere_) ·voli low-cost. I giovani d'oggi forse spendono più soldi.

– ............................ (16. _noi - bere_) il caffè, al massimo un macchiato. Adesso abbiamo il marocchino, l'americano, il caffè al ginseng...

Certo, la tecnologia è un grande aiuto, ma sapete che cosa consiglio ai giovani d'oggi?

Consiglio a tutti di provare a spegnere cellulare, Internet, TV, PC per un giorno.

Così la vita è più autentica! ☺ Billy

**9** 🔊 2•9 Piera ricorda come passava le sue vacanze da giovane. Completa il testo con l'imperfetto di questi verbi. Poi ascolta e controlla.

> arrivare • avere • costare • esserci • essere (x2) • fare
> mangiare • passare • partire • prendere • stare

Eh, mamma mia, da giovane _____ (1) delle vacanze davvero belle! Io e i miei amici _____ (2) insieme da Milano il primo agosto; la mattina noi _____ (3) la macchina di Michele e _____ (4) in Liguria verso l'una. La macchina _____ (5) un'Alfa Romeo rossa e _____ (6) una radio bellissima, un vero lusso! Noi _____ (7) in Liguria tutto il mese, _____ (8) lunghi bagni e la sera, spesso, _____ (9) in una trattoria ligure che _____ (10) pochissimo; il cibo _____ (11) molto buono e _____ (12) un'atmosfera davvero magica!

**10** Corso Vittorio Emanuele è una delle vie più conosciute di Milano. Osserva le foto del passato e del presente e completa le frasi con l'imperfetto e il presente dei verbi tra parentesi.

1. Nel 1920 c'_____ i tram, ora c'_____ un'isola pedonale. (*essere*)
2. Moltissime persone _____ per il corso e anche ora la gente _____ in Galleria. (*passeggiare*)
3. C'_____ molti palazzi vecchi, ora ci _____ palazzi moderni. (*essere*)
4. La gente _____ spese in piccoli negozi, ma oggi _____ shopping nelle grandi catene di negozi. (*fare*)
5. In passato non c'_____ molti bar, ora ci _____ moltissimi bar con tanti turisti. (*essere*)
6. Le persone _____ le vetrine dei negozi di lusso e anche oggi _____ le vetrine dei negozi alla moda con le ultime novità. (*guardare*)

1920

2012

**11** | Scrivi un breve testo. Spiega come eri quando eri piccolo / più giovane. Segui gli argomenti suggeriti.

*Quando ero più giovane / piccolo, avevo i capelli...*

- aspetto fisico
- carattere
- abbigliamento
- abitazione
- hobby
- sport
- musica
- vacanze

---

**Il pronome relativo *che***

**12** | Abbina l'inizio delle frasi alla loro fine.

1. Conosci il ragazzo
2. Ho pranzato con i miei amici
3. Ti è piaciuto il film
4. Ho letto un libro
5. Come si chiama la professoressa
6. Di che taglia sono i jeans

**che**

a. abitano a Roma.
b. hai comprato?
c. è molto interessante.
d. hai visto ieri sera?
e. insegna italiano?
f. sta parlando con Lea?

---

**13** | Usa i suggerimenti per scrivere le definizioni di queste parole, come nell'esempio.

**attore**: uomo / recitare / in un film o a teatro

*L'attore è un uomo che recita in un film o a teatro.*

1. **patente**: documento / essere necessario / per guidare
2. **meccanico**: persona / riparare / le macchine
3. **edicola**: negozio / vendere giornali e riviste
4. **commessa**: donna / lavorare / in un negozio
5. **GPS**: strumento / indicare la strada
6. **ristorante etnico**: locale / servire / cibi di un paese straniero

---

**14** | Usa il pronome relativo *che* per unire le due frasi.

Questa è la giacca. Ho comprato la giacca ieri.

*Questa è la giacca che ho comprato ieri.*

1. Devi andare nella classe. La classe è al primo piano.
2. Da piccola avevo un cane. Il cane si chiamava Macchia.
3. Ho conosciuto una ragazza. La ragazza sa parlare cinque lingue.
4. Mi sono piaciute le lasagne. Gianna ha fatto le lasagne.
5. Questo è l'autobus. L'autobus va in piazza della Signoria.
6. Domani pranzo con gli amici. Ho conosciuto gli amici in vacanza.
7. Mi piace la canzone. Laura Pausini ha cantato la canzone.
8. Quelli sono i fiori. Giorgio mi ha regalato i fiori.

## Il *ci* locativo

**15** | Abbina ogni domanda alla risposta corretta.

1. ☐ Paola, vuoi venire al mercato?
2. ☐ Passate sempre le vacanze in Sicilia?
3. ☐ Vai allo stadio con Sandro?
4. ☐ A che ora vanno in palestra Franca e Silvia?
5. ☐ Quando vai dai tuoi nonni?
6. ☐ Andate alla mostra di arte contemporanea?

a. No, ci vado con Massimo.
b. Ci vado due volte al mese.
c. No, ci sono già stata questa mattina.
d. Di solito ci vanno alle sette.
e. No, non ci andiamo. Non amiamo l'arte contemporanea.
f. Sì, ci andiamo ogni estate.

**16** | Per ogni frase dell'esercizio 15 scrivi il luogo che sostituisce *ci*.

1. **Ci** vado con Massimo. .............................................
2. **Ci** vado due volte al mese. .............................................
3. **Ci** sono già stata questa mattina. .............................................
4. **Ci** vanno alle sette. .............................................
5. Non **ci** andiamo. Non amiamo l'arte contemporanea. .............................................
6. **Ci** andiamo ogni estate. .............................................

**17** | Rispondi alle domande. Usa *ci* e le parole tra parentesi, come nell'esempio.

Come andate a Palermo? (*in aereo*)    *Ci andiamo in aereo.*

1. Quando vanno alle Maldive Anna e Lorenzo? (*in luglio*) .............................................
2. Da quanto tempo Walter vive a Bologna? (*tre anni*) .............................................
3. Quando vai in banca? (*questo pomeriggio*) .............................................
4. Quanto tempo state in biblioteca? (*per due ore*) .............................................
5. Che cosa tieni in quell'armadio? (*i miei vestiti*) .............................................
6. Con chi andate in discoteca? (*con Mara e Luca*) .............................................

**18** | Rispondi alle domande. Usa il locativo *ci*.

1. Mangi spesso al ristorante giapponese? .............................................
2. Vai mai al cinema da solo? .............................................
3. Sei mai stato a Palermo? .............................................
4. Vai al supermercato ogni giorno? .............................................
5. Da quanto tempo studi in questa scuola / università? .............................................
6. Stai bene in questa città? .............................................
7. Torni spesso nel tuo paese? .............................................
8. Da quanto tempo vivi in Italia? .............................................

## TUTTO CHIARO?

**19** Usa le parole tra parentesi per scrivere le risposte a queste domande, come nell'esempio.

Vai spesso al mare? (No / quando / vivere / a Rimini) – *No, ma ci andavo quando vivevo a Rimini.*

1. Tuo fratello abita sempre a Torino? (No / quando / studiare / all'università)
2. Carlo e Piero vanno allo stadio ogni domenica? (No / quando / la loro squadra / vincere)
3. Silvia viene sempre in discoteca con te? (No / quando / non avere / il ragazzo)
4. Passi ancora molto tempo in biblioteca? (No / quando / essere / uno studente)
5. Sandra va ancora in palestra? (No / quando / volere dimagrire)
6. I tuoi zii vivono sempre in campagna? (No / quando / essere / giovani)
7. Andate sempre in ufficio a piedi? (No / quando / non avere / la macchina)
8. Torni spesso a Roma? (No / quando / i miei nonni / vivere / là)

**20** Completa l'e-mail di Beatrice con *che* o *ci*.

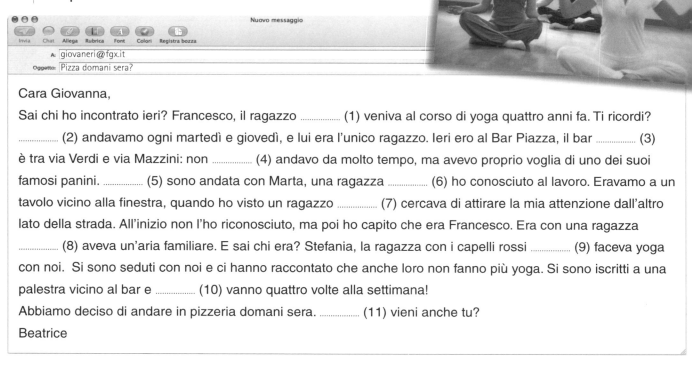

Nuovo messaggio

Invia  Chat  Allega  Rubrica  Font  Colori  Registra bozza

A: giovaneri@fgx.it
Oggetto: Pizza domani sera?

Cara Giovanna,

Sai chi ho incontrato ieri? Francesco, il ragazzo ............... (1) veniva al corso di yoga quattro anni fa. Ti ricordi? ............... (2) andavamo ogni martedì e giovedì, e lui era l'unico ragazzo. Ieri ero al Bar Piazza, il bar ............... (3) è tra via Verdi e via Mazzini: non ............... (4) andavo da molto tempo, ma avevo proprio voglia di uno dei suoi famosi panini. ............... (5) sono andata con Marta, una ragazza ............... (6) ho conosciuto al lavoro. Eravamo a un tavolo vicino alla finestra, quando ho visto un ragazzo ............... (7) cercava di attirare la mia attenzione dall'altro lato della strada. All'inizio non l'ho riconosciuto, ma poi ho capito che era Francesco. Era con una ragazza ............... (8) aveva un'aria familiare. E sai chi era? Stefania, la ragazza con i capelli rossi ............... (9) faceva yoga con noi.  Si sono seduti con noi e ci hanno raccontato che anche loro non fanno più yoga. Si sono iscritti a una palestra vicino al bar e ............... (10) vanno quattro volte alla settimana!
Abbiamo deciso di andare in pizzeria domani sera. ............... (11) vieni anche tu?
Beatrice

## COMUNICARE

**21** Scrivi le domande al posto giusto.

| | | |
|---|---|---|
| Dove passavate le vacanze? | 1. ............... | In motorino. |
| Con chi andavi in vacanza? | 2. ............... | Di solito andavamo al mare. |
| Dove incontravi gli amici? | 3. ............... | Li incontravo al parco. |
| Quanto tempo stavate a Viareggio? | 4. ............... | 3000 lire. |
| Quanto costava il cinema? | 5. ............... | Con la mia famiglia. |
| Come andavi a scuola? | 6. ............... | Tre settimane. |

**22** | Scrivi le domande appropriate a queste risposte.

1. ............................................................ 
2. ............................................................ 
3. ............................................................ 
4. ............................................................ 
5. ............................................................ 
6. ............................................................ 

Di solito passavo il Natale con la mia famiglia.

Stavamo in vacanza per un mese.

Facevamo la spesa al mercato.

Un caffè costava cento lire.

Andavamo in vacanza a Rimini.

Viaggiavamo in treno. Non c'erano voli low cost!

## SPAZIO ALLE PAROLE

**23** | Abbina ogni verbo a una parola / espressione.

1. ☐ scrivere     a. ai videogiochi
2. ☐ chattare     b. un'e-mail
3. ☐ scaricare     c. con un amico
4. ☐ caricare     d. le foto su un blog
5. ☐ prenotare     e. musica da un sito
6. ☐ giocare     f. un volo on-line

**24** | Completa il testo con le parole adatte.

La vita è molto diversa oggi. Quando ero giovane, facevo il giornalista. Scrivevamo tutti gli articoli a ..................... (1) e se facevi un errore era proprio un problema. Ora con il computer è più facile. La gente comprava i giornali in ..................... (2), non li leggeva sul ..................... (3). Per il mio lavoro viaggiavo spesso, ma sempre in ..................... (4), perché l'aereo era molto caro. E gli alberghi si prenotavano in ..................... (5), non su ..................... (6).

**25** | Collega le attività più tradizionali (1-6) alle attività più moderne (a-f).

**1** andare al supermercato

**2** andare in banca

**3** pagare in contanti

**4** andare al cinema

**5** usare una cartina stradale

**6** scrivere gli appuntamenti sull'agenda

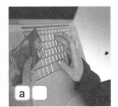

**a** ☐ usare l'home banking

**b** ☐ pagare con la carta di credito

**c** ☐ usare il navigatore satellitare

**d** ☐ registrare gli appuntamenti sul palmare

**e** ☐ fare la spesa on-line

**f** ☐ scaricare un film da Internet

# Un colpo di fulmine

## L'imperfetto (2)

Usiamo l'imperfetto anche per indicare:

▸ una o più azioni che durano **per un tempo indefinito** nel passato:

> In quel periodo **vivevo** a Madrid perché **frequentavo** un corso di spagnolo.
> Quando **ero** piccolo **passavo** l'estate dalla nonna in campagna.

▸ due o più azioni che avvengono **contemporaneamente** nel passato. In questo caso spesso usiamo *mentre.*

> **Mentre lavoravo,** mia sorella **studiava** per i suoi esami.
> **Mentre** voi **eravate** al mare, noi **facevamo** le vacanze in montagna.

## Gli indefiniti

### Qualcuno

Il pronome *qualcuno* indica una persona non definita. È usato **solo al singolare** ed esiste sia una forma **maschile** (*qualcuno*) sia una forma **femminile** (*qualcuna*)

> **Qualcuno** ha telefonato ieri.
> Fra tutte le mie amiche solo **qualcuna** è venuta alla mia festa.

### Qualcosa

Il pronome *qualcosa* indica una cosa non definita. È **invariabile** nella forma.

> Vuoi bere **qualcosa?**

Può essere seguito da:
▸ *di* + aggettivo

> Hai visto **qualcosa di** interessante in quel negozio?

▸ *da* + verbo

> Abbiamo comprato **qualcosa da** mangiare.

### Nessuno

*Nessuno* è un pronome con valore negativo È usato **solo al singolare**.

> Alla festa di ieri non è venuto **nessuno.**
> **Nessuno** ha passato l'esame.

*Nessuno* può anche essere un **aggettivo** ed esiste una forma **maschile** (*nessuno, nessun*) e una forma **femminile** (*nessuna, nessun'*). La forma degli aggettivi cambia a seconda delle lettere iniziali del nome sul modello dell'articolo indeterminativo.

> **Nessuno** studente ha passato l'esame.
> Non c'è **nessun** problema.
> **Nessuna** ragazza ha gli occhiali.

**Attenzione:** *nessuno* è sempre usato con la negazione *non* ad eccezione di quando si trova all'inizio di frase.

> Quando sono arrivato a Milano, **non** conoscevo **nessuno.**
> **Nessuno** ci ha invitati al concerto di questa sera.

### Niente

Il pronome *niente* indica "nessuna cosa", "nessuna quantità". È **invariabile** nella forma.

> Non ho **niente** nel frigorifero!

Può essere seguito da:
▸ *di* + aggettivo

> Non abbiamo fatto **niente di** particolare nel fine settimana.

▸ *da* + verbo

> È una città molto noiosa: qui non c'è mai **niente da** fare!

**Attenzione:** *niente* è sempre usato con la negazione *non* ad eccezione di quando si trova all'inizio di frase.

> Non ho mangiato **niente.**
> **Niente** è impossibile!

## L'imperfetto e il passato prossimo

In italiano usiamo sia il passato prossimo sia l'imperfetto per parlare di eventi e situazioni nel passato. Il loro uso e valore sono però differenti.

▶ Usiamo il **passato prossimo** per indicare un'**azione** che si **è conclusa nel passato** e che è **avvenuta in un momento determinato**:

> Ieri *sono andato* a scuola.
> Mercoledì *ho studiato* per l'esame.
> L'anno scorso in Grecia *ha piovuto* una volta sola.

▶ Usiamo l'**imperfetto** per indicare un'**azione abituale, ripetuta** o che **dura un tempo indeterminato nel passato**:

> Quando *andavo* all'università, *studiavo* sempre in biblioteca.
> Da piccolo *andavo* sempre al mare con i miei genitori.
> Quando Elisa *abitava* a Londra *divideva* la casa con due ragazzi inglesi.

▶ Usiamo il **passato prossimo** per raccontare una serie di azioni successive nel passato:

> Ieri *sono andato* in palestra, poi *sono tornato* a casa, *ho cucinato* e *ho guardato* la TV.

▶ Usiamo l'**imperfetto** per parlare di **azioni avvenute contemporaneamente** nel passato:

> Mentre *leggevo*, mio fratello *guardava* la TV e nostra madre *cucinava*.

▶ Usiamo l'**imperfetto** per **descrivere una situazione o una persona** nel passato:

> La casa *era* molto grande e luminosa.
> Da giovane Elena *era* magra e *aveva* i capelli biondi.

▶ Possiamo usare il **passato prossimo** e l'**imperfetto nella stessa frase**. In questo caso esprimiamo un'**azione in corso di svolgimento** (con l'imperfetto) **interrotta da un'altra** (con il passato prossimo):

> *Navigavo* su Internet quando *ho avuto* un problema con il computer.
> *Correvo* al parco quando *ha iniziato* a piovere.

---

## SPAZIO ALLA GRAMMATICA

### L'imperfetto (2)

**1** | Forma delle frasi con queste parole, come nell'esempio. Usa l'imperfetto.

Mentre / noi / studiare / voi / preparare / cena

*Mentre noi studiavamo, voi preparavate la cena.*

1. Quando / (io) vivere / all'estero / dividere / casa / amica francese
2. Mentre / Elisa / prepararsi / per uscire / ascoltare / musica
3. Da giovane / Enrico / abitare / grande casa / campagna
4. Mentre / (io) studiare / università / lavorare / bar
5. Mentre / voi / fare / jogging / noi / mettere in ordine / casa
6. Quando / Luca e Davide / avere / 20 anni / vivere / Firenze

*Quando vivevo all'estero, dividevo la casa con la mia amica francese*
*Mentre Elisa si preparava per uscire, ascoltava alla musica*
*Da giovane Enrico abitava in una grande casa campagna*
*Mentre studiavo all'università lavorava al bar*
*Mentre facevate jogging, mettevamo in ordine a casa*
*Quando Luca e Davide avevano 20 anni, vivevano a Firenze*

**2** | Sottolinea l'alternativa corretta.

Ciao Silvia,

come stai? Ti scrivo dalla mia nuova casa di Dublino. Ti ricordi quando *abitavo* / ~~abitavamo~~ qui tutte e due? Io ~~vivevo~~ / *vivevi* in quella piccola casa vicino al porto, invece tu *dividevano* / ~~dividevi~~ un appartamento in centro con Susan, la nostra amica inglese. Di quel periodo mi ricordo tutto e soprattutto le nostre cene italiane. Mentre io *cucinavavo* / ~~cucinavo~~ dei piatti tipici per i nostri amici, tu *sceglivi* / ~~sceglievi~~ un film italiano da vedere alla fine della cena.

Ah,... perché non vieni qui un week-end?

Scrivimi presto, Paola.

**3** Osserva il disegno e scrivi che cosa
facevano in spiaggia queste persone.
Usa questi verbi ed espressioni.

> **ascoltare la musica • giocare a carte**
> **leggere un libro • mangiare un gelato**
> **nuotare • prendere il sole**

Mentre io facevo la foto, ...

1. Sergio _prendeva il sole_ .
2. Patrizia e Sara _giocavano a carte_
3. Stefano _nuotava_ .
4. Pietro e Luigi _____ .
5. Marina _____ .
6. Erica e Diego _____ .

**4** Prendi una foto che hai fatto ai tuoi amici o parenti e descrivi che cosa facevano in quel momento.

*In questa fotografia...*

**5** Osserva le coppie di foto e forma delle frasi, come nell'esempio.

1 Diego

Enrica

2 Mario e Piera

*Mentre facevo la doccia,*
*qualcuno ha suonato alla porta.*

_____

_ha cominciata pavere_

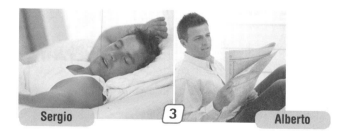

Sergio  3  Alberto

Davide  4  Clara

**6** | Sottolinea l'alternativa corretta.

1. Aspettavo una telefonata, ma oggi non ha chiamato *nessuno* / *qualcuno*.
2. Abbiamo organizzato una cena e tutti i nostri amici hanno portato *niente* / *qualcosa*.
3. Devo andare a fare la spesa. Nel frigo non c'è *qualcosa* / *niente*.
4. L'esame era davvero difficile e *qualcuno* / *nessuno* lo ha passato.
5. Conoscevi *qualcuno* / *nessuno* quando abitavi a Parigi?
6. Perché non venite a casa mia questa sera? Vi cucino *qualcosa* / *qualcuno*!

**7** | Abbina le domande alle risposte.

1. ☐ Hai mangiato qualcosa a pranzo?
2. ☐ Perché non hai risposto al mio sms?
3. ☐ Conosci tutti i miei amici?
4. ☐ Stai andando al supermercato?
5. ☐ Sei andata a fare shopping ieri?
6. ☐ Il mio computer non funziona.

a. Sì, ma non ho comprato niente.
b. Sì, devo comprare qualcosa per cena.
c. No, niente, non avevo fame.
d. Solo qualcuno: Gianni e Maria.
e. Ma io non ho ricevuto nessun messaggio da te!
f. Non ti preoccupare. Conosco qualcuno che ti può aiutare.

**8** | Completa le frasi con questi indefiniti.

nessuno (x2) • qualcosa (x2) • niente • qualcuno

1. Se hai fame, nel frigo trovi ........................... da mangiare.
2. ........................... è andato alla festa di Luca e lui si è arrabbiato molto!
3. Ieri sera volevo cucinare ma non avevo ........................... in casa.
4. L'esame era molto difficile: ........................... lo ha passato.
5. Ciao Franco! Io prendo una birra, tu vuoi bere ........................... ?
6. Ha telefonato ........................... per me?

**9** | Che cosa si dice in queste occasioni? Completa le frasi con gli indefiniti corretti.

1. Non c'è ........................... in frigorifero!

2. Cerca ........................... in particolare?

3. Ieri sera al cinema non c'era ........................... .

4. Questa sera non faccio ...........................!

## 10 | Sottolinea l'alternativa corretta.

1. 🖤 Carla, Michele, fate qualcosa *bello* / *di bello* stasera?

   ○ No, stiamo a casa, non facciamo niente *di speciale* / *da speciale*.

2. 🖤 Mamma, oggi fa freddo, resto a casa. Vorrei leggere qualcosa *di interessante* / *da interessante*.

   ○ Certo Fabio, io ho qualcosa *di leggere* / *da leggere*: l'ultimo libro di Erri De Luca è molto bello.

3. 🖤 Nicola, hai qualcosa *da fare* / *di fare*? Puoi portarmi al supermercato?

   ○ Possiamo andare più tardi? Prima ho qualcosa *finire* / *da finire* per l'ufficio.

## 11 | 🔊 2•10 Completa il dialogo con gli indefiniti corretti. Poi ascolta e controlla.

| | |
|---|---|
| **Serena** | Alberto, ti ricordi quando vivevamo a Catania, dodici anni fa? |
| **Alberto** | Eh sì, Serena. Davvero un bel periodo! C'era sempre _____ (1) di bello da fare in quella città. |
| **Serena** | E poi mi ricordo bene il sole e il caldo... ero sempre molto felice e _____ (2) dei nostri amici sembrava essere mai triste! Eravamo contenti anche quando non facevamo _____ (3) di speciale. |
| **Alberto** | È vero, c'era _____ (4) di magico nell'aria, forse erano le persone, aperte e gentili: _____ (5) era sempre pronto ad aiutarti quando avevi bisogno. |
| **Serena** | Sì, Alberto, la Sicilia è una regione molto bella. Vivere lì è stata un'esperienza molto importante, _____ (6) da consigliare a tutti! |
| **Alberto** | Qui a New York, invece... |
| **Serena** | Beh, il tempo non è bello come a Catania, ma c'è sempre _____ (7) d'interessante da fare. E poi ogni tanto _____ (8) dei nostri vecchi amici ci viene a trovare ed è sempre bello passare del tempo con loro! |

## L'imperfetto e il passato prossimo

## 12 | Decidi se queste espressioni di tempo richiedono il passato prossimo o l'imperfetto e indicalo nella tabella.

| | imperfetto | passato prossimo |
|---|:---:|:---:|
| Una sola volta... | ☐ | ☐ |
| Normalmente... | ☐ | ☐ |
| Mentre... | ☐ | ☐ |
| Ieri alle 15... | ☐ | ☐ |
| Sempre... | ☐ | ☐ |
| Per tre anni... | ☐ | ☐ |

**13** | Sottolinea l'espressione di tempo in ogni frase e decidi se usare l'imperfetto o il passato prossimo dei verbi tra parentesi.

1. Roberto ............................ (*abitare*) a Roma per due anni.
2. Da giovane Marta ............................ (*andare*) sempre in vacanza a Rimini: una sola volta ............................ (*passare*) le vacanze in Sicilia.
3. In vacanza Giacomo e Lara ............................ (*svegliarsi*) normalmente alle undici.
4. ............................ (*io – pranzare*) con Paola ieri all'una.
5. Matteo ha conosciuto Stefania mentre ............................ (*lavorare*) a Napoli.
6. ............................ (*io – conoscere*) mia moglie nel 1998.

**14** | Abbina le frasi alla loro funzione.

1. ☐ Mentre cenavo, guardavo il telegiornale.
2. ☐ Ho pranzato, sono uscito e ho incontrato Ivo.
3. ☐ Ieri ho preso il treno delle 15.30.
4. ☐ Prima mi svegliavo sempre presto.
5. ☐ Da piccola Lia aveva i capelli biondi.
6. ☐ In quel periodo abitavo a Roma.

a. descrivere un'azione abituale nel passato
b. descrivere una situazione o una persona nel passato
c. descrivere due azioni contemporanee nel passato
d. descrivere un'azione avvenuta in un momento preciso del passato
e. descrivere una serie di azioni successive nel passato
f. indicare un'azione durata per un tempo indefinito nel passato

**15** | ◁)) 2•11  Ti ricordi l'intervista a Jennifer e Sandro di pag. 48 nel Libro dello studente? Leggi e sottolinea l'alternativa corretta. Poi ascolta e controlla.

| | |
|---|---|
| **Jennifer** | ... Esatto. Quel giorno non mi sentivo molto bene. *Mi svegliavo | Mi sono svegliata* sempre presto la mattina, ma quella mattina *mi svegliavo | mi sono svegliata* alle dieci e mezza e l'appuntamento con Brian *era | è stato* alle undici. *Mi vestivo | Mi sono vestita* in cinque minuti e *correvo | sono corsa* al bar. *Pioveva | Ha piovuto* molto e *faceva | ha fatto* freddo. Così *entravo | sono entrata* e *mi sedevo | mi sono seduta* a un tavolo. |
| **Sandro** | Io *ero | sono stato* dietro al banco: a quell'ora *preparavo | ho preparato* i panini per il pranzo. A un certo punto *alzavo | ho alzato* gli occhi e *vedevo | ho visto* questa straordinaria ragazza. *Aveva | Ha avuto* lunghi capelli castani e dei begli occhi verdi, ma *c'era | c'è stato* qualcosa di speciale, di strano. *Guardavo | Ho guardato* bene e *portava | ha portato* due scarpe diverse, molto diverse! Proprio divertente. *Andavo subito | Sono subito andato* al tavolo a prendere l'ordinazione. |
| **Jennifer** | Sì. Io di solito non *avevo | ho avuto* molta fame la mattina, ma quella volta *ordinavo | ho ordinato* un cappuccino e un panino enorme. |
| **Sandro** | E poi un altro cappuccino e un altro panino. |
| **conduttore** | E Brian? |
| **Jennifer** | Brian non *veniva | è venuto*. *Rimanevo | Sono rimasta* in quel bar per due ore, ma niente. |

**16** | 🔊 2•12-14 | Completa i dialoghi con i verbi tra parentesi al passato prossimo o all'imperfetto. Poi ascolta e controlla.

**1**

👤 Ciao Raffaele, che cosa _____ (1. *fare*) ieri sera?

👤 Ciao Lisa, ieri sera io e Giulia _____ (2. *essere*) molto stanchi, così _____ (3. *rimanere*) a casa e _____ (4. *vedere*) un bel film.

**2**

👤 Com' _____ (1. *essere*) il tempo ieri al mare?

👤 Molto bello, _____ (2. *fare*) caldo ma c' _____ (3. *essere*) anche un po' di vento.

👤 _____ (4. *voi - fare*) il bagno?

👤 Purtroppo no, però _____ (5. *prendere*) il sole e _____ (6. *riposarsi*).

**3**

👤 Signor Melotti, lei conosce Roma?

👤 Sì, quando _____ (1. *avere*) 30 anni _____ (2. *abitare*) lì. _____ (3. *trasferirsi*) nel 1990 per lavoro e _____ (4. *rimanere*) per cinque anni. E lei _____ (5. *già essere*) Roma?

👤 Sì, la mia famiglia viene da lì e quando io e i miei fratelli _____ (6. *essere*) più piccoli _____ (7. *passare*) sempre l'estate a casa dei nostri nonni a Trastevere.

**17** | Forma frasi con queste parole / espressioni. Decidi se usare l'imperfetto o il passato prossimo.

1. (io) vivere / per due anni / a Berlino _____
2. di solito / Carlo / fare colazione / a casa / quando / essere in vacanza _____
3. ieri sera / (noi) invitare a cena / i nostri amici _____
4. ieri / mia sorella / studiare / tutto il giorno _____
5. mentre / Silvia / passeggiare in centro / incontrare / un'amica _____

**18** | Ieri è stata una brutta giornata per Gino. Osserva i disegni e scrivi cosa è successo. Usa questi verbi.

**essere chiuso • fare la doccia • arrivare • svegliarsi • arrabbiarsi • suonare • perdere • piovere • essere in ritardo**

1. _____
2. _____
3. _____
4. *era in ritardo*
5. *ha perso*
6. _____
7. *è arrivata*
8. *era chiuso*

**19** | Scrivi un breve testo e racconta una tua brutta giornata.

**20** | Completa il testo con *qualcosa*, *qualcuno*, *niente*, *nessuno* e l'imperfetto o il passato prossimo dei verbi tra parentesi.

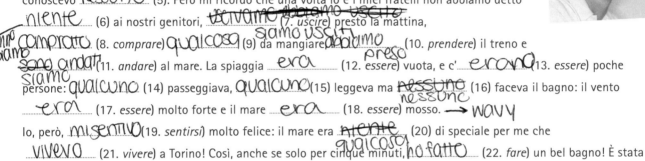

**il BLOG DI SALVATORE**

## Ricordi

La mia famiglia non ~~aveva~~ *aveva* (1. *avere*) molti soldi e da piccolo io e i miei fratelli *passavamo* (2. *passare*) l'estate a casa dei nonni a Noci, un piccolo paese vicino a Bari. A me non *mi piaceva* (3. *piacere*) molto stare lì perché *faceva* (4. *fare*) molto caldo e non conoscevo *nessuno* (5). Però mi ricordo che una volta io e i miei fratelli non abbiamo detto *niente* (6) ai nostri genitori, ~~eravamo abbiamo uscito~~ *siamo usciti* (7. *uscire*) presto la mattina, ~~mio siamo~~ *abbiamo comprato* (8. *comprare*) *qualcosa* (9) da mangiare *abbiamo preso* (10. *prendere*) il treno e ~~sono andati~~ *siamo* (11. *andare*) al mare. La spiaggia *era* (12. *essere*) vuota, e c' *erano* (13. *essere*) poche persone: *qualcuno* (14) passeggiava, *qualcuno* (15) leggeva ma ~~nessuno~~ *nessuno* (16) faceva il bagno: il vento *era* (17. *essere*) molto forte e il mare *era* (18. *essere*) mosso. → **wavy**

Io, però, *mi sentivo* (19. *sentirsi*) molto felice: il mare era ~~niente~~ *qualcosa* (20) di speciale per me che *vivevo* (21. *vivere*) a Torino! Così, anche se solo per cinque minuti, *ho fatto* (22. *fare*) un bel bagno! È stata una giornata indimenticabile.

**21** | Leggi il testo di Christopher, uno studente australiano. Trova gli otto errori e correggi.

Le vacanze sono quasi finite e io non ho proprio voglia di tornare a casa. L'Italia è fantastica! Ho viaggiato molto e in ogni città ho visto qualcuno di speciale: il Colosseo a Roma, i canali a Venezia, le spiagge al Sud. Due giorni fa arrivavo a Otranto in Puglia e mentre ho cercato un albergo ho incontrato una ragazza italiana che mi ha aiutato a trovare una camera. Andavamo a bere qualcosa insieme e abbiamo passeggiato per il centro della città.

Molto bella! Oggi è un po' nuvoloso, ma ieri non c'è stata una nuvola e faceva caldo: prendevo anche un po' di sole. Andavo in spiaggia ieri mattina presto perché a quell'ora non c'era qualcuno e sono rimasto lì per quasi 4 ore. Relax totale!

*Saluti da Otranto*

**22** | Abbina l'inizio di ogni domanda alla sua fine. Poi rispondi alle domande.

1. [e] Quanti anni avevi
2. [b] Hai fatto qualcosa
3. [f] Hai qualcosa
4. [d] Da piccolo facevi
5. [c] Qualcuno dei tuoi amici
6. [a] Quando andavi a scuola

a. qualcosa di speciale in estate?
b. di bello sabato scorso?
c. ha vissuto in Italia?
d. che cosa preferivi studiare?
e. quando hai iniziato a studiare italiano?
f. da fare domani?

**23** Scrivi le domande appropriate a queste risposte.

1. _____ No, non ho visto nessuno ieri sera.
2. _____ Di solito andavamo in campeggio.
3. _____ Ci siamo sposati dieci anni fa.
4. _____ No, grazie, non ho sete.
5. _____ No, domani non ho niente da fare.

## SPAZIO ALLE PAROLE

**24** Inserisci gli opposti al posto giusto.

| 🙂 |
| --- |
| calmo, _____ |
| _____ |
| _____ |

rilassato • stanco • triste • nervoso
allegro • ~~ansioso~~ • di cattivo umore
~~calmo~~ • pieno di energia • di buon umore

| 🙁 |
| --- |
| ansioso, _____ |
| _____ |
| _____ |

**25** Completa il testo dell'articolo con queste parole.

irritabile • allegri • tranquilla • stanco • annoiata • tristi • pieno di energia

### Al cambiare del clima spesso cambia anche l'umore

Capita a tutti di essere più _____ (1) nelle giornate di sole e più _____ (2) nei giorni di pioggia.

Il cambiamento del clima influisce molto sulle nostre emozioni. «Se non c'è il sole e piove mi sento sempre

_____ (3); mi arrabbio molto» spiega Carlo, 36 anni, tassista di Genova. «Quando invece c'è una bella giornata, sono

_____ (4): posso lavorare anche 10 ore e non mi sento _____ (5)!», continua.

«Io ho abitato per dieci anni in Sicilia e la mia vita era molto diversa» racconta Roberta, impiegata di Trento. «Abitavo

vicino al mare e con il clima sempre caldo ero _____ (6) e rilassata. Invece da quando sono ritornata a Trento mi

sento un po' triste e _____ (7): quando piove o nevica non so mai cosa fare e divento molto pigra».

**26** Osserva la cartina e di' che tempo fa nelle diverse città italiane. Usa queste espressioni.

c'è il sole • nevica • è nuvoloso • è variabile • c'è nebbia • c'è vento • piove

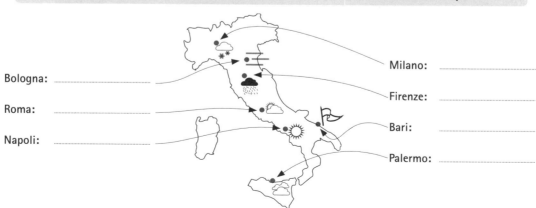

Bologna: _____

Roma: _____

Napoli: _____

Milano: _____

Firenze: _____

Bari: _____

Palermo: _____

 **27** Com'è il tempo oggi nel tuo paese? Controlla le previsioni e scrivi un breve testo.

# Mandami un sms ☺

## I pronomi personali indiretti

| pronomi indiretti | | |
|---|---|---|
| io | → | mi |
| tu | → | ti |
| lui / lei / Lei | → | gli / le / Le |
| noi | → | ci |
| voi | → | vi |
| loro | → | gli |

I pronomi personali indiretti:
▶ sostituiscono un nome preceduto dalla preposizione *a*
▶ precedono il verbo

> - *Avete telefonato a Luisa?*
> - *No, le telefoniamo più tardi.*

> - *Hai offerto un caffè a Mario e Gianna?*
> - *No, ma gli ho offerto un aperitivo.*

> - *Hai parlato a Sandro?*
> - *No, non gli ho ancora parlato.*

> - *Paola ha mandato l'invito a te e Maria?*
> - *No, ma ci ha telefonato.*

## L'imperativo: forma affermativa e negativa di *tu* e *voi*

| imperativo affermativo | | | |
|---|---|---|---|
| | -are/-arsi | -ere/-ersi | -ire/-irsi |
| **tu** | resta | vedi | parti |
| | alzati | mettiti | vestiti |
| **voi** | restate | vedete | partite |
| | alzatevi | mettetevi | vestitevi |

| imperativo negativo | | | |
|---|---|---|---|
| | -are/-arsi | -ere/-ersi | -ire/-irsi |
| **tu** | non restare | non vedere | non partire |
| | non ti alzare non alzarti | non ti mettere non metterti | non ti vestire non vestirti |
| **voi** | non restate | non vedete | non partite |
| | non vi alzate non alzatevi | non vi mettete non mettetevi | non vi vestite non vestitevi |

Usiamo l'imperativo per dare **ordini** o **istruzioni**.

Quando usiamo la forma negativa dell'imperativo di un verbo riflessivo possiamo mettere il pronome riflessivo tra la negazione e il verbo o unirlo all'imperativo.

> *Non ti alzare - Non alzarti*
> *Non vi mettete - Non mettetevi*

## Forme irregolari dell'imperativo

| | tu | voi | | tu | voi |
|---|---|---|---|---|---|
| **essere** | sii | siate | **finire** | finisci | finite |
| **avere** | abbi | abbiate | **sapere** | sappi | sappiate |
| **andare** | vai / va' | andate | **stare** | stai / sta' | state |
| **bere** | bevi | bevete | **tenere** | tieni | tenete |
| **dare** | dai / da' | date | **venire** | vieni | venite |
| **dire** | di' | dite | **uscire** | esci | uscite |
| **fare** | fai / fa' | fate | **sedersi** | siedi | sedetevi |

## L'imperativo con i pronomi diretti e indiretti

Nelle frasi affermative i pronomi diretti e indiretti sono sempre uniti alle forme dell'imperativo.

> *Le finestre sono aperte. Chiudile / Chiudetele.*
> *Carlo è stanco. Digli / Ditegli di riposare.*

Quando i pronomi sono uniti alle forme irregolari *da'*, *di'*, *fa'*, *sta'*, *va'*, si raddoppia la prima consonante del pronome, a eccezione del pronome *gli*.

> *Dalle questo libro.*
> *Dimmi la verità.*
> *Fallo per me.*
> *Stammi bene.*
> *Vammi a prendere un bicchiere d'acqua.*
> *Digli che lo aspetto.*

Nelle frasi negative possiamo unire il pronome all'imperativo o metterlo tra la negazione e l'imperativo.

> *Non parlargli. - Non gli parlare.*
> *Non mettetelo. - Non lo mettete.*

## L'infinito con i pronomi indiretti e i pronomi riflessivi

Quando usiamo i pronomi indiretti con i verbi modali *potere*, *volere* e *dovere* possiamo mettere il pronome prima del verbo o unirlo all'infinito.

> *Ti devo parlare. - Devo parlarti.*

> *Non vi posso dire il loro nome.*
> *Non posso dirvi il loro nome.*

> *Che cosa le vuoi regalare?*
> *Che cosa vuoi regalarle?*

Lo stesso succede quando *potere*, *volere* e *dovere* sono usati con un verbo riflessivo.

> *Mi voglio divertire. - Voglio divertirmi.*
> *Vi volete sedere qui? - Volete sedervi qui?*
> *Non ci dobbiamo alzare presto.*
> *Non dobbiamo alzarci presto.*

## SPAZIO ALLA GRAMMATICA

### I pronomi personali indiretti

**1** | Sottolinea l'alternativa corretta in base ai nomi sottolineati.

1. 👤 Che cosa regali a <u>Simona</u>? 👤 *Le / Gli* regalo un libro.
2. 👤 Hai telefonato a <u>Renato</u>? 👤 No, ma *ti / gli* ho mandato un sms.
3. <u>Dottor Galimberti</u>, *ti / Le* presento mio marito.
4. (<u>Noi</u>) abbiamo mandato un'e-mail a Andrea, ma non *ci / vi* ha ancora risposto.
5. 👤 Hai scritto ai <u>tuoi amici</u>? 👤 Sì, *gli / le* ho scritto ieri.
6. (<u>Io</u>) non ho il dizionario. *Mi / Ci* dai il tuo?

**2** | Completa le frasi con i pronomi corretti. Scegli il pronome in base ai nomi sottolineati.

1. Ho incontrato <u>Marco</u> e ............ ho dato il libro.
2. (<u>Io</u>) esco con Paolo perché ............ offre la cena.
3. Se (<u>tu</u>) vuoi, ............ aiuto a preparare la cena.
4. <u>Mario e Giovanna</u> si sposano: che cosa ............ regaliamo?
5. <u>Io e Sandra</u> andiamo spesso al cinema: ............ piacciono molto i film d'azione.
6. Se vedi <u>Silvia</u>, ............ dici che sono al bar?

**3** | Abbina le domande alle risposte.

1. ☐ Hai telefonato ai tuoi colleghi?
2. ☐ Che cosa ci hai portato?
3. ☐ Cosa ti hanno regalato per il compleanno?
4. ☐ Vi è arrivato il mio messaggio?
5. ☐ A Marina piacciono gli spinaci?
6. ☐ Ti ha scritto Paola?

a. Mi hanno regalato una borsa e un DVD.
b. Sì, le piacciono molto.
c. No, non mi ha ancora scritto.
d. No, gli telefono più tardi.
e. Vi ho portato una buona bottiglia di vino.
f. Sì, ci è arrivato ieri.

**4** | Rispondi a queste domande con le espressioni indicate tra parentesi, come nell'esempio.

👤 Hai mandato un messaggio al tuo amico? (*telefonare*)
👤 *No, ma gli ho telefonato.*

1. 👤 Hai comprato un libro per tua mamma? (*regalare dei fiori*)
2. 👤 Hai fatto le lasagne per me e Lisa? (*cucinare l'arrosto*)
3. 👤 Hai regalato dei libri ai tuoi amici? (*comprare dei DVD*)
4. 👤 Hai portato lo spumante a Giovanni? (*un buon chianti*)
5. 👤 Hai offerto un aperitivo a Carla e Franca? (*un caffè*)
6. 👤 Hai visto Maria? (*scrivere su Facebook*)

**5** | ◁) 2•15 Elisa sta organizzando la cena per Dario. Completa il dialogo tra lei e Luciano con i pronomi personali indiretti. Poi ascolta e controlla.

| Elisa | Hai telefonato a Giorgia e Mara? |
|---|---|
| Luciano | Sì, ............... (1) ho telefonato ieri. |
| Elisa | E che cosa ............... (2) hanno detto? |
| Luciano | ............... (3) hanno detto che possono venire alla cena. |
| Elisa | Bene. Hai chiamato Dario? |
| Luciano | No, ma ............... (4) ho mandato un messaggio. |
| Elisa | E ............... (5) ha risposto? |
| Luciano | Certo, immediatamente. Viene anche lui. |
| Elisa | Benissimo. |
| Luciano | Deve essere una cena speciale. Compriamo dello champagne? |
| Elisa | No, Dario ............... (6) porta un paio di bottiglie di quel prosecco che abbiamo bevuto a casa sua. |
| Luciano | Sì, ............... (7) è piaciuto molto. Era veramente buono. |

## L'imperativo: forma affermativa e negativa di *tu* e *voi*

**6** | Completa la tabella con le forme mancanti dell'imperativo.

| | affermativo | | | negativo | | |
|---|---|---|---|---|---|---|
| | **lavorare** | **prendere** | **dormire** | **lavorare** | **prendere** | **dormire** |
| tu | ............... | prendi | ............... | non lavorare | ............... | non dormire |
| voi | lavorate | ............... | dormite | ............... | non prendete | ............... |

| | **svegliarsi** | **mettersi** | **vestirsi** | **svegliarsi** | **mettersi** | **vestirsi** |
|---|---|---|---|---|---|---|
| tu | svegliati | ............... | vestiti | ............... | non metterti | ............... |
| voi | ............... | mettetevi | ............... | non svegliatevi | ............... | ............... |

**7** | Scrivi le forme dell'imperativo affermativo e negativo di questi verbi.

| | | tu | voi | tu | voi |
|---|---|---|---|---|---|
| | studiare | studia | studiate | non studiare | non studiate |
| 1. | sentire | ............... | ............... | ............... | ............... |
| 2. | alzarsi | ............... | ............... | ............... | ............... |
| 3. | scrivere | ............... | ............... | ............... | ............... |
| 4. | divertirsi | ............... | ............... | ............... | ............... |
| 5. | prepararsi | ............... | ............... | ............... | ............... |
| 6. | partire | ............... | ............... | ............... | ............... |
| 7. | riposarsi | ............... | ............... | ............... | ............... |
| 8. | rimanere | ............... | ............... | ............... | ............... |

**8** | Abbina a ogni frase il suggerimento adatto.

1. ☐ Ho fame.
2. ☐ Ho freddo.
3. ☐ Siamo stanchi.
4. ☐ Sono ingrassata.
5. ☐ Il semaforo è rosso.
6. ☐ Ho mal di testa.
7. ☐ Arriviamo sempre tardi al lavoro.
8. ☐ Abbiamo sete.

a. Non attraversate la strada.
b. Andate a letto.
c. Non guardare la televisione.
d. Mangia un panino.
e. Non mangiare tanti dolci.
f. Bevete qualcosa.
g. Svegliatevi prima.
h. Mettiti un maglione.

**9** | Completa le frasi con la forma corretta dell'imperativo affermativo o negativo dei verbi tra parentesi.

1. Se ti devi alzare presto, non _____ (*andare*) a letto tardi.
2. Se volete conoscere altre persone, _____ (*iscriversi*) a un corso di ballo.
3. Se hai freddo, _____ (*mettersi*) il cappotto.
4. Se hai un'importante riunione di lavoro, non _____ (*mettersi*) quei vecchi jeans.
5. Se volete perdere peso, _____ (*andare*) in palestra tre volte alla settimana.
6. Se avete caldo, _____ (*aprire*) la finestra.
7. Se esci, _____ (*prendere*) l'ombrello. Sta piovendo.
8. Se uscite, non _____ (*tornare*) a casa troppo tardi.

**10** | Dividi l'appartamento con Anna, Stefano e Nadia, ma i tuoi amici fanno delle cose che non ti piacciono. Che cosa gli dici? Segui l'esempio.

Anna e Stefano non lavano mai i piatti.
*Lavate i piatti qualche volta!*

1. Stefano suona la chitarra di notte.
2. Nadia usa il tuo cellulare senza il tuo permesso.
3. Anna e Stefano non cucinano mai.
4. Stefano e Nadia non vanno mai a fare la spesa.
5. Nadia e Anna arrivano sempre tardi per cena.
6. Anna non fa mai le pulizie, è pigra.

*Nadia*

*Stefano*

*Anna*

**11** Riscrivi le frasi usando i pronomi diretti o indiretti in sostituzione dei nomi sottolineati. Se non ricordi i pronomi diretti, li puoi trovare a pag. 138.

Telefonate <u>a Danilo e Carla</u>.     *Telefonategli.*

Non comprare <u>le lasagne</u>.     *Non comprarle.*

1. Leggete <u>il libro</u>.
2. Non guardate <u>questo programma</u>.
3. Apri <u>la finestra</u>.
4. Parla <u>a Marta</u>.
5. Non usare <u>il mio computer</u>.
6. Scrivete <u>ai vostri amici</u>.

**12** Rispondi alle domande usando l'imperativo e il pronome diretto o indiretto.

Dove posso comprare la frutta, al mercato o al supermercato?     *Comprala al mercato.*

1. Cambiamo i soldi in albergo o in banca?
2. Cosa ti portiamo da Londra, una maglietta o un libro?
3. Cosa regaliamo a Lucia, un cellulare o un lettore MP3?
4. Quando vi possiamo telefonare, oggi pomeriggio o stasera?
5. Pago il conto con il bancomat o in contanti?
6. Ti mando un'e-mail o un sms?

**13** ◁)) 2•16 Completa il dialogo con l'imperativo dei verbi tra parentesi e i pronomi diretti o indiretti adatti. Poi ascolta e controlla.

| | |
|---|---|
| Paola | Sono andata a fare spese oggi. |
| Silvano | ........................ (1. *fare*) vedere: che cosa hai comprato? |
| Paola | Un paio di scarpe nuove. Ti piacciono? |
| Silvano | Sono molto belle. ........................ (2. *dire*): sono costate molto? |
| Paola | Abbastanza, ma sono stupende! |
| Silvano | Mentre eri fuori, ha chiamato Carlo, il mio nuovo collega. Ci ha invitati a cena stasera. |
| Paola | Sono molto stanca, Silvano. Non mi va di venire. |
| Silvano | Ma dai, ........................ (3. *fare*) per me! |
| Paola | No, vai da solo. ........................ (4. *dire*) che mi dispiace molto. Non ho proprio voglia di uscire stasera! |
| Silvano | D'accordo. Ma stai bene? |
| Paola | Sì, ma fa molto caldo e ho molta sete. ........................ (5. *andare*) a prendere qualcosa di fresco, per favore. Ti dispiace? |
| Silvano | No, certo. Forse passare tutto il pomeriggio a fare spese non è stata una buona idea! |

L'infinito con i pronomi indiretti e i pronomi riflessivi

**PRIMI PASSI**

**14** | Riscrivi le frasi come nell'esempio.

Devi telefonargli subito.   *Gli devi telefonare subito.*

Ti devi svegliare presto domani.   *Devi svegliarti presto domani.*

1. Ti devi fare la doccia adesso? ......................................................
2. Posso offrirvi un caffè? ......................................................
3. Non voglio arrabbiarmi con te. ......................................................
4. Mi devi aiutare a fare questo esercizio. ......................................................
5. Ci vogliamo divertire in vacanza. ......................................................
6. Potete dargli questo libro? ......................................................

**15** | (🔊 2•17) **Completa il dialogo con i pronomi indiretti. Poi ascolta e controlla.**

| | |
|---|---|
| Giorgia | Che buono il pollo al limone di Elisa! Devo chieder............. (1) la ricetta. |
| Dario | Sì, era veramente buono... Siete libere domani sera? Perché non facciamo qualcosa insieme? |
| Mara | Ci dispiace, ma non possiamo. Dobbiamo uscire con un collega. |
| Dario | Beh, dite............. (2) che non potete. |
| Giorgia | Certo, Mara. Possiamo dir............. (3) che tu non stai bene e che io devo far............. (4) compagnia. |
| Mara | No, non voglio raccontar............. (5) una bugia. |
| Dario | Beh, allora invitatelo a venire con noi. |
| Mara | No, facciamo così. Domani sera usciamo con lui. Noi possiamo veder............. (6) venerdì sera. |
| Dario | Per me va bene. Che cosa vi va di fare? Volete andare al cinema o in discoteca? |
| Giorgia | Andiamo in discoteca? |
| Mara | No, sai che non mi piace ballare. Perché invece non andiamo alla mostra di Caravaggio? Una mia amica può mandar............. (7) i biglietti gratis. Posso telefonar............. (8) e... |

**16** | Completa le risposte con il verbo delle domande, il modale tra parentesi e il pronome indiretto adatto, come nell'esempio.

👤 Hai fatto la spesa?  👤 No, ma *posso farla / la posso fare* ........................ (*potere*) quando esco dal lavoro.

1. 👤 Hai telefonato a Marco?  👤 No, .......................................... (*volere*) dopo cena.
2. 👤 Hai portato la macchina dal meccanico?  👤 No, .......................................... (*dovere*) oggi pomeriggio.
3. 👤 Hai preparato gli antipasti?  👤 No, ma .......................................... (*potere*) più tardi.
4. 👤 Hai risposto a Giovanna?  👤 No, .......................................... (*volere*) stasera.
5. 👤 Hai parlato a Sara e Mario?  👤 No, ma .......................................... (*potere*) quando arrivo in ufficio.
6. 👤 Ti sei riposato un po'?  👤 No, .......................................... (*volere*) quando torno a casa.

**17** Completa i fumetti. Usa *potere*, *volere*, *dovere*, un verbo e un pronome adatto.

1. Dovete farvi / Vi dovete fare la doccia!

2. ............................................ la barba, Nicola!

3. ............................................ dov'è la Biblioteca Nazionale?

4. ............................................ un caffè, signora Costa?

5. ............................................ a cena, Enrica?

6. ............................................ a un corso di italiano.

## TUTTO CHIARO?

**18** Sottolinea i pronomi corretti.

Ieri era il compleanno della mia amica Sonia, *la / mi* ha invitato alla sua festa e così ho deciso di andare in centro a comprar*le/la* un regalo. Voi non *le / la* conoscete, ma è una donna un po'... difficile. Non *mi / le* piacciono i gioielli e compra solo vestiti firmati. Ho telefonato a Sandro e *gli / le* ho chiesto di accompagnar*lo/mi* perché lui conosce molti negozi e ama fare spese. *Gli / Ci* siamo dati appuntamento in centro alle dieci. *Me / Mi* ha portato in un nuovo negozio di abbigliamento. C'erano molte cose carine, ma non sapevo decider*la/mi*. Sonia è una persona speciale e io volevo regalar*la/le* qualcosa di particolare. Ho visto una camicia indiana. *Me / Mi* sembrava molto bella, perfetta per lei. Ero indecisa sul colore, però. Io volevo comprar*la/le* blu, ma Sandro *me / mi* ha consigliato di prender*mi/la* arancione, il colore preferito di Sonia. Alla fine *le / li* ho prese tutte e due, arancione per lei e blu per me!

**19** 🔊 2•18-20 Completa i dialoghi con i pronomi adatti o l'imperativo dei verbi tra parentesi.

1.
👤 Professore, posso far............ (1) una domanda?
👤 Certo. Cosa ............ (2) vuole chiedere?
👤 Quando dobbiamo consegnar............ (3) la composizione?
👤 Domani.
👤 Dove dobbiamo lasciar............ (4)?
👤 ............................ (5. *lasciare*) nel mio ufficio.

**2** 👤 Non sono mai a casa, però puoi

chiamar_____ (1) sul cellulare.

🧑 _____ (2. *dire*) quando posso

telefonar_____ (3) senza disturbarti.

👤 _____ (4. *chiamare*) dopo cena.

**3** 👤 Ho ospiti a cena stasera. Che cosa posso preparar_____ (1)?

🧑 _____ (2. *fare*) delle lasagne. Piacciono sempre a tutti.

👤 Ma io non so cucinar_____ (3)!

🧑 Non _____ (4. *preoccuparsi*). Posso insegnar_____ (5) io.

Sai che sono una brava cuoca!

## COMUNICARE

**20** | Abbina ogni frase alla sua funzione. A ogni funzione possono corrispondere più frasi.

1. ⬜ Perché non andiamo al concerto di Zucchero?
2. ⬜ Buona idea.
3. ⬜ Non mi piace ballare, perché non andiamo a vedere una mostra?
4. ⬜ Perché non andiamo a mangiare una pizza, invece?
5. ⬜ Scusa, ma non ho voglia di andare al cinema.
6. ⬜ Vi va di andare al ristorante cinese?
7. ⬜ Mi dispiace, ma ho già un impegno.
8. ⬜ Per me va bene.

**a.** fare un invito

**b.** accettare un invito

**c.** rifiutare un invito

**d.** fare una controproposta

**21** | Scrivi il dialogo seguendo le indicazioni.

Saluta il tuo amico e proponi di fare qualcosa stasera.

L'amico rifiuta e spiega il perché.

Chiedi se è libero domani sera.

Risponde di sì.

Proponi di fare qualcosa.

Lui rifiuta e spiega il perché. Poi fa una controproposta.

Accetta e suggerisci il posto e l'ora.

Lui conferma e saluta.

Saluta.

## SPAZIO ALLE PAROLE

**22** | Abbina le attività del tempo libero alle foto.

a. cucinare • b. nuotare • c. andare a cavallo • d. dipingere • e. suonare la chitarra

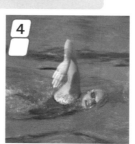

**23** | Scrivi che cosa fai in queste situazioni.

1. Quando piove ☁, ...........................................
2. Quando sono triste 😢, ...........................................
3. Quando fa caldo 🌞, ...........................................
4. Quando sono solo 😟, ...........................................

5. Quando sono con gli amici 👋👋👋, ...........................................
6. Quando sono di buon umore 😃, ...........................................
7. Quando sono annoiato 😕, ...........................................
8. Quando sono stanco 😣, ...........................................

**24** | Scrivi un breve testo su cosa fai nel tempo libero. Segui questi punti.

che cosa fai? • da quanto tempo? • con chi? • perché?

**25** | Scrivi le parole al posto giusto.

asterisco • messaggi • multimedia • rubrica • tastiera • web

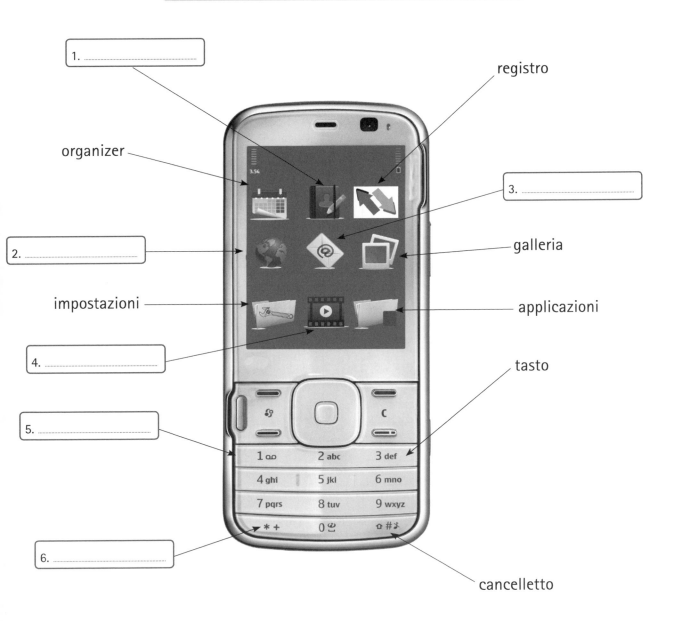

1. ...........................................

registro

organizer

3. ...........................................

2. ...........................................

galleria

impostazioni

applicazioni

4. ...........................................

tasto

5. ...........................................

6. ...........................................

cancelletto

## Il superlativo degli aggettivi

Ci sono due tipi di superlativo: il superlativo **relativo** e il superlativo **assoluto**.

Il **superlativo relativo** si forma con:
▶ articolo determinativo + nome seguito da *più* / *meno* e aggettivo
▶ articolo determinativo seguito da *più* / *meno* e aggettivo

Usiamo questo superlativo quando **confrontiamo** cose, persone, luoghi **all'interno di un gruppo**.

> *Roma è la città più grande d'Italia.*
> *Queste sono le scarpe meno care del negozio.*

> *La città di Roma è la più grande d'Italia.*
> *Queste scarpe sono le meno care del negozio.*

Alcuni aggettivi hanno anche una forma irregolare:

> buono → il più buono / **il migliore**
> cattivo → il più cattivo / **il peggiore**

Per formare il **superlativo assoluto** si aggiunge **–issimo/a/i/e** all'aggettivo dopo aver tolto la vocale finale. Usiamo questo superlativo quando **si esprime una qualità al massimo grado**.

> *Ho un fortissimo mal di gola.*
> *Firenze è una bellissima città.*

Gli aggettivi che terminano in **–co** e **–go** aggiungono **–h–** prima della desinenza.

> stanco → *stanchissimo*
> lungo → *lunghissimo*

Per esprimere il superlativo assoluto possiamo anche usare **molto** / **tanto** + aggettivo.

> *Stoccolma è una città molto / tanto bella.*

## L'imperativo formale: forma affermativa e negativa

| imperativo formale affermativo | | |
|---|---|---|
| | **-are** | **-ere** | **-ire** |
| (Lei) | resti | veda | parta |
| | | | finisca |
| | si alzi | si metta | si vesta |

I verbi della terza coniugazione che inseriscono **–isc–** alla seconda persona singolare mantengono questa forma anche all'imperativo.

| imperativo formale negativo | | |
|---|---|---|
| | **-are** | **-ere** | **-ire** |
| (Lei) | non resti | non veda | non parta |
| | | | non finisca |
| | non si alzi | non si metta | non si vesta |

Usiamo l'imperativo alla terza persona singolare *Lei* per dare **ordini e istruzioni in modo formale**.

I verbi che terminano in **–care** e **–gare** aggiungono **–h–** prima della desinenza.

> cercare → cerchi
> pagare → paghi

**Forme irregolari dell'imperativo formale**

| | | |
|---|---|---|
| essere | → | sia |
| avere | → | abbia |
| andare | → | vada |
| bere | → | beva |
| dare | → | dia |
| dire | → | dica |
| fare | → | faccia |
| sapere | → | sappia |
| spegnere | → | spenga |
| stare | → | stia |
| tenere | → | tenga |
| venire | → | venga |
| uscire | → | esca |
| sedersi | → | si sieda |

## L'imperativo formale con i pronomi diretti e indiretti

Quando usiamo l'imperativo formale con i pronomi diretti e indiretti, questi **vanno sempre prima del verbo**.

> *Chiama Lei il dottor Mauri?*
> - *Ora non posso. Lo chiami Lei, per favore.*

> *Se vede la signora Carli, Le dica che sono in ufficio.*

> *Scrivo ai nostri clienti spagnoli?*
> - *No, non gli scriva. Gli telefono io nel pomeriggio.*

> *Telefono adesso alla signora Gusti?*
> - *No, non le telefoni ora. È in riunione.*

## Il superlativo degli aggettivi

**1** | Abbina l'inizio di ogni frase alla sua fine.

1. ☐ Queste sono le scarpe
2. ☐ Marta è la ragazza
3. ☐ Venezia è la città
4. ☐ Chi è l'uomo
5. ☐ Qual è la macchina
6. ☐ Il 21 giugno è il giorno
7. ☐ Il Colosseo è il monumento
8. ☐ Patrizia e Clara sono le studentesse

a. più lungo dell'anno.
b. più bella del Nord Italia.
c. più veloce?
d. più famoso di Roma.
e. più ricco del mondo?
f. più brave della mia classe.
g. più care del negozio.
h. più simpatica delle mie amiche.

**2** | Scrivi il superlativo assoluto di questi aggettivi.

1. bello    _bellissimo_
2. forte    _____
3. veloce    _____
4. facile    _____
5. alto    _____
6. vicino    _____
7. grande    _____
8. strano    _____
9. caro    _____

**3** | Riordina le parole e ricostruisci le frasi.

1. grande / la / d' / la / più / regione / Sicilia / è / Italia
2. fiume / qual / del / più / mondo / è / il / lungo?
3. della / il / albergo / è / Magnolia / caro / città / l' / meno
4. è / chi / vecchia / la / della / tua / persona / più / famiglia?
5. tua / bello / qual / della / è / il / stato / giorno / più / vita?
6. il / agosto / caldo / è / dell' / mese / più / anno

**4** | Osserva i disegni e scrivi frasi usando il comparativo e il superlativo degli aggettivi dati.

**1** veloce

Il treno è più veloce della bicicletta.

L'aereo è il mezzo più veloce.

**2** alto

 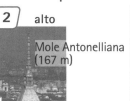  

Mole Antonelliana (167 m)

Campanile di Giotto (85 m)

Torre di Pisa (56 m)

_____

**3** giovane

Sandro    Carlo    Marco

_____

**4** popolare

_____

**5** | 🔊 2•21 Angela e Gianna stanno organizzando una giornata a Milano con la loro amica Renata. Completa la conversazione con il superlativo relativo o assoluto degli aggettivi tra parentesi. Poi ascolta e controlla.

**Angela** Che cosa facciamo sabato quando viene a trovarci Renata?

**Gianna** A Renata piace tanto fare shopping. Perché non la portiamo ai Girasoli? È _____ centro commerciale _____ (1. *grande*) qui in città.

**Angela** Sì, ma è anche _____ (2. *affollato*).

**Gianna** Lo so, ma ci sono _____ (3. *molto*) negozi: puoi trovare tutto in un posto solo.

**Angela** Ma i negozi sono _____ (4. *caro*). Perché invece non andiamo in quel mercato sui Navigli? È _____ mercato _____ (5. *divertente*) in città: puoi trovare cose da tutto il mondo.

**Gianna** Va bene. E possiamo pranzare all'Osteria della Conca, è _____ ristorante _____ (6. *buono*) della zona.

**Angela** È vero. È _____ (7. *buono*). Ho cenato lì la settimana scorsa e non costa molto. Il pomeriggio possiamo fare un giro in centro e magari andare al Museo d'Arte Contemporanea.

**Gianna** Sì, è certamente _____ (8. *interessante*) in città e Renata ama la pittura.

**6** | Prepara una breve scheda informativa sulla tua città o su una città che conosci bene. Indica le cose migliori da fare o da vedere. Segui le indicazioni e usa il superlativo degli aggettivi tra parentesi.

## UN FINE SETTIMANA A _____

| | | |
|---|---|---|
| **DOVE STARE** | albergo (*buono*) | *Il migliore albergo è...* |
| **DOVE MANGIARE** | pizzeria / trattoria (*economico*) | |
| | ristorante (*caro*) | |
| | ristorante (*tipico*) | |
| **COSE DA VEDERE** | posto (*famoso*) | |
| | monumento (*antico*) | |
| | piazza / via (*importante*) | |
| **DOVE FARE SPESE** | negozio (*elegante*) | |
| | centro commerciale (*grande*) | |
| | mercato (*caratteristico*) | |
| **COSA FARE LA SERA** | locale / discoteca (*alla moda*) | |

**7** | Completa la tabella con le forme mancanti dell'imperativo formale affermativo e negativo.

**affermativo**

| lavorare | prendere | dormire |
|---|---|---|
| ................ | prenda | ................ |

| svegliarsi | mettersi | vestirsi |
|---|---|---|
| si svegli | ................ | si vesta |

**negativo**

| lavorare | prendere | dormire |
|---|---|---|
| non lavori | ................ | non dorma |

| svegliarsi | mettersi | vestirsi |
|---|---|---|
| ................ | non si metta | ................ |

**8** | Ecco alcuni consigli del medico. Sottolinea la forma corretta dell'imperativo formale.

1. *Cerci / Cerchi* di mangiare più frutta e verdura.
2. *Non sta / stia* in casa tutto il fine settimana.
3. *Faccia / Fa* una bella passeggiata ogni giorno.
4. *Prendi / Prenda* le pastiglie due volte al giorno.
5. *Usca / Esca* con gli amici la sera.
6. *Non si preoccupi / preoccupa*: non è niente di grave.

**9** | 🔊 2•22 Completa il dialogo con l'imperativo formale di questi verbi. Poi ascolta e controlla.

> cucinare • fare • non mangiare • vedere • non passare
> cercare • uscire • non restare • prepararsi

**Fabio** Ma cosa posso fare? Sto veramente male.

**dottoressa** Prima di tutto ........................ (1) di rilassarsi durante il giorno. Se può, ........................ (2) tutto il giorno in ufficio, ma ........................ (3) una passeggiata all'ora di pranzo, magari al parco, anche solo per un quarto d'ora. Poi ........................ (4) cibi pesanti, soprattutto a cena. ........................ (5) una bella insalata o ........................ (6) del pesce. E la sera ........................ (7) a casa davanti alla televisione: ........................ (8), ........................ (9) gli amici.

**10** | Che suggerimenti puoi dare a queste persone? Usa l'imperativo formale.

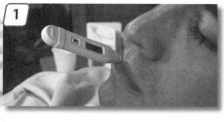

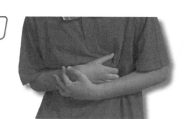

**11** Completa l'e-mail con la forma affermativa o negativa dell'imperativo di questi verbi.

andare • chiamare • comprare • girare • prendere (x3)
scrivere • seguire • suonare • uscire • scendere

---

Da: molino.stdent@std.it
A: albcarli@gfx.it
Oggetto: come arrivare al ns. studio

Gentile Signor Carli,
Le mando le indicazioni per arrivare al nostro studio. Il modo più veloce dalla stazione è la metropolitana. ........................ (1) l'autobus perché c'è sempre molto traffico.
........................ (2) il biglietto della metropolitana all'edicola della stazione e ........................ (3) la linea 1. ........................ (4) alla fermata Conciliazione. ........................ (5) la prima uscita, ma ........................ (6) le indicazioni per via Ariosto. ........................ (7) dalla metropolitana e ........................ (8) sempre dritto per via Ariosto. ........................ (9) alla prima a destra. Il nostro studio medico è al numero 35. ........................ (10) il citofono perché non funziona durante il giorno: c'è il portinaio.
Mi ........................ (11) o mi ........................ (12) un'e-mail se ci sono problemi.
A mercoledì.
Giada Sarpi

STUDIO
DENTISTICO
Dottor P. MOLINO
ODONTOIATRA
-2° piano-

---

**L'imperativo formale con i pronomi diretti e indiretti**

PRIMI PASSI

**12** Riscrivi le frasi usando il pronome diretto o indiretto in sostituzione delle parole sottolineate. Se non ti ricordi i pronomi diretti e indiretti, li puoi trovare a pag. 138 e 165.

Scriva ai clienti inglesi. — *Gli scriva.*

1. Non prenda le pastiglie a stomaco vuoto. ........................
2. Saluti il dottor Rossi e sua moglie. ........................
3. Dia questa lettera al signor Martelli. ........................
4. Non apra questa porta. ........................
5. Telefoni alla dottoressa Marchi. ........................
6. Risponda agli studenti. ........................

**13** Rispondi alle domande usando l'imperativo formale e il pronome diretto o indiretto.

● Devo prendere le pastiglie prima o dopo i pasti? — ○ *Le prenda* dopo i pasti.

1. ● Posso bere il caffè anche la sera? — ○ No, ........................ solo la mattina.
2. ● Devo scrivere un'e-mail alla signora Galli o la chiamo al telefono? — ○ ........................ un'e-mail.
3. ● Devo portare la ricetta medica? — ○ No, non ........................ , non è necessario.
4. ● Devo telefonare al dottor Moschetti? — ○ Sì, ........................ ora, per favore.
5. ● Dove posso mettere queste lettere? — ○ ........................ sul tavolo.
6. ● Devo dare questi documenti ai suoi colleghi? — ○ Sì, ........................ tutti i documenti quando arrivano.

**14** | ⏯ 2•23 Completa il dialogo tra Cristina e la professoressa Launi. Usa l'imperativo dei verbi tra parentesi e il pronome diretto o indiretto adatto. Poi ascolta e controlla.

| | |
|---|---|
| **Cristina** | Buongiorno professoressa Launi. |
| **prof.ssa Launi** | Buongiorno. Cosa posso fare per lei? |
| **Cristina** | Sono venuta a chiederle delle informazioni sull'esame... Devo leggere tutti i libri? |
| **prof.ssa Launi** | Certo e _____ (1. *leggere*) molto attentamente: sono tutti molto importanti. |
| **Cristina** | E devo anche studiare i materiali delle lezioni? Non li ho tutti. |
| **prof.ssa Launi** | _____ (2. *scaricare*) da Internet. Sono sulla mia pagina web. |
| **Cristina** | E poi devo preparare una presentazione. La devo mandare a lei prima dell'esame? |
| **prof.ssa Launi** | No, non _____ (3. *mandare*) la presentazione. Non è necessario. _____ (4. *salvare*) su una chiavetta, così la vediamo su computer. |
| **Cristina** | La devo anche stampare? |
| **prof.ssa Launi** | No, non _____ (5. *stampare*). Basta sulla chiavetta. |
| **Cristina** | E a chi devo dare la copia del progetto? A lei? |
| **prof.ssa Launi** | No, non _____ (6. *dare*) a me. _____ (7. *lasciare*) in segreteria. |
| **Cristina** | Posso contattarla se ho bisogno di altre informazioni? |
| **prof.ssa Launi** | Certo, _____ (8. *scrivere*) un'e-mail. |
| **Cristina** | Grazie mille, professoressa. |

## TUTTO CHIARO?

**15** | Sottolinea l'alternativa corretta.

1. Se sei stanca *vai* / *vada* / *vadi* a letto presto stasera.

2. Se andate fuori, non *torni* / *tornate* / *tornare* a casa troppo tardi.

3. Quando ha finito con quel lavoro, *andate* / *vada* / *vai* dal direttore. La aspetta.

4. Se vai alla festa dei tuoi amici, non *bevi* / *bere* / *beva* troppo.

5. Non *si preoccupa* / *ti preoccupi* / *si preoccupi*, signora Mori. Richiamo io il signor Fabi.

6. Ciao Gaia. *Sederti* / *Siediti* / *Sedi* e prendi un caffè con noi.

7. Se volete andare in centro, *prenda* / *prendi* / *prendete* la metropolitana. È più veloce.

8. Domani è il compleanno di Mara, non *ti dimentichi* / *dimenticarti* / *dimenticati* di comprarle un regalo.

9. *Si sieda* / *Si siede* / *Si seda*, signor Gelpi. Un minuto e sono da lei.

10. Se ha problemi a dormire, *cerca* / *cerci* / *cerchi* di non bere caffè la sera.

**16** | Riscrivi il dialogo usando il registro formale.

👤 Sono proprio stanca e stressata. Che cosa posso fare?

🧑 Passa un fine settimana in un centro benessere. È molto rilassante.

👤 Ma è molto caro.

🧑 Se non vuoi spendere molti soldi, vai in un centro massaggi qui in città.

👤 Buona idea! Mi sai consigliare un posto?

🧑 Sì, prenota al Centro Saba. Ma chiama subito perché c'è sempre molta gente il sabato. Chiedi di Saverio, il direttore del centro: è un mio amico. Ti do il numero di telefono.

👤 Grazie, sei molto gentile.

---

👤 *Sono proprio stanca e stressata. Che cosa posso fare?*

🧑 *Passi un fine settimana in un centro benessere. È molto rilassante.*

👤 ..............................................................

🧑 ..............................................................

👤 ..............................................................

🧑 ..............................................................

..............................................................

👤 ..............................................................

---

**17** | 🔊 2•24 Completa il dialogo con la forma corretta dell'imperativo di questi verbi e il superlativo relativo o assoluto degli aggettivi tra parentesi. Poi ascolta e controlla.

andare • assaggiare • fare • passare • prendere • prenotare • scendere • visitare

**sig. D'Anzi** Allora, signor Malley, ho saputo che si ferma a Genova per il fine settimana.

**sig. Malley** Sì, che cosa mi consiglia di fare?

**sig. D'Anzi** ............... (1) un giro nel centro storico. È tra ............... (2. *grande*) d'Europa. Questa è ....... parte ............... (3. *vecchio*) della città ed è famosa per i carrugi, delle vie ............... (4. *stretto*). E poi ............... (5) la basilica di San Siro, una delle chiese più antiche della città.

**sig. Malley** Ho anche sentito parlare dell'Acquario.

**sig. D'Anzi** Certo, è ............... (6. *grande*) acquario d'Italia.

**sig. Malley** E dov'è ?

**sig. D'Anzi** È al porto antico, ma è facile arrivare dal centro. ............... (7) la metropolitana e ............... (8) alla fermata San Giorgio.

**sig. Malley** Grazie. E cosa mi consiglia di fare la sera?

**sig. D'Anzi** Beh, prima di tutto una buona cena. Ci sono ............... (9. *molto*) ristoranti vicino al porto che servono pesce ............... (10. *fresco*). E ............... (11) le specialità del posto, un bel piatto di trenette al pesto, per esempio. Ma se va il sabato sera, ............... (12) prima perché c'è sempre tanta gente.

**sig. Malley** E dopo cena?

**sig. D'Anzi** ............... (13) la serata in un locale tipico, dove può ascoltare musica dal vivo. Oppure ............... (14) a vedere uno spettacolo teatrale.

**sig. Malley** Grazie mille. Adesso so che cosa fare!

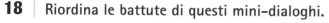

**18** | Riordina le battute di questi mini-dialoghi.

1.
☐ Che cosa si sente?
☐ No, penso di no.
☐ Ha anche la febbre?
☐ Mi fa male la gola e ho la tosse.

2.
☐ Prenda queste pastiglie. Due ogni otto ore.
☐ Queste le ho già prese. Non ha qualcosa di più forte?
☐ Buongiorno. Vorrei qualcosa per il raffreddore
☐ Sì, ma deve avere la ricetta medica.

**19** | Scrivi le domande appropriate a queste risposte.

1. ......................................................................
2. ......................................................................
3. ......................................................................
4. ......................................................................
5. ......................................................................

Non mi sento molto bene. Ho un brutto raffreddore.
Le prenda dopo i pasti.
No, non penso di avere la febbre.
Prenda due cucchiai di sciroppo tre volte al giorno.
No, non ancora. Sai che non mi piacciono i dottori.

**20** | Non ti senti molto bene e vai dal dottore. Scrivi il dialogo usando queste parole.

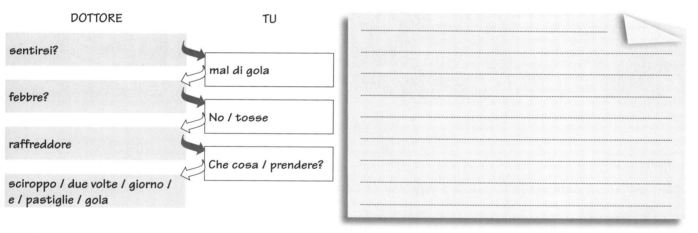

DOTTORE

TU

sentirsi?

mal di gola

febbre?

No / tosse

raffreddore

Che cosa / prendere?

sciroppo / due volte / giorno / e / pastiglie / gola

**21** | Completa il kit del pronto soccorso con le parole mancanti.

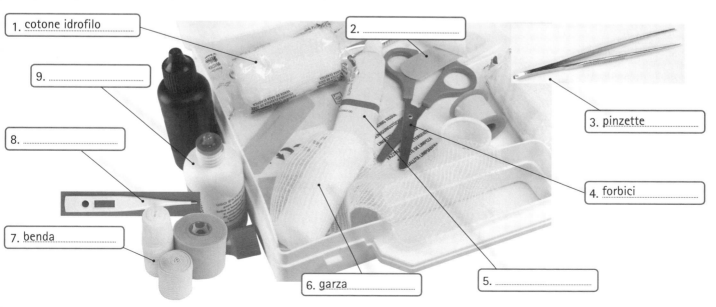

1. cotone idrofilo
2. ...........................
3. pinzette
4. forbici
5. ...........................
6. garza
7. benda
8. ...........................
9. ...........................

## SPAZIO ALLE PAROLE

**22** Scrivi le frasi sotto i disegni corrispondenti.

> Ho preso un colpo di sole. • Ho l'influenza. • Ho la nausea. • Mi sono scottata la mano.
> Ho preso il raffreddore. • Sono intollerante al latte. • Mi sono rotta una gamba. • Ho i brividi.

............ ............ ............ ............

............ ............ ............ ............

**23** Abbina a ogni verbo la parola / espressione corrispondente.

1. ⬭ provarsi
2. ⬭ assumere
3. ⬭ disinfettare
4. ⬭ andare
5. ⬭ rompersi
6. ⬭ scottarsi
7. ⬭ mettere
8. ⬭ tagliarsi
9. ⬭ soffrire
10. ⬭ consultare
11. ⬭ mangiare
12. ⬭ fare

a. al pronto soccorso
b. il medico
c. con un coltello
d. di asma
e. la febbre
f. un braccio
g. in bianco
h. gli esami del sangue
i. al sole
l. una ferita
m. le gocce negli occhi
n. un farmaco

# In forma perfetta

## Il condizionale presente

|  | -are | -ere | -ire |
|---|---|---|---|
| (io) | us**erei** | scend**erei** | suggerir**ei** |
| (tu) | us**eresti** | scend**eresti** | suggerir**esti** |
| (lui/lei/Lei) | us**erebbe** | scend**erebbe** | suggerir**ebbe** |
| (noi) | us**eremmo** | scend**eremmo** | suggerir**emmo** |
| (voi) | us**ereste** | scend**ereste** | suggerir**este** |
| (loro) | us**erebbero** | scend**erebbero** | suggerir**ebbero** |

I verbi in **–care** e **–gare** inseriscono una **–h–** a tutte le persone.

> io cer**ch**erei / noi cer**ch**eremmo
> io pa**gh**erei / noi pa**gh**eremmo

I verbi in **–ciare** e **–giare** perdono la **–i–**.

> io comin**c**erei / tu comin**c**eresti
> io man**g**erei / tu man**g**eresti

Attenzione alla coniugazione dei seguenti verbi.

| essere | dare | fare | stare |
|---|---|---|---|
| sarei | darei | farei | starei |
| saresti | daresti | faresti | staresti |
| sarebbe | darebbe | farebbe | starebbe |
| saremmo | daremmo | faremmo | staremmo |
| sareste | dareste | fareste | stareste |
| sarebbero | darebbero | farebbero | starebbero |

| avere | andare | sapere | vedere |
|---|---|---|---|
| avrei | andrei | saprei | vedrei |
| avresti | andresti | sapresti | vedresti |
| avrebbe | andrebbe | saprebbe | vedrebbe |
| avremmo | andremmo | sapremmo | vedremmo |
| avreste | andreste | sapreste | vedreste |
| avrebbero | andrebbero | saprebbero | vedrebbero |

| rimanere | bere | tenere | venire |
|---|---|---|---|
| rimarrei | berrei | terrei | verrei |
| rimarresti | berresti | terresti | verresti |
| rimarrebbe | berrebbe | terrebbe | verreste |
| rimarremmo | berremmo | terremmo | verremmo |
| rimarreste | berreste | terreste | verreste |
| rimarrebbero | berrebbero | terrebbero | verrebbero |

Usiamo il condizionale per:

▸ fare una **richiesta in modo cortese**.
> *Mi **passeresti** il sale, per favore?*

▸ esprimere un **desiderio** o un'**intenzione**.
> ***Prenderei** un bicchiere di vino.*

▸ fare un'**ipotesi** o una **supposizione**.
> *Non credo che Fabio **si iscriverebbe** in palestra.*

▸ dare un **suggerimento**, un **consiglio** o esprimere un'**opinione personale**.
> *Al posto tuo **accetterei** quel lavoro.*

▸ fare una **proposta**.
> ***Potremmo** andare al cinema questa sera.*

## Il condizionale dei verbi modali

| potere | volere | dovere |
|---|---|---|
| potrei | vorrei | dovrei |
| potresti | vorresti | dovresti |
| potrebbe | vorrebbe | dovrebbe |
| potremmo | vorremmo | dovremmo |
| potreste | vorreste | dovrebbero |
| potrebbero | vorrebbero | dovreste |

Usiamo il condizionale di ***potere*** per:

▸ fare una **richiesta**, chiedere il **permesso**
▸ fare una **proposta in modo cortese**.
> *Ci **potrebbe** portare del pane?*
> ***Potrei** uscire prima oggi?*
> ***Potremmo** pranzare insieme sabato.*

▸ esprimere una **possibilità**.
> *Marco **potrebbe** venire al cinema con noi.*

Usiamo il condizionale di ***volere*** per:

▸ esprimere un **desiderio**.
> ***Vorrei** andare in vacanza.*

Usiamo il condizionale di ***dovere*** per:

▸ dare un consiglio
> ***Dovresti** andare dal dottore se non ti senti bene.*

▸ esprimere un obbligo
> ***Dovrei** studiare per il mio esame.*

▸ esprimere una probabilità.
> *Anna **dovrebbe** arrivare domani.*

## SPAZIO ALLA GRAMMATICA

### Il condizionale presente

**PRIMI PASSI**
**1** | Completa la tabella.

| | lavorare | prendere | dormire |
|---|---|---|---|
| (io) | lavorerei | | |
| (tu) | | prenderesti | |
| (lui/lei/Lei) | | | dormirebbe |
| (noi) | lavoreremmo | | |
| (voi) | | | dormireste |
| (loro) | | prenderebbero | |

**PRIMI PASSI**
**2** | Sottolinea l'alternativa corretta.

1. Al posto tuo *camminerei / cammineresti* di più.
2. Fabio si *iscriverebbe / iscriveresti* in palestra, ma non ha tempo.
3. Tu quale corso *sceglieresti / sceglierei*, Carla?
4. Signor Rossi, *telefonerebbe / telefoneresti* Lei al dottor Fiandri, per favore?
5. Ragazzi, questa sera *preferiremmo / preferireste* mangiare al ristorante o in pizzeria?
6. Gianna, *aprireste / apriresti* la finestra, per favore?
7. Io e Sandro *inviteremmo / inviterebbero* anche Paola alla nostra festa.
8. È un buon lavoro. Al posto tuo lo *accetterei / accetteresti*.

**3** | Che cosa diresti in queste situazioni? Completa i fumetti con il condizionale presente dei verbi tra parentesi.

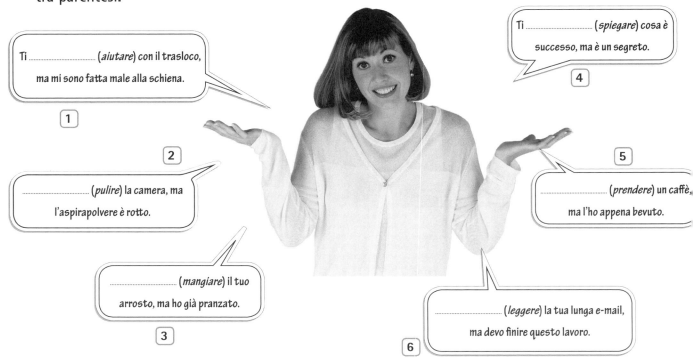

Ti _____ (*aiutare*) con il trasloco, ma mi sono fatta male alla schiena. **1**

_____ (*pulire*) la camera, ma l'aspirapolvere è rotto. **2**

_____ (*mangiare*) il tuo arrosto, ma ho già pranzato. **3**

Ti _____ (*spiegare*) cosa è successo, ma è un segreto. **4**

_____ (*prendere*) un caffè, ma l'ho appena bevuto. **5**

_____ (*leggere*) la tua lunga e-mail, ma devo finire questo lavoro. **6**

**4** | Osserva i disegni e completa le richieste con il condizionale di questi verbi.

aprire • prendere • accendere • comprare • chiudere • prestare

Carlo, ............................ la luce, per favore?

Ragazzi, ........................ la porta?

Mi ............................ una penna?

Mi ...................... un panino al bar?

Mi ...................... il giornale all'edicola qui sotto?

........................ la finestra, per favore? Fa molto caldo.

**5** | Riformula queste richieste in modo più gentile usando il condizionale presente.

1. Passami il cellulare. ............................
2. Risponda al telefono. ............................
3. Prestami il computer. ............................
4. Prenda la posta. ............................

5. Aiutatemi a sparecchiare. ............................
6. Preparami un caffè. ............................
7. Sposti la macchina. ............................
8. Finite il lavoro per domani. ............................

**6** | Usa questi verbi per descrivere che cosa succederebbe nelle situazioni indicate sotto.

divertirsi • offendersi • arrabbiarsi • telefonare • annoiarsi • ricomprare

1. Una tua amica ti chiede come sta con un nuovo vestito e tu le dici che sta malissimo.
2. Non vai a un appuntamento con un tuo amico.
3. Trovi un portafoglio con cento euro e il numero di telefono del proprietario.
4. Porti due tuoi amici a un concerto di musica classica, ma a loro non piace questo tipo di musica.
5. Porti i tuoi fratelli a vedere una partita della loro squadra preferita.
6. Un tuo amico perde il libro che gli hai prestato.

## Il condizionale presente dei verbi irregolari

**7** | Riordina le lettere e scrivi la forma corretta del condizionale presente dei verbi tra parentesi.

1. ........................ (DESNARTE - *andare*) a vivere all'estero per un anno?

2. Forse anche Silvia ........................ (BREBEVER - *venire*) a teatro con noi.

3. ........................ (SARDITE - *dare*) la tua macchina a Dario?

4. ........................ (RIVERE - *venire*) in palestra, ma ci sarebbe il problema dell'orario.

5. Che cosa ........................ (RESTIFA - *fare*) al posto mio?

6. Sono certa che Patrizia e Luciano ........................ (BEREBROVER - *venire*) alla tua festa se li invitassi.

7. Tu e Paola ........................ (TESESAR - *essere*) liberi sabato sera?

8. ........................ (MOREMAV - *avere*) bisogno di parlarti.

**8** | Completa le frasi con questi verbi.

> farei • avrei • saremmo • avreste • verrebbero • fareste • sarebbe • verreste

1. ........................ cinque minuti di tempo? Devo parlarvi.

2. Pensi che Carlo e Marta ........................ in vacanza con noi?

3. Io e Anna ........................ felici di cenare con voi.

4. Al posto tuo ........................ le scale invece di prendere l'ascensore.

5. ........................ a Padova con noi?

6. 🧑 Ci vediamo alle sette? 🧑 Non ........................ possibile vederci un po' più tardi?

7. Mi ........................ un piacere? Potete accompagnare voi i bambini a scuola?

8. Non posso andare in palestra nella pausa pranzo: non ........................ abbastanza tempo.

**9** | Completa il cruciverba con le forme corrette del condizionale presente.

| orizzontali | verticali |
|---|---|
| 2. io/essere | 1. voi/rimanere |
| 6. loro/dare | 2. noi/sapere |
| 8. lui/tenere | 3. noi/stare |
| 10. tu/tenere | 4. voi/vedere |
| 13. lei/avere | 5. loro/bere |
| 14. lei/bere | 7. io/dire |
| 15. tu/stare | 9. tu/vedere |
|  | 11. tu/rimanere |
|  | 12. loro/vedere |

**10** | ◁ 2•25 | Completa i mini-dialoghi con il condizionale presente dei verbi tra parentesi. Poi ascolta e controlla.

1. 👤 _____ (*venire*) a cena da me domani sera?
   🧍 _____ (*venire*) volentieri, ma ho promesso a Sandra di andare dai suoi genitori.

2. 👤 Mi hanno offerto un lavoro a Barcellona. Tu cosa _____ (*fare*)?
   🧍 Non _____ (*sapere*). Forse ci _____ (*andare*): dicono che è una città molto bella.

3. 👤 Vi _____ (*andare*) di uscire questa sera?
   🧍 Mi spiace, ma siamo stanchi. _____ (*rimanere*) volentieri a casa.

4. 👤 Pensi che _____ (*essere*) una buona idea passare le vacanze in un agriturismo?
   🧍 Ma certo, sono sicura che _____ (*stare*) bene e vi _____ (*riposarsi*).

5. 👤 Pensi che Fabio _____ (*avere*) tempo di aiutarmi a fare il trasloco?
   🧍 Sono sicuro che ti _____ (*dare*) volentieri una mano.

6. 👤 Scusi, mi _____ (*sapere*) dire dov'è Il Teatro dell'Opera?
   🧍 Certo. Vada sempre dritto e giri alla prima a destra. È sulla sinistra.

**11** | Completa l'e-mail di Giovanna con il condizionale presente dei verbi tra parentesi.

| | |
|---|---|
| A: | simone.kal@std.it |
| Oggetto: | week-end al mare |

Caro Simone,
che cosa fate tu e Carla questo fine settimana? Vi _____ (1. *andare*) di venire al mare con me? Io _____
(2. *partire*) venerdì mattina e _____ (3. *tornare*) a Torino domenica pomeriggio. _____ (4. *essere*) liberi anche
voi venerdì mattina? _____ (5. *essere*) un week-end di tutto relax. Queste le mie proposte. Io _____(6. *passare*)
tutto il venerdì in spiaggia a leggere e prendere il sole e la sera _____ (7. *andare*) a cenare in quel bel ristorante di
pesce vicino al porto. Vi sembra una buona idea? Sabato invece possiamo andare a Portofino, dove
ci sono dei miei amici. _____ (8. *pranzare*) tutti insieme e poi _____ (9. *andare*) a fare
una bella passeggiata: un po' di movimento fa sempre bene. Ritorno a Santa Margherita per l'ora di
cena. Domenica mattina devo andare a trovare i miei zii, così tu e Carla _____ (10. *avere*) un
po' di tempo tutto per voi. Partenza nel pomeriggio.
Fatemi sapere.
Un abbraccio! Giovanna

> **Il condizionale dei verbi modali**

**12** | Riscrivi le frasi seguendo l'esempio.

Vorrei un panino e una birra.     (noi) *Vorremmo un panino e una birra.*

1. Potrei aiutarti a fare questo esercizio.     (lei) _____
2. Dovremmo studiare di più.     (voi) _____
3. Vorrei andare in vacanza in Grecia.     (loro) _____
4. Vorresti vivere in campagna?     (voi) _____
5. Potrei telefonare a Emma questa sera.     (tu) _____
6. Dovrei finire questo lavoro oggi.     (lui) _____

**13** | 2•26 Completa il dialogo tra Marco e Giada con la forma corretta del
condizionale presente di *potere*, *volere* e *dovere*. Poi ascolta e controlla.

| | |
|---|---|
| Giada | Buonasera. Sono Giada, come posso aiutarla? |
| Marco | Buonasera. _____ (1) delle informazioni sulla vostra palestra. |
| Giada | Certo! Come forse sa, è una palestra nuova: abbiamo aperto solo due mesi fa. |
| Marco | Sì, lo so. Lavoro qui vicino. |
| Giada | Mi dica, perché _____ (2) venire in palestra? |
| Marco | _____ (3) dimagrire un paio di chili. |
| Giada | Allora _____ (4) lavorare con uno dei nostri personal trainer e seguire un programma specifico per lei. |
| Marco | Un personal trainer? _____ (5) essere una buona idea. Però ci sarebbe il problema dell'orario... |
| Giada | Andrebbe bene nella pausa pranzo? Quanto tempo avrebbe a disposizione? |
| Marco | Ho solo un'ora di pausa, farei tutto di fretta. Però _____ (6) venire dopo il lavoro. |
| Giada | Certo, non ci sono problemi. Siamo aperti fino alle 22. |
| Marco | E allora, cosa _____ (7) fare? |
| Giada | Innanzitutto _____ (8) fare una visita medica con il nostro dottore. _____ (9) già fissarle un appuntamento per domani sera. |
| Marco | Perfetto. |

**14** | Leggi il regolamento della Piscina Acquaplus e osserva il disegno. Ci sono alcune persone che stanno facendo qualcosa che non è permesso. Che cosa gli diresti?

*Non dovreste entrare in piscina con le scarpe!*

## PISCINA ACQUAPLUS
### Regolamento

**È VIETATO:**
- entrare in piscina con le scarpe
- tuffarsi e saltare in acqua
- fumare
- consumare cibi o bevande vicino alla vasca
- portare cani o altri animali in piscina

**È OBBLIGATORIO:**
- indossare la cuffia
- fare la doccia prima di entrare in piscina
- indossare le ciabatte o scarpette in gomma

**15** | Completa le frasi con il condizionale presente di *potere*, *volere* e *dovere* e uno di questi verbi.

andare • cambiare • invitare • portare • spendere • tornare

1. Marta non _____ a casa sempre tardi la sera: la mattina è sempre stanca.

2. Oggi esco tardi dal lavoro: _____ tu a prendere la macchina dal meccanico?

3. _____ lavoro: non mi piace stare tutto il giorno davanti a un computer.

4. Sara e Carlo non _____ così tanti soldi in vacanze se vogliono comprare una casa.

5. Io e Gianni vi _____ a cena domani sera: siete liberi?

6. Tua mamma _____ i bambini a scuola domani mattina?

## TUTTO CHIARO?

**16** | Veronica sogna di vincere alla lotteria. Completa la sua pagina su Facebook con il condizionale di questi verbi.

aprire • mangiare • avere • comprare • fare (x2) • lasciare • lavorare
piacere • portare • potere • stare • studiare • viaggiare • volere • essere

Come _____ (1) la mia nuova vita? Innanzitutto _____ (2) due case per me qui in città e una per i miei genitori al mare, così _____ (3) passare l'inverno in un posto più caldo e _____ (4) un posto tutto loro per invitare i loro fratelli e sorelle. Poi _____ (5) una lunga vacanza: _____ (6) fare il giro del mondo. _____ (7) con me i miei amici più cari: _____ (8) in un aereo privato, _____ (9) solo in alberghi di lusso e _____ (10) nei migliori ristoranti. Poi _____ (11) il mio lavoro perché non mi piace proprio. Forse _____ (12) un ristorante con mio fratello: lui è un cuoco eccezionale e a me piace stare con la gente. Ma non _____ (13) tutte le sere, solo quando ho voglia! _____ (14) il francese perché mi _____ (15) andare a vivere a Parigi per un po': è una bellissima città! E tu che cosa _____ (16)?

**17** | Rispondi alla domanda di Veronica. Scrivi che cosa faresti con tanti soldi a tua disposizione.

**18** | Ogni frase contiene un errore. Trovalo e correggilo.

1. Bisogna vai in palestra almeno tre volte alla settimana se si vuole vedere qualche risultato.

2. I tuoi amici francesi venirebbero a teatro con noi domani sera?

3. Rimaneremmo volentieri ancora un po' ma domani mattina dobbiamo alzarci presto.

4. Se vuoi tenerti in forma non basta di fare una dieta: devi cambiare il tuo stile di vita.

5. Beverei un altro bicchiere di vino, ma non posso perché devo guidare.

6. Saresti che cosa fare in questa situazione?

## COMUNICARE

**19** | Abbina a ogni frase la sua funzione.

1. ☐ Potrei uscire un attimo?
2. ☐ Credo che Alice non lascerebbe mai Sandro.
3. ☐ Dovrei studiare di più se voglio passare l'esame.
4. ☐ Potremmo giocare a tennis domani.
5. ☐ Forse Marco potrebbe aiutarti.
6. ☐ Dovresti bere meno caffè.
7. ☐ Potresti spegnere la televisione, per favore?
8. ☐ Vorrei avere un lavoro più interessante.

a. fare una richiesta in modo cortese
b. esprimere un desiderio
c. fare un'ipotesi
d. dare un consiglio
e. fare una proposta
f. esprimere una possibilità
g. chiedere il permesso in modo cortese
h. esprimere un obbligo

**20** | Che cosa diresti a queste persone? Usa il condizionale per dare consigli o fare proposte.

1. Voglio tornare in forma.
   ........................................................................

2. Non ho voglia di restare a casa stasera. Che cosa facciamo?
   ........................................................................

3. Ho chiamato tante volte Marco, ma non risponde.
   ........................................................................

4. Non dormo bene la notte.
   ........................................................................

5. Sabato è il compleanno della mamma.
   ........................................................................

6. Michela è molto arrabbiata con me perché non sono andato alla sua festa.
   ........................................................................

**21** | Scrivi una frase con il condizionale per...

1. fare una richiesta in modo gentile
2. esprimere un desiderio

3. dare un consiglio
4. fare un'ipotesi

## SPAZIO ALLE PAROLE

**22** | Scrivi le istruzioni di queste posizioni. Se non ti ricordi tutte le parole guarda l'esercizio 18 a pag. 86 del *Libro dello studente* o usa un dizionario.

**23** | Abbina alle definizioni i corsi indicati nell'orario della palestra.

1. ☐ corso di ginnastica dolce in acqua adatto a ogni età

2. ☐ ginnastica di allungamento dei muscoli

3. ☐ ginnastica specificatamente adatta alle persone anziane

4. ☐ corso di ballo per principianti

5. ☐ arte marziale di origine cinese

6. ☐ attività aerobica su bicicletta fissa a tempo di musica

7. ☐ corso di ginnastica generalmente senza attrezzi

8. ☐ ginnastica a tempo di musica

| ORARIO | CORSO |
|--------|-------|
| 17.15 / 19.15 | TAI CHI (a) |
| 18.00 / 18.30 | DANZA 1 (b) |
| 18.00 / 19.00 | SPINNING (c) |
| 18.30 / 19.00 | GINNASTICA DOLCE (d) |
| 19.00 / 19.30 | CORPO LIBERO (e) |
| 19.00 / 20.00 | AEROBICA (f) |
| 19.15 / 20.15 | AQUAGYM (g) |
| 19.15 / 21.15 | STRETCHING (h) |

**24** | Abbina a ogni modo di dire la sua spiegazione.

1. ☐ Avere un diavolo per capello
2. ☐ Restare a bocca aperta
3. ☐ Alzarsi con il piede sinistro
4. ☐ Parlare dietro le spalle
5. ☐ Non chiudere occhio
6. ☐ Parlare a quattr'occhi
7. ☐ Avere il pollice verde
8. ☐ Perdere la testa per qualcuno

a. essere molto sorpreso
b. parlare male di una persona che non è presente
c. non dormire
d. essere di cattivo umore
e. parlare in privato, da soli
f. essere bravi nel giardinaggio
g. innamorarsi di qualcuno
h. essere molto arrabbiato

**25** | Completa le frasi con una delle espressioni dell'esercizio 24. Fai attenzione a usare la forma corretta dei verbi.

1. Come sono belle le tue piante! (Tu) .................................................!

2. Quando Giorgia mi ha detto che voleva lasciare Angelo, .................................................: erano una coppia ideale.

3. Ieri sera ho bevuto un caffè alle undici e così ................................................. tutta la notte.

4. Ma perché sei così di cattivo umore, .................................................?

5. Ti devo ................................................. : è una questione molto personale.

6. Marco ................................................. per quella ragazza americana: pensa che vuole trasferirsi a New York e sposarla.

7. 👤 Ma che cos'hai? 👤 Si è rotta la macchina e sono dovuto venire in ufficio a piedi sotto la pioggia.

   .................................................!

8. Non mi piace molto Cristina: non ti dice mai la verità e ................................................. di tutti.

# Che lavoro farai?

## Il futuro semplice

|  | **-are** | **-ere** | **-ire** |
|---|---|---|---|
| (io) | passe**rò** | decide**rò** | offri**rò** |
| (tu) | passe**rai** | decide**rai** | offri**rai** |
| (lui/lei/Lei) | passe**rà** | decide**rà** | offri**rà** |
| (noi) | passe**remo** | decide**remo** | offri**remo** |
| (voi) | passe**rete** | decide**rete** | offri**rete** |
| (loro) | passe**ranno** | decide**ranno** | offri**ranno** |

Le desinenze **–rò, –rai, –rà, –remo, –rete, –ranno** sono le stesse per tutti i gruppi di verbi: sono preceduta da una **–e** nei verbi in **–are** e in **–ere** e da una **–i** nei verbi in **–ire**.

I verbi in **–care** e **–gare** inseriscono una **–h–** a tutte le persone.

> io cerc**h**erò          noi cerc**h**eremo
> io pag**h**erò          noi pag**h**eremo

I verbi in **–ciare** e **–giare** perdono la **–i**.

|  | **cominciare** | **mangiare** |
|---|---|---|
| (io) | comin**c**erò | man**g**erò |
| (tu) | comin**c**erai | man**g**erai |
| (lui/lei/Lei) | comin**c**erà | man**g**erà |
| (noi) | comin**c**eremo | man**g**eremo |
| (voi) | comin**c**erete | man**g**erete |
| (loro) | comin**c**eranno | man**g**eranno |

I verbi irregolari al futuro presentano la stessa irregolarità dei verbi irregolari al condizionale presente (v. pag. 183), ma con una desinenza diversa.

Usiamo il futuro per parlare di **eventi che devono ancora avvenire**.

> *Passerò un paio di mesi in Germania.*
> *Luigi comincerà a lavorare in uno studio legale.*

È possibile descrivere azioni ed eventi futuri anche con il **presente**, soprattutto se vogliamo esprimere la **certezza che qualche cosa avverrà**.

> *Domani comincio un nuovo lavoro.*
> *Questo fine settimana andiamo al mare.*

## Il periodo ipotetico della realtà

Il periodo ipotetico è formato da due frasi:
▸ la frase che comincia con **se**, cioè la frase **subordinata**, che esprime **una condizione** o **un'ipotesi**
▸ la frase **principale**, che esprime la **conseguenza**.

Quando parliamo di **ipotesi molto probabili**, in entrambe le frasi il verbo può essere usato al **presente** o al **futuro semplice**.

> *Se domani finisco di lavorare presto, possiamo andare al cinema.*
> *Se troverò lavoro, mi fermerò a Berlino.*
> *Se non mi offrono un lavoro, comincerò a lavorare nello studio legale di mio zio.*

## Il comparativo di maggioranza e minoranza e il secondo termine di paragone con *che / di*

Usiamo il comparativo di maggioranza e di minoranza per paragonare due persone, cose o luoghi diversi.

> *Marta è più giovane di Chiara.*
> *La tua casa è meno grande della mia.*

Se il secondo termine di paragone è un **nome**, un **pronome** o un **avverbio**, usiamo **di**.

> *Il francese è più facile del cinese.*
> *Sandro è più vecchio di me.*
> *Oggi fa meno caldo di ieri.*

Se il secondo termine di paragone è un **nome** o un **pronome preceduto da** una **preposizione** o un **verbo** usiamo **che**.

> *Trovare lavoro oggi è più difficile che in passato.*
> *È più facile venire in città per me che per te.*
> *Avere il contatto giusto è più importante che avere le qualifiche giuste.*

## Il comparativo di maggioranza irregolare di aggettivi e avverbi

Alcuni aggettivi, oltre alla forma regolare, hanno una forma irregolare del comparativo di maggioranza.

|  | comparativo regolare | comparativo irregolare |
|---|---|---|
| buono | più buono | migliore |
| cattivo | più cattivo | peggiore |
| grande | più grande | maggiore |
| piccolo | più piccolo | minore |

Anche alcuni avverbi hanno una forma irregolare del comparativo di maggioranza.

|  | comparativo irregolare |
|---|---|
| bene | meglio |
| male | peggio |
| molto | più |
| poco | meno |

*Andrew parla italiano **meglio** di Sarah, ma balla **peggio** di lei.*
*Stefano ha mangiato **più** di Carlo, ma **meno** di me.*

## SPAZIO ALLA GRAMMATICA

### Il futuro semplice

**1** Completa la tabella.

|  | lavorare | leggere | partire |
|---|---|---|---|
| (io) | lavorerò | | |
| (tu) | | | partirai |
| (lui/lei/Lei) | | leggerà | |
| (noi) | | | partiremo |
| (voi) | lavorerete | | |
| (loro) | | leggeranno | |

**2** Sottolinea l'alternativa corretta.

1. Elisa *passerà / passarà* due mesi in Germania.
2. Anna e Matteo si *sposeranno / sposerà* l'anno prossimo.
3. Non possiamo venire al mare: *lavoreremmo / lavoreremo* tutto il week-end.
4. Quando *arriveranno / arriverai* i tuoi amici?
5. *Prenderai / Prenderei* il treno per andare a Firenze?
6. Sono stanchissima: domani *dormerò / dormirò* tutto il giorno.

**3** Scrivi la forma corretta del futuro di questi verbi.

1. cercare     tu *cercherai*
2. cominciare  lui
3. essere      voi
4. dare        io
5. avere       noi
6. venire      loro
7. dovere      io

8. fare        tu
9. vedere      lei
10. tenere     noi
11. potere     loro
12. mangiare   lui
13. andare     loro
14. pagare     noi

15. bere       voi
16. volere     io
17. giocare    tu
18. stare      lei
19. sapere     noi
20. rimanere   tu
21. venire     voi

**4** | Come sarà la vita in futuro? Usa le parole date per fare previsioni.

1. tutti / guidare / macchine elettriche      *Tutti guideranno macchine elettriche.*

2. nessuno / leggere / libri cartacei

3. studenti / studiare da casa

4. poche persone / lavorare / in ufficio

5. nessuno / scrivere / lettere

6. noi / usare / solo / carte di credito

7. robot / pulire / casa

8. la gente / passare / vacanze / su Marte

**5** | (♪) 2•27 Completa il dialogo tra Luigi e Elisa con il futuro dei verbi tra parentesi. Poi ascolta e controlla.

| | |
|---|---|
| **Luigi** | Ho saputo che ti sei laureata... e con ottimi voti! Che cosa _____ (1. *fare*) adesso? |
| **Elisa** | Ho deciso che _____ (2. *prendersi*) un po' di tempo per capire che cosa voglio fare veramente nella vita. Così, _____ (3. *passare*) un paio di mesi in Germania, a Berlino. _____ (4. *andare*) a stare da dei miei amici che lavorano lì. Magari _____ (5. *trovare*) un lavoro anch'io. |
| **Luigi** | Quando _____ (6. *partire*)? |
| **Elisa** | Tra due settimane. |
| **Luigi** | Così presto? Certo, _____ (7. *essere*) un'esperienza interessante. Ma poi _____ (8. *tornare*) in Italia? |
| **Elisa** | Dipende. Se _____ (9. *trovare*) lavoro, forse _____ (10. *fermarsi*). E tu? Che cosa _____ (11. *fare*)? |
| **Luigi** | _____ (12. *finire*) il mio master e poi _____ (13. *decidere*). |

**6** | Riscrivi il testo al futuro.

Sono veramente stanca, così passo un fine settimana molto tranquillo. Sono a casa da sola perché mio marito va a trovare i suoi genitori a Genova: parte venerdì sera e torna domenica pomeriggio. Sabato mi alzo tardi e faccio colazione a letto. Leggo fino alle dieci e poi chiamo la mia amica Giovanna. La invito a pranzo. Mangiamo in un ristorante vicino a casa mia. Poi andiamo a fare spese. Se abbiamo tempo, andiamo al cinema. Domenica vengono a trovarmi due miei amici: arrivano verso le dieci, così possiamo cucinare insieme. Poi stiamo a casa a chiacchierare.

**7** | Leggi l'oroscopo di domani e completalo con il futuro dei verbi tra parentesi.

Domani ........................ (1. *essere*) una giornata veramente speciale!

**Amore** ........................ (2. *tu - incontrare*) una persona veramente interessante che
........................ (3. *cambiare*) la tua vita.

**Lavoro** Il tuo capo ti ........................ (4. *offrire*) una buona possibilità di migliorare il tuo lavoro.

**Amicizia** Degli amici che non vedi da molto tempo ti ........................ (5. *fare*) una sorpresa e ti .
........................ (6. *venire*) a trovare.

**Salute** ........................ (7. *tu - dovere*) fare attenzione alla salute. Non mangiare cose strane in posti
che non conosci.

**8** | Scrivi un breve testo su come pensi che sarà la vita fra
dieci anni. Segui questi punti.

- la tua vita fra dieci anni
- che lavoro farai
- dove abiterai

---

> **Il periodo ipotetico della realtà**

**9** | Abbina l'inizio di ogni frase alla sua fine.

1. ☐ Se Elisa troverà lavoro,
2. ☐ Se offriranno un lavoro a Luigi,
3. ☐ Se mi lasci il tuo numero di cellulare,
4. ☐ Se non usciamo adesso,
5. ☐ Se studierete,
6. ☐ Se non hai la macchina,

a. lui forse lo accetterà.
b. passerete certamente l'esame.
c. si fermerà in Germania.
d. ti chiamerò.
e. vengo a prenderti io.
f. perderemo il treno.

**10** | Completa le frasi con il futuro dei verbi tra parentesi.

1. Se Laura non troverà lavoro, ........................ (*fare*) uno stage.
2. Troverai un buon lavoro se ........................ (*laurearsi*) con buoni voti.
3. Se domani piove, non ........................ (*noi - andare*) al mare.
4. Che cosa farai se non ti ........................ (*loro - offrire*) il lavoro?
5. Se vincerò alla lotteria, ........................ (*comprare*) una casa per i miei genitori.
6. Vi divertirete molto se ........................ (*venire*) alla mia festa.
7. Se vedo Marta, le ........................ (*dire*) di telefonarti.
8. Avrete uno sconto se ........................ (*prenotare*) la vacanza prima di marzo.

**11** Completa l'e-mail di Elisa con il futuro dei verbi tra parentesi.

---

A: luigi@ddx.it
Oggetto: saluti da Berlino

Firma: Firma n.4

Caro Luigi,

come stai? Io sono molto felice qui a Berlino. Sto ancora dai miei amici, ma la loro casa è in periferia, così, se ............................ (1. *trovare*) un appartamento più vicino al centro, ............................ (2. *trasferirsi*). Se ............................ (3. *avere*) un appartamento tutto per me, ............................ (4. *potere*) venire a trovarmi e stare da me. Ho trovato un lavoro che mi piace molto: se mi ............................ (5. *rinnovare*) il contratto per altri sei mesi, ............................ (6. *fermarsi*) qui. Se invece non mi ............................ (7. *confermare*) il lavoro, ............................ (8. *cercare*) qualcos'altro, ma non voglio tornare in Italia per il momento. Come va la vita? So che ora lavori nello studio di tuo zio ma che hai fatto domanda per un lavoro a Roma. ............................ (9. *continuare*) a lavorare con tuo zio se non ti ............................ (10. *chiamare*)?

Scrivi presto ☺ Elisa

---

**12** Vinicius ha chiesto alla sua fidanzata Gianna di sposarlo. Che cosa succederà se lei accetterà? Scrivi frasi seguendo gli esempi.

Gianna
⬇
sposare Vinicius
⬇
trasferirsi in Brasile
⬇
imparare portoghese
⬇
trovare un buon lavoro
⬇
guadagnare molti soldi
⬇
comprare una casa grande
⬇
invitare la sua famiglia a stare con lei

*Se Gianna sposerà Vinicius, si trasferirà in Brasile.*
*Se si trasferirà in Brasile, imparerà il portoghese.*
.................................................................
.................................................................
.................................................................
.................................................................
.................................................................
.................................................................
.................................................................

**13** | Ecco alcune superstizioni diffuse in Italia. Usa le parole indicate e scrivi frasi come nell'esempio.

gatto nero / attraversare la strada / portare sfortuna _Se un gatto nero ti attraversa la strada, ti porterà sfortuna._

rompere uno specchio / avere sette anni di guai ............................................

prendere il bouquet della sposa / sposarsi entro l'anno ............................................

alzarsi con il piede sinistro / avere una brutta giornata ............................................

mangiare lenticchie a Capodanno / avere soldi tutto l'anno ............................................

toccare ferro / allontanare la sfortuna ............................................

**14** | Scrivi altre sei frasi simili a quelle dell'es. 13 sulle superstizioni nel tuo paese.

---

**Il comparativo e il secondo termine di paragone con *che / di***

---

**15** | Abbina l'inizio di ogni frase alla sua fine. Scegli *che* o la forma corretta di *di*.

1. La situazione in Italia non è peggiore
2. Il cinese è più difficile
3. Trovare lavoro oggi è certamente più difficile
4. Enrico ha meno esperienza
5. Gli ingegneri hanno migliori opportunità d'impiego
6. Avere il contatto giusto è a volte più importante

dei
di
che
dell'

avere le qualifiche giuste.
in molti altri paesi.
italiano.
laureati in storia.
Margherita.
negli anni passati.

---

**16** | Sottolinea l'alternativa corretta.

1. L'autobus è meno veloce *del / della* metropolitana.
2. Staremo più tranquilli nel mio ufficio *della / che nella* sala riunioni.
3. Simona è sempre più gentile con te *che / di* con me.
4. Carla è più brava con i computer *che / di* me.
5. Sapere parlare bene inglese è più importante *che / di* saperlo scrivere.
6. Il dottor Rossi è meno preparato *che la / della* dottoressa Mauri.

**17** Completa l'articolo con *che* o la forma corretta di *di*.

# I GIOVANI E IL MERCATO DEL LAVORO IN ITALIA

In Italia i giovani che entrano nel mercato del lavoro oggi hanno problemi più grandi ............... (1) generazioni precedenti. In genere hanno un titolo di studio più alto ............... (2) quello dei loro genitori, ma le opportunità d'impiego sono meno buone ............... (3) in passato. L'ingresso nel mondo del lavoro avviene a un'età più elevata

............... (4) negli altri paesi europei e i salari dei giovani italiani sono più bassi ............... (5) quelli dei loro coetanei in Germania o in Francia. Questo spiega in parte perché per molti è più conveniente restare a casa con i genitori ............... (6) cercare una casa propria. Vi sono anche grandi differenze geografiche e di sesso: trovare lavoro al Sud è

certamente più difficile ............... (7) trovare lavoro nel Nord Italia e le donne fanno più fatica a trovare lavoro ............... (8) uomini.

(*continua*)

---

**Il comparativo di maggioranza irregolare di aggettivi e avverbi**

**18** Completa la tabella.

| aggettivo/avverbio | comparativo irregolare |
| --- | --- |
| buono | ............... |
| ............... | peggiore |
| ............... | maggiore |
| bene | ............... |
| male | ............... |

**19** Completa le frasi con il comparativo degli aggettivi o degli avverbi sottolineati.

1. Io so usare il computer abbastanza <u>bene</u>, ma Davide lo sa usare ............... .

2. Sandro lavora <u>poco</u>, ma sua sorella lavora ancora ............... .

3. Ci sono <u>buone</u> opportunità di lavoro qui, ma a Milano ci sono ............... opportunità.

4. Il numero dei disoccupati al nord è <u>grande</u>, ma c'è un ............... numero di disoccupati al sud.

5. Andrea parla inglese <u>male</u>, ma tu lo parli ............... .

6. Questo computer costa <u>molto</u>, ma questo cellulare costa ............... del computer.

7. Le previsioni del tempo per oggi sono <u>cattive</u>, ma sono ............... per il fine settimana.

8. Il problema dei contratti a tempo determinato non è <u>piccolo</u>, ma è certo un problema ............... della disoccupazione.

**20** | Completa la seconda parte dell'articolo *I giovani e il mercato del lavoro in Italia* dell'es. 17 con la forma corretta del comparativo degli aggettivi o avverbi tra parentesi.

(*continua*)

Un dato interessante riguarda le differenze per sesso. Ci sono meno laureati che laureate in Italia e le donne in genere si laureano con voti ................ (1. *buono*) degli uomini. Però poi gli uomini hanno

................ (2. *grande*) opportunità di lavoro e guadagnano ................ (3. *molto*) delle donne. La situazione del lavoro femminile è ................ (4. *cattivo*) in Italia che in molti altri paesi europei. C'è un numero

................ (5. *piccolo*) di donne a capo di aziende anche se gli affari delle aziende che hanno a capo donne spesso vanno ................. (6. *bene*) di quelli delle aziende con a capo uomini.

---

## TUTTO CHIARO?

**21** | Completa la risposta di Luigi all'e-mail di Elisa (v. es. 11) con il futuro di questi verbi.

cercare • comprare • dovere • durare • essere • fare • incontrare
lavorare • mostrare • offrire • potere • preparare • vivere

Cara Elisa,
che bello avere tue notizie. Ho anch'io tante cose da raccontarti. Mi hanno chiamato per il lavoro a Roma.
................ (1) il colloquio fra due settimane: pensa che ................ (2) due giorni. Il primo giorno
................ (3) il capo dell'azienda e ................ (4) fare un test scritto e un colloquio. Il secondo giorno
tutti i candidati (cinque in totale) ................ (5) insieme a un mini-progetto che poi ................ (6) ai
responsabili dei vari settori dell'azienda, che così ................ (7) capire se siamo capaci di lavorare in
team. Voglio prepararmi bene per questo colloquio: ................ (8) di trovare informazioni sull'azienda,
................ (9) le domande da fare e... mi ................ (10) un vestito elegante e una cravatta! Se mi
................ (11) il lavoro penso che lo accetterò: i miei genitori non ................ (12) molto contenti
perché ................ (13) lontano da casa, ma è una buona opportunità che non posso perdere.
Tu che dici?
Luigi

---

**22** | 🔊 2•28 Il testo contiene otto errori. Trovali e correggili. Poi ascolta e controlla.

Primo giorno di lavoro oggi! Ho deciso di andare in macchina perché è più veloce di andare con i mezzi. Grave errore! È più bene muoversi con i mezzi all'ora di punta: la metropolitana è certamente più veloce che la macchina. Sono arrivato in ritardo, ma il mio capo non ha detto niente. Per lui la professionalità è più importante di puntualità. Ho passato tutta la mattina a preparare una presentazione per la riunione che avevamo con dei clienti giapponesi nel pomeriggio: tutto in inglese. Io non parlo inglese molto bene, ma il mio collega Roberto lo parla più male, così alla riunione ho dovuto parlare sempre io. Certo è più difficile parlare di affari in una lingua straniera di nella propria lingua, ma non ho poi avuto molti problemi. La riunione è durata tre ore: alla fine ero stanchissimo. Certamente questo lavoro è più interessante che quello che avevo prima, anche se mi sembra che dovrò lavorare molto di prima.

## COMUNICARE

**23** Completa le frasi con informazioni personali.

1. Se domani farà bel tempo, .................................................................................................................
2. Farò una grande festa se ...................................................................................................................
3. È meglio ..............................................................................................................................................
4. Se vincerò 200.000 euro alla lotteria, ..........................................................................................
5. L'italiano è più ...................................................................................................................................
6. Mi arrabbierò molto se ....................................................................................................................
7. Se incontrerò l'uomo / la donna dei miei sogni, .........................................................................
8. Accetterò un lavoro che non mi piace se .....................................................................................
9. Se imparerò bene l'italiano, ............................................................................................................
10. Gli uomini sono più ..........................................................................................................................

## SPAZIO ALLE PAROLE

**24** Abbina a ogni parola / espressione la sua definizione.

1. ☐ ambosessi
2. ☐ fare i turni
3. ☐ stipendio
4. ☐ filiale
5. ☐ corso di formazione
6. ☐ provvigioni
7. ☐ referenze
8. ☐ dipendenti

a. corso per imparare a fare un certo lavoro
b. sede di un'azienda che dipende dalla sede centrale
c. soldi ricevuti in percentuale sul totale del profitto
d. persone che lavorano per un'azienda
e. soldi che si ricevono ogni mese per il lavoro fatto
f. lavorare a orari diversi
g. maschi e femmine
h. lettera di una persona che garantisce la professionalità di un lavoratore

**25** Completa le frasi con le parole dell'esercizio 24.

1. **Offriamo un** ...................................... **a candidati alla prima esperienza di lavoro.**

2. **CERCHIAMO AGENTE VENDITE DISPOSTO A VIAGGIARE:** ...................................... **FISSO PIÙ** ...................................... **SULLE VENDITE.**

3. *Cerchiamo giovani* ...................................... *18-35 anni per servizi di assistenza al pubblico.*

4. *Azienda vinicola di Treviso cerca personale per la sua* ...................................... *di Montebelluna nella zona di Treviso.*

5. La nostra società, che ha attualmente centocinquanta ......................................, è leader nel mercato delle calzature.

6. È necessaria la disponibilità a fare ...................................... .

7. *Inviare CV e lettera di* ...................................... .

# Odio i reality!

## Il futuro per fare supposizioni

Possiamo usare il futuro per esprimere una **supposizione**, un'**ipotesi** o una **probabilità**.

> *Che ore sono? - Non so, **saranno** le sette.*
> *Secondo te quanti anni ha? - **Avrà** sessant'anni.*
> *Se c'è Bruce Willis, **sarà** il solito film d'azione.*

## Il pronome *ne* partitivo

Il pronome *ne* è usato per indicare la **parte di una quantità** ed è di solito **accompagnato da un numero** o **un'espressione di quantità**.

> *Hai visto molti film di Bruce Willis? - **Ne** ho visto uno.*
> *Ho fatto le lasagne. **Ne** vuoi un po'?*
> *Quanto caffè bevi? - **Ne** bevo molto.*

*Ne* è **invariabile** e sostituisce un nome maschile o femminile, singolare o plurale.

> *Vuoi del vino? - No grazie, non **ne** voglio.*
> *Mangi molta pasta? - Sì, **ne** mangio molta.*
> *Conosci molte persone a Roma? - No, non **ne** conosco molte.*
> *Quanti computer hai? - **Ne** ho due.*

Quando usiamo *ne* con il passato prossimo, il participio passato concorda con il nome che si sostituisce.

> *Vuoi una **fetta** di torta? - No, grazie, **ne** ho già mangiata una.*
> *Hai ordinato le **pizze**? - Sì, **ne** ho ordinate due.*
> *Quanti **esercizi** avete fatto? - **Ne** abbiamo fatti tre.*

## Il comparativo di uguaglianza

Usiamo il comparativo di uguaglianza per dire che **due cose, persone o luoghi sono uguali**.
Possiamo usare il comparativo di uguaglianza con **aggettivi** e **avverbi**.

> *La mia casa è grande **come** / **quanto** la tua.*
> *Firenze è bella **come** / **quanto** Roma.*
> *Parli italiano bene **come** / **quanto** Gianni.*

## *Buono, bravo, bene*

*Buono* è un **aggettivo**. Quando precede un nome maschile singolare, usiamo:
▶ **buono** con i nomi che iniziano per *s* + consonante, *z-, ps-, y-*;
▶ **buon** con gli altri nomi.

> *È un **buono** yogurt.*
> *È un **buon** libro.*
> *Giorgio è un **buon** amico.*

Quando è **riferito a una persona**, *buono* esprime un giudizio positivo sul suo carattere.

> *Marco è veramente un **buon** padre.*

Quando è **riferito a una cosa** esprime un giudizio positivo sulla sua qualità.

> *Questa torta è veramente **buona**.*

Usiamo *buono* anche in espressioni come:

> ***Buon** viaggio!*
> ***Buon** appetito!*
> ***Buona** notte!*

*Bravo* è un **aggettivo**. Lo usiamo per **descrivere le qualità di una persona** (mai di una cosa o di un luogo), per esempio per dire che sa fare bene il suo lavoro o qualche attività.

> *Patrizia è una **brava** insegnante.*
> *Sandro è **bravo a** giocare a tennis.*

*Bene* è un **avverbio** e quindi si usa soprattutto con i verbi.

> *Andrew parla **bene** l'italiano.*
> *Carla gioca **bene** a tennis.*
> *Non sto **bene** oggi.*

## SPAZIO ALLA GRAMMATICA

> ### Il futuro per fare supposizioni

**1** Abbina a ogni domanda la risposta corretta.

1. ☐ Che ora sarà?
2. ☐ Quanti anni avrà Anna?
3. ☐ Dov'è Mario?
4. ☐ Quanto costa quella borsa?
5. ☐ Che film è *L'ultimo bacio*?
6. ☐ Di dov'è Marion?

a. Sarà a casa.
b. Non sono sicura. Sarà inglese.
c. Avrà trent'anni.
d. Non ho l'orologio, ma sarà mezzogiorno.
e. Sarà un film romantico.
f. Non so. Costerà 90 euro.

**2** | 🔊 2•29 Completa il dialogo con il futuro di questi verbi. Poi ascolta e controlla.

> essere (x2) • uscire • fare • avere • parlare

| | |
|---|---|
| **Alba** | Ieri ho visto Silvia con il suo nuovo fidanzato. |
| **Marina** | Davvero. E com'è? |
| **Alba** | Beh, non molto giovane. ............... (1) più di quarant'anni. |
| **Marina** | E secondo te, è un suo collega? |
| **Alba** | No, non lavora in banca. Secondo me ............... (2) l'insegnante. Aveva una borsa piena di libri e quaderni. |
| **Marina** | Ma è italiano? |
| **Alba** | Non credo. ............... (3) svedese: è altissimo, con i capelli biondi e gli occhi azzurrissimi. |
| **Marina** | Altissimo. Ma quanto? |
| **Alba** | Non lo so, Marina. ............... (4) quasi due metri. |
| **Marina** | Ma se è svedese, in che lingua parlano? |
| **Alba** | Se lui vive e lavora qui, ............... (5) italiano. |
| **Marina** | Certo, hai ragione. Secondo te è una cosa seria? |
| **Alba** | Non penso. ............... (6) insieme da un paio di mesi. Così almeno si dice. |

**3** | Completa i mini-dialoghi con il futuro di un verbo adatto.

1. 🧍 Sai dove va in vacanza Roberto?
   🧍 Non so, ............... a Ischia, come tutti gli anni.

2. 🧍 Dov'è Gianni? Non è ancora arrivato?
   🧍 ............... ancora in ufficio.

3. 🧍 A che ora finisce il film?
   🧍 Non so, ............... alle dieci.

4. 🧍 Perché Sara ha ordinato tre panini?
   🧍 Forse ............... molta fame!

5. 🧍 Quanto dura la riunione?
   🧍 Secondo me ............... un paio d'ore.

6. 🧍 Quante persone ci sono?
   🧍 Ci ............... trenta persone, credo.

## Il pronome *ne* partitivo

**4** Riordina le parole per rispondere a queste domande.

1. Quanto vino bevi a pasto? (un / bevo / ne / bicchiere)
   ..................................................
2. Volete ancora del dolce? (più / no / vogliamo / grazie / non / me)
   ..................................................
3. Guardate molti documentari? (guardiamo / no / ne / non/ molti)
   ..................................................
4. Quanti cellulari hai? (due / ne / ho)
   ..................................................
5. Quanto zucchero metti nel caffè? (cucchiaini / metto / ne / tre)
   ..................................................
6. Scrivi molte lettere? (non / mai / no / scrivo / ne)
   ..................................................

**5** Rispondi alle domande. Usa *ne* e le parole tra parentesi.

1. Quanti sms ricevi ogni giorno? (*venti*)
   ..................................................
2. Quanto pane compri al giorno? (*mezzo chilo*)
   ..................................................
3. Vuoi del caffè? (*una tazza*)
   ..................................................
4. Quanta acqua bevi al giorno? (*poca*)
   ..................................................
5. Quanti tram prendi per venire a scuola? (*uno solo*)
   ..................................................
6. Mangi tutta la torta? (*solo una fetta*)
   ..................................................
7. Quanti amici hai su Facebook? (*cento*)
   ..................................................
8. Quante mele vuole? (*quattro*)
   ..................................................

**6** Completa le frasi con *ne* e la vocale corretta del participio passato.

Hai fatto tutti gli esercizi?

No, .......... ho fatt.... solo tre.

Quanti regali hai ricevuto?

.......... ho ricevut.... tanti!

Quante persone ha invitato Anna alla sua festa?

.......... ha invitat.... venti.

Quanta frutta hai comprato?

Non .......... ho comprat.... molta.

Quante pizze hai ordinato?

.......... ho ordinat.... tre.

Ma quanti caffè hai bevuto oggi?

.......... ho bevut.... sei.

Quante pagine hai letto?

.......... ho lett.... poche.

Quante telefonate hai fatto?

.......... ho fatt.... solo una.

**7** | Sottolinea l'alternativa corretta scegliendo tra *ne* e il pronome diretto.

1. Mi piacciono i film di Almodóvar: *ne* / *li* ho visti tutti.
2. Ho comprato delle pere. *Ne* / *Le* vuoi una?
3. 👤 Quanti figli ha Marta? 👤 *Ne* / *Li* ha sette.
4. 👤 Hai mangiato le lasagne? 👤 Sì, *ne* / *le* ho mangiate tutte.
5. Ho comprato dei cioccolatini. *Ne* / *Li* vuoi uno?
6. 👤 Dove hai messo i soldi? 👤 *Ne* / *Li* ho messi nel portafoglio.
7. 👤 Dove hai messo le birre? 👤 *Ne* / *Le* ho messe in frigo.
8. 👤 Prendi del tè? 👤 Sì, grazie, *ne* / *lo* prendo una tazza.

> ## Il comparativo di uguaglianza

**8** | Riordina le parole per scrivere frasi con il comparativo di uguaglianza.

1. quanto / i reality / sono / show / i / istruttivi / documentari
2. sono / di / i / quanto / giochi / cucina / divertenti / i / a / programmi / quiz
3. non / i / talk / sono / telegiornali / i / quanto / show / interessanti
4. di / quelli / una / i / oggi / sono / come / di / programmi / belli / volta
5. bravo / Bruce Willis / è / Mel Gibson / quanto
6. questi / tuoi / ballerini / quelli / dei / sono / come / tempi / bravi

**9** | Osserva le foto e scrivi frasi con il comparativo di uguaglianza di questi aggettivi.

lungo • alto • grande • vecchio • caro • veloce

1 Fabio Pietro

2 90 € 90 €

3 Elisa Marco

4 Io ho 70 anni. E lei signora Cigoli? Anch'io! sig. Airoldi sig.ra Cigoli

Anna 5 Carla

6 appartamento famiglia Nerini 75 mq appartamento famiglia Aliprandi 75 mq

**10** | Completa l'articolo con queste parole.

che (x2) • come • dei • delle • meno • più (x2)

# Gli italiani e la TV

Gli italiani passano molto tempo davanti alla TV. I programmi d'intrattenimento sono
più seguiti _____ (1) programmi d'informazione. È anche vero che ci sono _____ (2)
programmi d'informazione _____ (3) in passato. Per molti giovani inoltre è _____ (4)
facile trovare informazioni su Internet _____ (5) in televisione.
Le serie TV americane sono tra i programmi _____ (6) apprezzati, molto più _____ (7)
serie TV italiane. Per molti telespettatori i programmi del giorno d'oggi non sono
interessanti _____ (8) quelli del passato, ma comunque passano molte ore a guardarli.

**11** | Completa le frasi con il comparativo di uguaglianza, maggioranza o minoranza.

1.  I talk show sono meno _____

2.  _____ come gli attori del passato.

3.  I programmi del giorno d'oggi sono _____

4.  La televisione del mio paese è più _____

5.  _____ quanto i reality show.

6.  I giochi a premi sono divertenti _____

**12** | Usa le parole per scrivere frasi con il comparativo di uguaglianza, maggioranza o minoranza
degli aggettivi tra parentesi.

1.  Angelina Jolie / Cameron Diaz (bravo)

2.  Robert De Niro / Matt Demon (giovane)

3.  giochi a premi / programmi di cucina (divertente)

4.  Firenze / Venezia (bello)

5.  calcio / tennis (popolare)

6.  treno / aereo (costoso)

## Buono, bravo, bene

**13** | Completa le frasi con queste parole.

bene (x2) • brava • bravo • buone • buoni

1.  Diana non sa parlare _____ l'inglese.

2.  Queste penne al pesto sono molto _____: me ne dai ancora un po'?

3.  La mia insegnante d'italiano è molto _____ .

4.  Gabriele Salvatores è un _____ regista.

5.  Oggi non sto molto _____: ho un terribile mal di testa.

6.  Ci sono dei _____ ristoranti in centro?

**14** | Sottolinea l'alternativa corretta.

1. Carlo è il più *bravo* / *buon* / *bene* studente della mia classe.

2. In questa pasticceria puoi comprare delle *brave* / *buone* / *bene* torte.

3. Non voglio andare in macchina con Davide: non sa guidare molto *bravo* / *buono* / *bene*.

4. Silvia è molto *brava* / *buona* / *bene* a giocare a pallavolo.

5. Conosci un *bravo* / *buon* / *bene* ristorante francese?

6. Bocelli è un *bravo* / *buono* / *bene* cantante: canta molto *buono* / *bravo* / *bene*.

7. Per imparare una lingua devi studiare in una *brava* / *buona* / *bene* scuola di lingue.

8. Gli attori di oggi non sono *bravi* / *buoni* / *bene* come quelli di una volta.

**15** | 〔◁〕 2•30 Completa il dialogo tra Giorgia e il nonno. Poi ascolta e controlla.

| | |
|---|---|
| **nonno** | Ma stai guardando ancora quel talent show? Basta, Giorgia! Non possiamo guardare qualcos'altro? |
| **Giorgia** | Ma a me piace questo. Ci sono tutti questi giovani che studiano per diventare cantanti o ballerini ed è interessante seguire le loro lezioni, ascoltarli e vivere questa esperienza con loro. Alcuni poi sono veramente _____ (1). Guarda come balla _____ (2) quella ragazza. |
| **nonno** | Mah, secondo me non balla poi così _____ (3). Una volta era diverso. Le ballerine erano veramente _____ (4): studiavano davvero e arrivavano in televisione perché avevano talento. Adesso basta partecipare a uno di questi programmi e diventi subito famoso, anche se non sai fare niente. |
| **Giorgia** | Non è vero. Questi ballerini sono _____ (5) come quelli dei tuoi tempi. E studiano tantissimo. |
| **nonno** | Vuoi dire che quella ragazza è _____ (6) come Raffaella Carrà? Stai scherzando, vero? |

**16** | Completa l'e-mail con *bene* o le forme corrette di *buono* e *bravo*.

Ciao Mara!

Ieri non stavo _____ (1), così sono rimasto a casa e ho guardato la televisione tutto il giorno. Prima ho visto un _____ (2) film italiano: c'erano due attori molto _____ (3) e anche la storia era molto interessante. L'attrice principale però non era molto _____ (4): non recitava _____ (5). Così mi sono addormentato. Quando mi sono svegliato c'era una serie TV americana con quel _____ (6) attore americano, Mark Harmon, quello che fa la parte di Jethro Gibbs. Dopo ho visto un talent show con dei ragazzi che vogliono diventare cantanti: non so come faranno. Non sanno cantare molto _____ (7). Quasi dimenticavo: ho mangiato tutti i cioccolatini che mi hai regalato: erano proprio _____ (8). Grazie ancora!

Simone  : )

**17** | Completa la chat con *come*, *ne*, *bene* e le forme corrette di *buono* e *bravo*.

Ciao Massimo,

sei libero stasera? Ti va di vederci? Potremmo farci qualcosa di _____ (1) da mangiare a casa mia.

Ciao Valeria,

_____ (2) idea! Vengo volentieri. Sei così _____ (3) a cucinare! Che cosa pensi di prepararmi?

Pensavo di farti un risotto ai funghi. Ti va _____ (4)?

Beh, non è buono _____ (5) i tuoi spaghetti alla carbonara, ma può andare. Scherzo! ☺ Ho comprato del

_____ (6) vino rosso: _____ (7) porto una bottiglia.

Perfetto. E poi che facciamo?

Perché non andiamo in quella birreria in via Porpora?

Sì, è un bel posto e le birre sono molto _____ (8), ma il venerdì sera c'è troppa gente. E poi sono un po' stanca.

Anch'io! Non sono mai stato così stanco _____ (9) in questo periodo. C'è un film di Benigni alla televisione. Possiamo guardare quello.

Certo, mi piacciono tutti i suoi film: è un regista veramente _____ (10). Allora ti aspetto stasera.

Va bene. Sarò lì verso le otto. A più tardi!

**18** | Ogni mini–dialogo contiene un errore. Trovalo e correggilo.

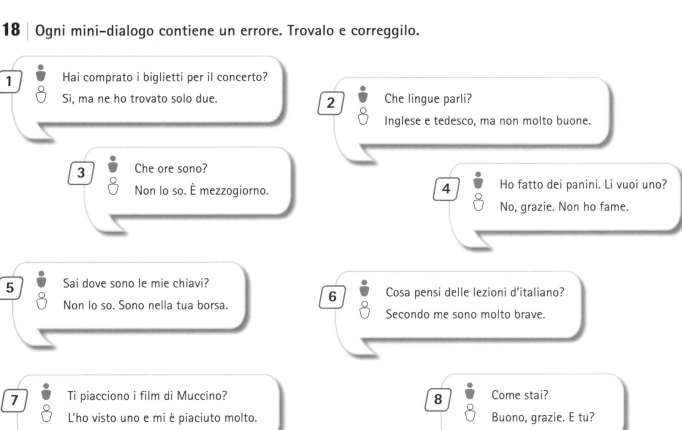

1
Hai comprato i biglietti per il concerto?
Sì, ma ne ho trovato solo due.

2
Che lingue parli?
Inglese e tedesco, ma non molto buone.

3
Che ore sono?
Non lo so. È mezzogiorno.

4
Ho fatto dei panini. Li vuoi uno?
No, grazie. Non ho fame.

5
Sai dove sono le mie chiavi?
Non lo so. Sono nella tua borsa.

6
Cosa pensi delle lezioni d'italiano?
Secondo me sono molto brave.

7
Ti piacciono i film di Muccino?
L'ho visto uno e mi è piaciuto molto.

8
Come stai?
Buono, grazie. E tu?

## COMUNICARE

**19** | Abbina a ogni frase la sua funzione.

1. ☐ Fra dieci anni nessuno leggerà più i libri.
2. ☐ La nonna di Marta avrà novant'anni.
3. ☐ Questo fine settimana andrò al mare.
4. ☐ In futuro la maggior parte delle persone lavorerà da casa.
5. ☐ Mario non è a casa: sarà ancora in ufficio.
6. ☐ Quest'estate farò un corso di italiano a Firenze.

a. parlare di progetti futuri
b. fare un'ipotesi
c. descrivere una situazione futura

**20** | Completa i mini-dialoghi in modo appropriato.

1. 👤 Dov'è Nadia?
   🧍 Non lo so, .................................. in camera sua.

2. 👤 Ti piacciono le fiction italiane?
   🧍 No. Secondo me non sono .................................. quelle americane.

3. 👤 Pensavo di comprare una gonna per Carla. Sai che taglia porta?
   🧍 .................................. la 42, penso.

4. 👤 Sai giocare a tennis?
   🧍 Sì, ma non so giocare .................................. te.

5. 👤 Quanti libri di Umberto Eco hai letto?
   🧍 .................................. ho letti tre.

6. 👤 Carlo è un ottimo cuoco.
   🧍 No, secondo me non è .................................. a cucinare come suo fratello Giorgio.

**21** | Che cosa diresti in queste situazioni?

1. Una tua compagna ti chiede l'età del tuo insegnante. Non lo sai, ma suggerisci un'età.

   ..............................................................................................................

2. Ti chiedono quante tazze di caffè bevi al giorno. Rispondi.

   ..............................................................................................................

3. Un tuo amico ti chiede chi è il ragazzo con la vostra amica Chiara. Non sei sicuro, forse è il suo fidanzato.

   ..............................................................................................................

4. Ti chiedono di paragonare i reality show e i talk show. Esprimi la tua opinione.

   ..............................................................................................................

5. Una tua amica ti chiede come parli l'italiano. Rispondi.

   ..............................................................................................................

6. Ti chiedono quanto costa una Ferrari. Non sei sicuro, ma indichi un prezzo.

   ..............................................................................................................

**22** | Completa le frasi con queste parole / espressioni. Attenzione: ci sono due parole in più.

> canone • conduttore • fare zapping • prima serata • programma di cucina • andare in onda
> reality show • spot • telegiornale • telespettatore • giochi a quiz • seconda serata

1. I programmi dalle nove alle undici di sera sono in ............................... .
2. *L'isola dei famosi* è un ............................... .
3. La persona che presenta un programma è il ............................... .
4. Nei ............................... si possono vincere molti premi.
5. Lo ............................... è la pubblicità di un prodotto o un servizio.
6. ............................... vuol dire cambiare continuamente un canale.
7. Se un programma è dopo le undici di sera è in ............................... .
8. Se voglio sapere le ultime notizie guardo il ............................... .
9. *La prova del cuoco* è un ............................... .
10. Il ............................... è una persona che guarda un programma televisivo.

**23** | Scrivi le parole al posto giusto.

> cavo • decoder • lettore DVD • schermo • telecomando • televisore

1. ...............................
2. ...............................
3. ...............................
4. ...............................
5. ...............................
6. ...............................

**24** | A quali parole si abbinano questi aggettivi per formare tipici modi di dire italiani?

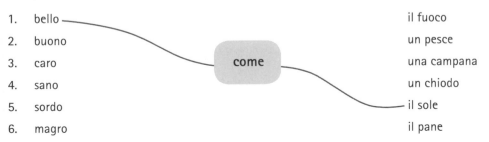

1. bello
2. buono
3. caro
4. sano
5. sordo
6. magro

come

il fuoco
un pesce
una campana
un chiodo
il sole
il pane

# Dove andiamo in vacanza?

## Il congiuntivo presente

|  | -are | -ere | -ire |
|---|---|---|---|
| (che io) | abiti | discuta | senta |
| (che tu) | abiti | discuta | senta |
| (che lui/lei/Lei) | abiti | discuta | senta |
| (che noi) | abitiamo | discutiamo | sentiamo |
| (che voi) | abitiate | discutiate | sentiate |
| (che loro) | abitino | discutano | sentano |

Le tre persone singolari di ogni gruppo sono uguali: per distinguerle usiamo il pronome personale.

I verbi in **–care** e **–gare** inseriscono una **–h–** a tutte le persone:

... *che lui cer**h**i, che loro cer**h**ino*
... *che lui pag**h**i, che loro pag**h**ino*

I verbi in **–ciare** e **–giare** perdono la **–i–** della radice del verbo:

... *che io cominci, che loro comincino*
... *che io mangi, che noi mangiamo*

Fai attenzione alla coniugazione dei seguenti verbi.

| essere | avere | dare | fare |
|---|---|---|---|
| sia | abbia | dia | faccia |
| sia | abbia | dia | faccia |
| sia | abbia | dia | faccia |
| siamo | abbiamo | diamo | facciamo |
| siate | abbiate | diate | facciate |
| siano | abbiano | diano | facciano |

| stare | andare | sapere | piacere |
|---|---|---|---|
| stia | vada | sappia | piaccia |
| stia | vada | sappia | piaccia |
| stia | vada | sappia | piaccia |
| stiamo | andiamo | sappiamo | piacciamo |
| stiate | andiate | sappiate | piacciate |
| stiano | vadano | sappiano | piacciano |

| rimanere | bere | dire | venire |
|---|---|---|---|
| rimanga | beva | dica | venga |
| rimanga | beva | dica | venga |
| rimanga | beva | dica | venga |
| rimaniamo | beviamo | diciamo | veniamo |
| rimaniate | beviate | diciate | veniate |
| rimangano | bevano | dicano | vengano |

| volere | potere | dovere |
|---|---|---|
| voglia | possa | debba |
| voglia | possa | debba |
| voglia | possa | debba |
| vogliamo | possiamo | dobbiamo |
| vogliate | possiate | dobbiate |
| vogliano | possano | debbano |

Usiamo il congiuntivo:

▶ per esprimere un'**opinione**, un **dubbio** o **qualcosa che non è certo**.

*Credo / Penso che Stefano conosca l'Umbria.*
*Non so se sia una buona idea.*
*Dicono che l'Umbria sia bellissima.*
*Mi sembra che abitino a Perugia.*
*Non sono sicuro che Simone venga alla festa.*
*È possibile / probabile che debba lavorare questo fine settimana.*

▶ per esprimere **speranze** e **ordini**.

*Spero che ci sia qualcosa anche per me.*
*Voglio che finiate questo lavoro oggi.*

▶ con espressioni che indicano **stati d'animo** e **sensazioni**.

*Sono contenta che le piaccia.*
*Mi fa piacere che vengano in vacanza con noi.*
*Mi dispiace che tu non stia bene.*

▶ con espressioni con il verbo *essere* + aggettivo + *che*.

*È importante che non sia un viaggio organizzato.*
*È possibile che vogliano vedere un posto nuovo.*
*È necessario che in vacanza mi senta libero.*
*È inutile che ne parliamo.*
*Non è meglio che ne discutiate con loro?*

Usiamo il **congiuntivo** per indicare **qualcosa che non è certo**, mentre usiamo l'**indicativo** per esprimere **certezza**.

*Credo che Erika sia vegetariana.*
*So che Erika non mangia la carne.*
*Mi sembra che a Gianni piacciano le vacanze indipendenti.*
*Sono sicura che a Gianni non piacciono i viaggi organizzati.*

Usiamo l'indicativo anche **dopo alcune espressioni** come:

*Per me è il posto giusto per voi.*
*Secondo me un villaggio al mare è la soluzione ideale.*
*È chiaro che avete esigenze diverse.*
*È vero che per gli italiani la famiglia è molto importante.*

## Il congiuntivo presente

**1** | Scrivi la forma corretta del congiuntivo presente di questi verbi.

1. studiare (che io) ..................
2. vivere (che lei) ..................
3. offrire (che voi) ..................
4. mandare (che Lei) ..................
5. prendere (che tu) ..................
6. ascoltare (che loro) ..................
7. sentire (che noi) ..................

8. dormire (che lui) ..................
9. lavorare (che noi) ..................
10. mettere (che voi) ..................
11. partire (che io) ..................
12. arrivare (che loro) ..................
13. sentire (che lei) ..................
14. leggere (che tu) ..................

**2** | Completa la tabella.

| | essere | avere | pagare | fare | andare | venire | potere | volere |
|---|---|---|---|---|---|---|---|---|
| (io) | sia | .......... | .......... | faccia | .......... | .......... | .......... | voglia |
| (tu) | .......... | abbia | .......... | .......... | .......... | venga | .......... | .......... |
| (lei/lui/Lei) | .......... | .......... | paghi | .......... | .......... | .......... | possa | .......... |
| (noi) | siamo | .......... | .......... | facciamo | andiamo | .......... | .......... | .......... |
| (voi) | .......... | .......... | paghiate | .......... | .......... | veniate | .......... | vogliate |
| (loro) | .......... | abbiano | .......... | .......... | vadano | .......... | possano | .......... |

**3** | Sottolinea l'alternativa corretta.

1. Credo che il film *comincii* / *cominci* alle otto.
2. Non credo che Marta *sappi* / *sappia* parlare francese.
3. Spero che Giorgia e Carla *rimangano* / *rimanghino* da noi per qualche giorno.
4. Mi dispiace che tu *debbi* / *debba* lavorare questo fine settimana.
5. Sono contenta che ti *piacciano* / *piaccino* le mie lasagne.
6. Pensi che tuo padre ti *dia* / *dai* la macchina per andare in vacanza?
7. Mi sembra che Anna e Marco *cercino* / *cerchino* casa in questa zona.
8. Non penso che Chiara e Francesca *bevano* / *bevino* vino: preferiscono la birra.
9. Mi fa piacere che tu *possi* / *possa* venire con noi in montagna questo fine settimana.
10. Credo che i miei amici *vadano* / *vadino* a bere un aperitivo questa sera.

**4** | Completa le risposte come nell'esempio.

 Andrew è inglese?  No, credo che *sia* americano.

1.  Dove lavorano Anna e Luca?  Penso che _____ in banca.

2.  Quando chiude il negozio?  Credo che _____ il lunedì mattina.

3.  Quanti anni ha Paola?  Mi sembra che _____ vent'anni.

4.  Giacomo può accompagnarci in stazione?  No, non credo che _____ accompagnarci.

5.  Prendiamo l'autobus o un taxi?  È meglio che _____ un taxi.

6.  Per quando dobbiamo fate gli esercizi?  Voglio che li _____ per la prossima lezione.

7.  Tua sorella viene in vacanza con noi?  No, non credo che _____ .

8.  Questo ristorante è molto caro?  Eh sì. Dicono che _____ carissimo.

**5** | 2•31 Completa la conversazione telefonica tra Ornella e Maria con il congiuntivo dei verbi tra parentesi. Poi ascolta e controlla.

| | |
|---|---|
| **Ornella** | Ciao Maria. |
| **Maria** | Ciao Ornella. |
| **Ornella** | Mi sembra che tu _____ (1. *avere*) una strana voce. Come stai? |
| **Maria** | Ho un brutto raffreddore. |
| **Ornella** | Mi dispiace che tu non _____ (2. *stare*) bene. Ti chiamo per sabato sera. Siete liberi? |
| **Maria** | Credo che _____ (3. *venire*) a cena i genitori di Stefano, ma non sono sicura. Devo chiedere a lui. |
| **Ornella** | Io e Massimo volevamo parlare con voi delle vacanze. Non sono poi così lontane... |
| **Maria** | Certo, penso che _____ (4. *essere*) una buona idea. È meglio che _____ (5. *decidere*) al più presto che cosa fare. |
| **Ornella** | A Massimo piacerebbe andare in Umbria, ma mi sembra che voi la _____ (6. *conoscere*) bene. |
| **Maria** | Sì, benissimo. Sai che i miei nonni abitano a Perugia. |
| **Ornella** | E quindi penso che non _____ (7. *volere*) passare le vacanze lì. |
| **Maria** | Beh, preferiremmo vedere un posto nuovo. |
| **Ornella** | Naturalmente. Dove preferireste andare? |
| **Maria** | Non saprei, però è importante che _____ (8. *essere*) un posto tranquillo. Abbiamo bisogno di riposarci. |
| **Ornella** | Sono contenta che anche voi _____ (9. *volere*) passare una vacanza rilassante. Massimo invece vuole fare sempre tante cose. Non si ferma mai. |
| **Maria** | Beh, credo che _____ (10. *essere*) possibile trovare un compromesso, qualcosa che vada bene a tutti. |
| **Ornella** | Perché non ci vediamo sabato a pranzo e ne parliamo? |
| **Maria** | Benissimo, possiamo andare in quella pizzeria in via Piave. Dicono che si _____ (11. *mangiare*) molto bene. |
| **Ornella** | Va bene, vediamoci lì all'una. A sabato, allora. Ciao. |
| **Maria** | Ciao Ornella. |

**6** | Completa l'e-mail con la forma corretta del congiuntivo di questi verbi.

vivere • avere (x2) • chiamarsi • dire • essere (x2) • fare • lavorare • venire

Ciao Mara!

Ti scrivo per sapere se hai notizie di Antonio. Mi sembra che ora
........................ (1) in una banca a Roma e ........................ (2) con una
ragazza. Credo che ........................ (3) un appartamento in centro. Dicono
che questa ragazza ........................ (4) molto bella. Penso che ........................ (5)
dall'Australia e che ........................ (6) la modella. Mi sembra che ........................ (7)
Alison e che ........................ (8) diciannove anni. Chissà cosa pensano i
genitori di Antonio! Spero che lui e Alison ........................ (9) felici. Antonio
non è stato molto fortunato con le donne finora. Ha molti soldi, è vero, ma è
molto timido e introverso. Se lo senti però è meglio che tu non
gli ........................ (10) che ti ho dato tutte queste informazioni. Dice sempre
che sono una pettegola.

A presto

Daria

**7** | Che cosa pensi? Rispondi alle domande usando *Credo che, Penso che, Mi sembra che.*

1. Alison ama Antonio? ...............................................................................................................
2. Perché Antonio sta con Alison? ...............................................................................................
3. Perché Alison sta con Antonio? ...............................................................................................
4. Alison e Antonio sono felici? ...................................................................................................
5. I genitori di Antonio sono contenti di Alison? .........................................................................
6. Daria è un po' pettegola? .........................................................................................................

**8** | Che consigli daresti in queste situazioni? Scrivi frasi che cominciano con *Penso che, È importante che, È meglio che.*

Non mi piace lavorare in un ufficio.   *Penso che tu debba cercare un lavoro diverso.*

1. Io voglio passare le vacanze in Italia, ma la mia fidanzata vuole andare all'estero.
2. Bevo molti caffè e non dormo bene la notte.
3. Il mio fidanzato non mi chiama da una settimana.
4. Lavoro molto e non ho molti amici.
5. I miei suoceri vogliono venire in vacanza con noi, ma io e mio marito vogliamo andare da soli.
6. Voglio dimagrire prima delle vacanze estive.
7. Io e la mia ragazza vogliamo sposarci, ma non abbiamo molti soldi.
8. Non so come fare questo esercizio.

**9** 🔊 2•32 Completa il dialogo con il congiuntivo o l'indicativo dei verbi tra parentesi. Poi ascolta e controlla.

*Futura Viaggi*

| | |
|---|---|
| **impiegata** | Che tipo di vacanza ha in mente? |
| **Ornella** | Non so bene. È importante però che io _____ (1. *potere*) riposarmi e rilassarmi. Lavoro molto durante l'anno. |
| **impiegata** | Preferisce il mare o la montagna? |
| **Ornella** | A me piacerebbe passare due settimane a prendere il sole in spiaggia, ma penso che mio marito _____ (2. *volere*) qualcosa di diverso. Lui si annoia facilmente. |
| **impiegata** | È chiaro che _____ (3. *avere*) esigenze diverse: lei vuole una vacanza tutto relax, mentre a suo marito probabilmente piacerebbe una vacanza più attiva. Secondo me il mare è la soluzione ideale. |
| **Ornella** | Esatto! Mi hanno detto che ci sono villaggi turistici che offrono tante attività sportive. |
| **impiegata** | È vero. Credo che questo villaggio in Puglia _____ (4. *essere*) perfetto. Suo marito potrà scegliere tra molti sport: non si annoierà di certo. |
| **Ornella** | Beh, sicuramente c'è molta scelta per lui. Spero che ci _____ (5. *essere*) qualcosa anche per me... |
| **impiegata** | Ma certo, signora. C'è un centro benessere che dicono che _____ (6. *essere*) veramente bello... E poi ci sono cinque ristoranti e due discoteche. Per me è il posto giusto per voi. |
| **Ornella** | Sì, mi sembra che _____ (7. *andare*) proprio bene. |
| **impiegata** | Sono contenta che le _____ (8. *piacere*). Se pensate che questo villaggio _____ (9. *potere*) andare bene, è meglio però che _____ (10. *prenotare*) al più presto: c'è sempre molta richiesta per questo tipo di vacanza. |

**10** Riscrivi le frasi come nell'esempio.

Credo che Anna abbia una casa al mare.

1. Mi sembra che a Sara non piaccia andare in campeggio.
2. È probabile che Stefano possa aiutarti.
3. Credo che tu debba accettare quella proposta di lavoro.
4. Non sono sicuro che Lisa e Sara sappiano giocare a tennis.
5. Penso che le vacanze organizzate siano noiose.
6. Dicono che Giovanni voglia trasferirsi a Roma.

So che Anna ha una casa al mare.

Sono sicura che...

Sono certo che...

Secondo me...

So che...

Per me...

So che...

**11** Scegli l'alternativa corretta.

Cara Martina,
mi dispiace che tu e Sandro non vi *parlate* / *parliate* più. Perché avete litigato? So che lui a volte *può* / *possa* essere un po' difficile, ma è anche vero che *è* / *sia* un ragazzo fondamentalmente buono. Mi sembra che *cerca* / *cerchi* sempre di aiutare i suoi amici e per me questa *è* / *sia* una grande qualità. Credo che tu *sbaglia* / *sbagli* a essere così dura con lui: secondo me *devi* / *debba* pensare che tutti possono sbagliare qualche volta. Spero proprio che voi due *fate* / *facciate* pace: sono sicuro che *potete* / *possiate* risolvere anche questo problema.

Tony ☺

**12** | Completa i mini-dialoghi con il congiuntivo o l'indicativo presente dei verbi tra parentesi.

**1**
👤 Ho saputo che stai facendo il trasloco. Vuoi che ti
_____ (*dare*) una mano?

🧑 No, ma grazie lo stesso, Gianni. So che _____ (*essere*)
molto occupato in questo periodo.

👤 Sì un po', ma non voglio che tu _____ (*fare*) tutto da
sola. Passo da te oggi nel pomeriggio, così ti aiuto!

**2**
👤 Ho saputo che Jane e Franco non _____
(*andare*) a New York quest'estate.

🧑 Mi dispiace che Jane non _____ (*potere*)
andare a trovare la mamma. Mi sembra che
_____ (*vedersi*) solo una volta all'anno.

**3**
👤 Secondo te quanto _____ (*costare*) un
viaggio in India?

🧑 Non saprei esattamente, ma credo che
_____ (*essere*) abbastanza caro. È possibile
che _____ (*costare*) più di 2000 euro.

---

**TUTTO CHIARO?**

**13** | Completa l'annuncio con la forma corretta di questi verbi.

amare • essere (x3) • sapere • volere

Parto il 15 luglio per una vacanza in Turchia e cerco un compagno di viaggio. È importante che _____ (1) guidare la
macchina perché il viaggio sarà lungo e non voglio guidare tutto il tempo. Inoltre è fondamentale che _____ (2) la vita
all'aria aperta perché voglio stare solo in campeggio. È necessario che _____ (3) una persona avventurosa perché non
sarà una vacanza tradizionale. Inoltre è importante che non _____ (4) fare troppi programmi: secondo me _____ (5)
bello decidere di giorno in giorno che cosa fare. Per me questo _____ (6) il modo più divertente di viaggiare.
Se sei interessato, chiamami al 335876064.
Gianni

---

**14** | Ogni mini-dialogo contiene un errore. Trovalo e correggilo.

1. 👤 Buonasera. Come posso aiutarla?
   🧑 Ho voluto delle informazioni su quel pacchetto
   vacanze in Marocco.

2. 👤 Angela viene a cena con noi?
   🧑 No, mi sembra che deve lavorare fino a tardi oggi.

3. 👤 Questa sera potremmo andare al cinema. Che lo dici?
   🧑 Perché no? Mi sembra un'ottima idea.

4. 👤 Questo albergo non è molto bello, ma costa poco. Ti va bene?
   🧑 L'importante è che ha l'aria condizionata. Fa molto
   caldo in Sicilia d'estate.

5. 👤 Ti piace l'insegnante d'italiano?
   🧑 Sì, secondo me sia molto bravo.

6. 👤 Da quanto tempo vivono insieme Enrico e Margherita?
   🧑 Mi sembra che vivono insieme da tre anni.

**15** 🔊 2•33 Completa il dialogo con la forma corretta dei verbi tra parentesi. Usa il presente indicativo, il congiuntivo, il futuro, il condizionale, l'imperfetto e l'imperativo. Poi ascolta e controlla.

**Milena** Dov'è Arianna?

**Laura** Non lo so. _____ (1. *essere*) nel suo ufficio... Perché?

**Milena** Sai se _____ già _____ (2. *chiamare*) l'agenzia di viaggi per prenotare i nostri voli per Berlino? È importante che lo _____ (3. *fare*) oggi.

**Laura** No, non li _____ ancora _____ (4. *prenotare*). _____ (5. *andare*) direttamente in agenzia domani. Pensa che _____ (6. *essere*) meglio andare di persona, così può ritirare subito i biglietti.

**Milena** Domani? Ma è troppo tardi. _____ (7. *andare*) io oggi pomeriggio, ma purtroppo ho una riunione che inizia alle due e non so quando finirà...

**Laura** Non _____ (8. *preoccuparsi*). Sono sicura che _____ (9. *esserci*) ancora molti posti in aereo. E poi mi sembra che Arianna _____ (10. *conoscere*) bene la ragazza dell'agenzia. _____ (11. *abitare*) insieme per un certo periodo quando _____ (12. *essere*) all'università. Insomma, è una sua amica e sono sicura che ci aiuterà.

**Milena** Speriamo che _____ (13. *andare*) tutto bene. È vero che non molte persone _____ (14. *partire*) per le vacanze in questo periodo, ma non si sa mai.

**Laura** _____ (15. *stare*) tranquilla, Milena. _____ (16. *andare*) tutto bene, vedrai.

## COMUNICARE

**16** Abbina a ogni frase la sua funzione.

1. ☐ Secondo me le vacanze itineranti sono le più divertenti.
2. ☐ Non siamo sicuri che Luca voglia venire in vacanza con noi.
3. ☐ So che Franca deve lavorare questo fine settimana.
4. ☐ Speriamo che tu possa venire alla nostra festa.
5. ☐ Voglio che finiate questo esercizio oggi.
6. ☐ Mi dispiace che la mia migliore amica debba trasferirsi in un'altra città.

a. esprimere qualcosa che è certo
b. dare un ordine
c. esprimere una speranza
d. esprimere un'opinione
e. esprimere uno stato d'animo
f. esprimere qualcosa che non è certo

**17** | Dario è ottimista e si aspetta sempre il meglio. Mario è pessimista e si aspetta sempre il peggio. Simone è sicuro di sé e delle sue opinioni. Tieni conto di queste informazioni e completa quello che dicono con queste frasi.

> Sono sicuro che la mia fidanzata • Credo che • È facile che io
> È poco probabile che la mia fidanzata • So che • È difficile che io

1. **Dario**: .................................................... ci siano buone possibilità di carriera per me.
2. **Mario**: .................................................... voglia sposarmi.
3. *Simone*: .................................................... il mio capo ha una buona opinione di me.
4. **Mario**: .................................................... abbia una promozione.
5. **Dario**: .................................................... riesca a trovare un buon lavoro.
6. *Simone*: .................................................... mi ama molto.

## SPAZIO ALLE PAROLE

**18** | Completa il cruciverba con i nomi di questi luoghi di vacanza, mezzi di trasporto e sistemazioni.

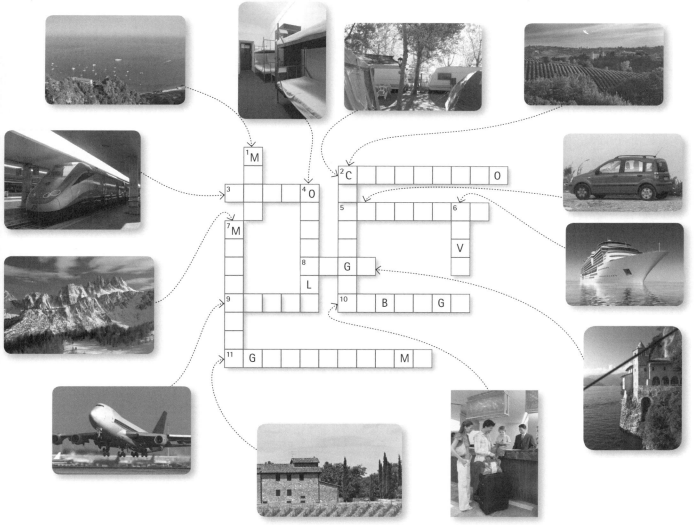

**19** Trova l'intruso in ogni gruppo di parole e spiega il perché. Se non conosci qualche parola usa il dizionario.

1. valigia, portamonete, zaino, trolley
2. guida, passaporto, televisione, macchina fotografica
3. traghetto, bicicletta, camper, tenda
4. collina, città, avventura, isola
5. crociera, sacco a pelo, vacanza studio, viaggio organizzato
6. agriturismo, bed & breakfast, riserva marina, pensione

**20** Hai deciso di passare le tue vacanze in un albergo in Sardegna. Leggi le informazioni e scrivi queste parole / espressioni al posto giusto.

| camere doppie | giardino | aria condizionata | phon |
|---|---|---|---|
| mezza pensione | parcheggio | servizio in camera | lavanderia |
| ammessi animali domestici | carte di credito | piscina | cassaforte |
| alta stagione | sala di lettura | accessibilità disabili | camere singole |

| Home | Camere | Servizi | Dove siamo | Prenota | Contatti |
|---|---|---|---|---|---|

# Hotel Sa Jana Reina ***

Località Su Guventeddu, Nora
strada statale 155
09010 Pula (CA)
tel. + 3907042200
sito web: www.sajanareina.com – e-mail: info@sajanareina.com

**camere complessive: 16**

.......................................... (a): **11**

.......................................... (b): **5**

pensione completa ..........................................* (c): doppia € 124 / singola € 98
bassa stagione: doppia € 106 / singola € 80

.......................................... (d) alta stagione*: doppia € 90 / singola € 64
bassa stagione: doppia € 76 / singola € 48

.......................................... (e)

riscaldamento

.......................................... (f)

.......................................... (g)

TV satellitare

bar

.......................................... (h)

.......................................... (i)

.......................................... (l)

.......................................... (m)

.......................................... (n)

.......................................... (o)

.......................................... (p)

.......................................... (q)

.......................................... (r)

* (11/6-30/9)

# Tavole dei verbi

## I verbi regolari

### Prima coniugazione: -ARE
### Infinito: PARLARE

|  | Indicativo | | | | Condizionale | Congiuntivo | Imperativo |
|  | presente | passato prossimo | imperfetto | futuro semplice | presente | presente | |
|---|---|---|---|---|---|---|---|
| io | parlo | ho parlato | parlavo | parlerò | parlerei | che io parli | |
| tu | parli | hai parlato | parlavi | parlerai | parleresti | che tu parli | parla! |
| lui/lei | parla | ha parlato | parlava | parlerà | parlerebbe | che lui/lei parli | parli! |
| noi | parliamo | abbiamo parlato | parlavamo | parleremo | parleremmo | che noi parliamo | |
| voi | parlate | avete parlato | parlavate | parlerete | parlereste | che voi parliate | parlate! |
| loro | parlano | hanno parlato | parlavano | parleranno | parlerebbero | che loro parlino | |

### Seconda coniugazione: -ERE
### Infinito: RICEVERE

|  | Indicativo | | | | Condizionale | Congiuntivo | Imperativo |
|  | presente | passato prossimo | imperfetto | futuro semplice | presente | presente | |
|---|---|---|---|---|---|---|---|
| io | ricevo | ho ricevuto | ricevevo | riceverò | riceverei | che io riceva | |
| tu | ricevi | hai ricevuto | ricevevi | riceverai | riceveresti | che tu riceva | ricevi! |
| lui/lei | riceve | ha ricevuto | riceveva | riceverà | riceverebbe | che lui/lei riceva | riceva! |
| noi | riceviamo | abbiamo ricevuto | ricevevamo | riceveremo | riceveremmo | che noi riceviamo | |
| voi | ricevete | avete ricevuto | ricevevate | riceverete | ricevereste | che voi riceviate | ricevete! |
| loro | ricevono | hanno ricevuto | ricevevano | riceveranno | riceverebbero | che loro ricevano | |

### Terza coniugazione: -IRE
### Infinito: DORMIRE

|  | Indicativo | | | | Condizionale | Congiuntivo | Imperativo |
|  | presente | passato prossimo | imperfetto | futuro semplice | presente | presente | |
|---|---|---|---|---|---|---|---|
| io | dormo | ho dormito | dormivo | dormirò | dormirei | che io dorma | |
| tu | dormi | hai dormito | dormivi | dormirai | dormiresti | che tu dorma | dormi! |
| lui/lei | dorme | ha dormito | dormiva | dormirà | dormirebbe | che lui/lei dorma | dorma! |
| noi | dormiamo | abbiamo dormito | dormivamo | dormiremo | dormiremmo | che noi dormiamo | |
| voi | dormite | avete dormito | dormivate | dormirete | dormireste | che voi dormiate | dormite! |
| loro | dormono | hanno dormito | dormivano | dormiranno | dormirebbero | che loro dormano | |

### Infinito: FINIRE

|  | Indicativo | | | | Condizionale | Congiuntivo | Imperativo |
|  | presente | passato prossimo | imperfetto | futuro semplice | presente | presente | |
|---|---|---|---|---|---|---|---|
| io | finisco | ho finito | finivo | finirò | finirei | che io finisca | |
| tu | finisci | hai finito | finivi | finirai | finiresti | che tu finisca | finisci! |
| lui/lei | finisce | ha finito | finiva | finirà | finirebbe | che lui/lei finisca | finisca! |
| noi | finiamo | abbiamo finito | finivamo | finiremo | finiremmo | che noi finiamo | |
| voi | finite | avete finito | finivate | finirete | finireste | che voi finiate | finite! |
| loro | finiscono | hanno finito | finivano | finiranno | finirebbero | che loro finiscano | |

## I verbi *avere* e *essere*

**Infinito: AVERE**

| | Indicativo | | | | Condizionale | Congiuntivo | Imperativo |
|---|---|---|---|---|---|---|---|
| | presente | passato prossimo | imperfetto | futuro semplice | presente | presente | |
| io | ho | ho avuto | avevo | avrò | avrei | che io abbia | |
| tu | hai | hai avuto | avevi | avrai | avresti | che tu abbia | abbi! |
| lui/lei | ha | ha avuto | aveva | avrà | avrebbe | che lui/lei abbia | abbia! |
| noi | abbiamo | abbiamo avuto | avevamo | avremo | avremmo | che noi abbiamo | |
| voi | avete | avete avuto | avevate | avrete | avreste | che voi abbiate | abbiate! |
| loro | hanno | hanno avuto | avevano | avranno | avrebbero | che loro abbiano | |

**Infinito: ESSERE**

| | Indicativo | | | | Condizionale | Congiuntivo | Imperativo |
|---|---|---|---|---|---|---|---|
| | presente | passato prossimo | imperfetto | futuro semplice | presente | presente | |
| io | sono | sono stato | ero | sarò | sarei | che io sia | |
| tu | sei | sei stato | eri | sarai | saresti | che tu sia | sii! |
| lui/lei | è | è stato/a | era | sarà | sarebbe | che lui/lei sia | sia! |
| noi | siamo | siamo stati | eravamo | saremo | saremmo | che noi siamo | |
| voi | siete | siete stati | eravate | sarete | sareste | che voi siate | siate! |
| loro | sono | sono stati | erano | saranno | sarebbero | che loro siano | |

## I verbi irregolari

**Infinito: ANDARE**

| | Indicativo | | | | Condizionale | Congiuntivo | Imperativo |
|---|---|---|---|---|---|---|---|
| | presente | passato prossimo | imperfetto | futuro semplice | presente | presente | |
| io | vado | sono andato | andavo | andrò | andrei | che io vada | |
| tu | vai | sei andato | andavi | andrai | andresti | che tu vada | va'/vai! |
| lui/lei | va | è andato/a | andava | andrà | andrebbe | che lui/lei vada | vada! |
| noi | andiamo | siamo andati | andavamo | andremo | andremmo | che noi andiamo | |
| voi | andate | siete andati | andavate | andrete | andreste | che voi andiate | andate! |
| loro | vanno | sono andati | andavano | andranno | andrebbero | che loro vadano | |

**Infinito: BERE**

| | Indicativo | | | | Condizionale | Congiuntivo | Imperativo |
|---|---|---|---|---|---|---|---|
| | presente | passato prossimo | imperfetto | futuro semplice | presente | presente | |
| io | bevo | ho bevuto | bevevo | berrò | berrei | che io beva | |
| tu | bevi | hai bevuto | bevevi | berrai | berresti | che tu beva | bevi! |
| lui/lei | beve | ha bevuto | beveva | berrà | berrebbe | che lui/lei beva | beva! |
| noi | beviamo | abbiamo bevuto | bevevamo | berremo | berremmo | che noi beviamo | |
| voi | bevete | avete bevuto | bevevate | berrete | berreste | che voi beviate | bevete! |
| loro | bevono | hanno bevuto | bevevano | berranno | berrebbero | che loro bevano | |

## Infinito: DARE

|  | Indicativo | | | | Condizionale | Congiuntivo | Imperativo |
|---|---|---|---|---|---|---|---|
|  | presente | passato prossimo | imperfetto | futuro semplice | presente | presente | |
| io | do | ho dato | davo | darò | darei | che io dia | |
| tu | dai | hai dato | davi | darai | daresti | che tu dia | da'/dai! |
| lui/lei | dà | ha dato | dava | darà | darebbe | che lui/lei dia | dia! |
| noi | diamo | abbiamo dato | davamo | daremo | daremmo | che noi diamo | |
| voi | date | avete dato | davate | darete | dareste | che voi diate | date! |
| loro | danno | hanno dato | davano | daranno | darebbero | che loro diano | |

## Infinito: DIRE

|  | Indicativo | | | | Condizionale | Congiuntivo | Imperativo |
|---|---|---|---|---|---|---|---|
|  | presente | passato prossimo | imperfetto | futuro semplice | presente | presente | |
| io | dico | ho detto | dicevo | dirò | direi | che io dica | |
| tu | dici | hai detto | dicevi | dirai | diresti | che tu dica | di'! |
| lui/lei | dice | ha detto | diceva | dirà | direbbe | che lui/lei dica | dica! |
| noi | diciamo | abbiamo detto | dicevamo | diremo | diremmo | che noi diciamo | |
| voi | dite | avete detto | dicevate | direte | direste | che voi diciate | dite! |
| loro | dicono | hanno detto | dicevano | diranno | direbbero | che loro dicano | |

## Infinito: DOVERE

|  | Indicativo | | | | Condizionale | Congiuntivo | Imperativo |
|---|---|---|---|---|---|---|---|
|  | presente | passato prossimo | imperfetto | futuro semplice | presente | presente | |
| io | devo | ho dovuto | dovevo | dovrò | dovrei | che io debba | |
| tu | devi | hai dovuto | dovevi | dovrai | dovresti | che tu debba | devi! |
| lui/lei | deve | ha dovuto | doveva | dovrà | dovrebbe | che lui/lei debba | deve! |
| noi | dobbiamo | abbiamo dovuto | dovevamo | dovremo | dovremmo | che noi dobbiamo | |
| voi | dovete | avete dovuto | dovevate | dovrete | dovreste | che voi dobbiate | dovete! |
| loro | devono | hanno dovuto | dovevano | dovranno | dovrebbero | che loro debbano | |

## Infinito: FARE

|  | Indicativo | | | | Condizionale | Congiuntivo | Imperativo |
|---|---|---|---|---|---|---|---|
|  | presente | passato prossimo | imperfetto | futuro semplice | presente | presente | |
| io | faccio | ho fatto | facevo | farò | farei | che io faccia | |
| tu | fai | hai fatto | facevi | farai | faresti | che tu faccia | fa'/fai! |
| lui/lei | fa | ha fatto | faceva | farà | farebbe | che lui/lei faccia | faccia! |
| noi | facciamo | abbiamo fatto | facevamo | faremo | faremmo | che noi facciamo | |
| voi | fate | avete fatto | facevate | farete | fareste | che voi facciate | fate! |
| loro | fanno | hanno fatto | facevano | faranno | farebbero | che loro facciano | |

## Tavole dei verbi

### Infinito: POTERE

| | Indicativo | | | | Condizionale | Congiuntivo | Imperativo |
|---|---|---|---|---|---|---|---|
| | presente | passato prossimo | imperfetto | futuro semplice | presente | presente | |
| io | posso | ho potuto | potevo | potrò | potrei | che io possa | |
| tu | puoi | hai potuto | potevi | potrai | potresti | che tu possa | – |
| lui/lei | può | ha potuto | poteva | potrà | potrebbe | che lui/lei possa | – |
| noi | possiamo | abbiamo potuto | potevamo | potremo | potremmo | che noi possiamo | |
| voi | potete | avete potuto | potevate | potrete | potreste | che voi possiate | – |
| loro | possono | hanno potuto | potevano | potranno | potrebbero | che loro possano | |

### Infinito: RIMANERE

| | Indicativo | | | | Condizionale | Congiuntivo | Imperativo |
|---|---|---|---|---|---|---|---|
| | presente | passato prossimo | imperfetto | futuro semplice | presente | presente | |
| io | rimango | sono rimasto | rimanevo | rimarrò | rimarrei | che io rimanga | |
| tu | rimani | sei rimasto | rimanevi | rimarrai | rimarresti | che tu rimanga | rimani! |
| lui/lei | rimane | è rimasto/a | rimaneva | rimarrà | rimarrebbe | che lui/lei rimanga | rimanga! |
| noi | rimaniamo | siamo rimasti | rimanevamo | rimarremo | rimarremmo | che noi rimaniamo | |
| voi | rimanete | siete rimasti | rimanevate | rimarrete | rimarreste | che voi rimaniate | rimanete! |
| loro | rimangono | sono rimasti | rimanevano | rimarranno | rimarrebbero | che loro rimangano | |

### Infinito: SAPERE

| | Indicativo | | | | Condizionale | Congiuntivo | Imperativo |
|---|---|---|---|---|---|---|---|
| | presente | passato prossimo | imperfetto | futuro semplice | presente | presente | |
| io | so | ho saputo | sapevo | saprò | saprei | che io sappia | |
| tu | sai | hai saputo | sapevi | saprai | sapresti | che tu sappia | sappi! |
| lui/lei | sa | ha saputo | sapeva | saprà | saprebbe | che lui/lei sappia | sappia! |
| noi | sappiamo | abbiamo saputo | sapevamo | sapremo | sapremmo | che noi sappiamo | |
| voi | sapete | avete saputo | sapevate | saprete | sapreste | che voi sappiate | sappiate! |
| loro | sanno | hanno saputo | sapevano | sapranno | saprebbero | che loro sappiano | |

### Infinito: STARE

| | Indicativo | | | | Condizionale | Congiuntivo | Imperativo |
|---|---|---|---|---|---|---|---|
| | presente | passato prossimo | imperfetto | futuro semplice | presente | presente | |
| io | sto | sono stato | stavo | starò | starei | che io stia | |
| tu | stai | sei stato | stavi | starai | staresti | che tu stia | sta'/stai! |
| lui/lei | sta | è stato/a | stava | starà | starebbe | che lui/lei stia | stia! |
| noi | stiamo | siamo stati | stavamo | staremo | staremmo | che noi stiamo | |
| voi | state | siete stati | stavate | starete | stareste | che voi stiate | state! |
| loro | stanno | sono stati | stavano | staranno | starebbero | che loro stiano | |

## Infinito: TENERE

|  | Indicativo | | | | Condizionale | Congiuntivo | Imperativo |
|---|---|---|---|---|---|---|---|
|  | presente | passato prossimo | imperfetto | futuro semplice | presente | presente |  |
| io | tengo | ho tenuto | tenevo | terrò | terrei | che io tenga |  |
| tu | tieni | hai tenuto | tenevi | terrai | terresti | che tu tenga | tieni! |
| lui/lei | tiene | ha tenuto | teneva | terrà | terrebbe | che lui/lei tenga | tenga! |
| noi | teniamo | abbiamo tenuto | tenevamo | terremo | terremmo | che noi teniamo |  |
| voi | tenete | avete tenuto | tenevate | terrete | terreste | che voi teniate | tenete! |
| loro | tengono | hanno tenuto | tenevano | terranno | terrebbero | che loro tengano |  |

## Infinito: VEDERE

|  | Indicativo | | | | Condizionale | Congiuntivo | Imperativo |
|---|---|---|---|---|---|---|---|
|  | presente | passato prossimo | imperfetto | futuro semplice | presente | presente |  |
| io | vedo | ho visto | vedevo | vedrò | vedrei | che io veda |  |
| tu | vedi | hai visto | vedevi | vedrai | vedresti | che tu veda | vedi! |
| lui/lei | vede | ha visto | vedeva | vedrà | vedrebbe | che lui/lei veda | veda! |
| noi | vediamo | abbiamo visto | vedevamo | vedremo | vedremmo | che noi vediamo |  |
| voi | vedete | avete visto | vedevate | vedrete | vedreste | che voi vediate | vedete! |
| loro | vedono | hanno visto | vedevano | vedranno | vedrebbero | che loro vedano |  |

## Infinito: VENIRE

|  | Indicativo | | | | Condizionale | Congiuntivo | Imperativo |
|---|---|---|---|---|---|---|---|
|  | presente | passato prossimo | imperfetto | futuro semplice | presente | presente |  |
| io | vengo | sono venuto | venivo | verrò | verrei | che io venga |  |
| tu | vieni | sei venuto | venivi | verrai | verresti | che tu venga | vieni! |
| lui/lei | viene | è venuto/a | veniva | verrà | verrebbe | che lui/lei venga | venga! |
| noi | veniamo | siamo venuti | venivamo | verremo | verremmo | che noi veniamo |  |
| voi | venite | siete venuti | venivate | verrete | verreste | che voi veniate | venite! |
| loro | vengono | sono venuti | venivano | verranno | verrebbero | che loro vengano |  |

## Infinito: VOLERE

|  | Indicativo | | | | Condizionale | Congiuntivo | Imperativo |
|---|---|---|---|---|---|---|---|
|  | presente | passato prossimo | imperfetto | futuro semplice | presente | presente |  |
| io | voglio | ho voluto | volevo | vorrò | vorrei | che io voglia |  |
| tu | vuoi | hai voluto | volevi | vorrai | vorresti | che tu voglia | – |
| lui/lei | vuole | ha voluto | voleva | vorrà | vorrebbe | che lui/lei voglia | – |
| noi | vogliamo | abbiamo voluto | volevamo | vorremo | vorremmo | che noi vogliamo |  |
| voi | volete | avete voluto | volevate | vorrete | vorreste | che voi vogliate | – |
| loro | vogliono | hanno voluto | volevano | vorranno | vorrebbero | che loro vogliano |  |

978 88 6518 0365 A

direzione editoriale: **Anna Fresco**
coordinamento editoriale: **Elena Baiotto**
progetto grafico: **apotema, Cologno Monzese**
redazione: **Grazia Toschino**
impaginazione: **Eidos, Torino** (Libro dello studente)
                **Edit 3000, Torino** (Quaderno degli esercizi)
ricerca iconografica: **Laura Urbani**
controllo qualità: **Marina Ferrarese**
disegni: **Mauro Sacco, Elisa Vallarino**
consulenza artistica e grafica della copertina: **Tatiana Fragni**

**LIBRI DI TESTO E SUPPORTI DIDATTICI**
Il sistema di gestione per la qualità della Casa Editrice è certificato
in conformità alla norma **UNI EN ISO 9001:2008** per l'attività di
**progettazione, realizzazione e commercializzazione di prodotti
editoriali scolastici, lessicografici, universitari e di varia.**

Member of CISQ Federation

RINA
ISO 9001:2008
Sistema Qualità Certificato

Barbara Bettinelli ha curato il progetto e la finalizzqzione del sillabo.
In particolare:
le unità 1, 2, 5, 6, 7, 8, 9 e 10 del Libro dello studente e del Quaderno
degli esercizi, l'unità 3 del Quaderno degli esercizi e l'unità 4 del Libro
dello studente e tutte le sezioni *Pianeta Italia* sono a cura di Barbara
Bettinelli;
l'unità *Bentornati*, l'unità 3 del Libro dello studente, l'unità 4 del
Quaderno degli esercizi e *Italia: istruzioni per l'uso* sono a cura di
Paolo Della Putta e di Manuela Visigalli.

*stampato in Italia presso*
Centro Poligrafico Milano S.p.A., Casarile (MI)

Ristampa                                              anno
0  1  2  3  4                              12  13  14  15